사라져 가는 피그말리온 효과
: 다시 읽는 교육학개론

이광현

박영story

들어가며

　대학에서 교육연구방법론 수업을 하면서 교재를 써야겠다는 생각을 하였다. 그래서 얇고 피상적인 그리고 실용적인 "교육통계연구방법론"이란 책을 썼다. 쓰는 과정에서 유명한 실험연구인 로젠탈과 제이콥슨의 '피그말리온 효과(교사의 기대 효과) 연구' 논문을 통해 실험연구방법을 소개해야겠다는 생각을 했다. 워낙 유명한 논문이라서 당연히 교사의 기대가 모든 학년에서 학생들의 성취도(지능검사점수)에 큰 영향을 줄 것이라고 생각했다.

　그런데 4쪽 분량의 로젠탈과 제이콥슨의 교사의 기대효과 논문을 읽는 순간 상당한 충격을 받게 되었다. 저학년인 1~2학년에게만 기대효과가 나타나고 3~6학년에서는 효과가 없는 것으로 나타났다(본 책의 2장 참조). 주변의 교수님들에게 이 사실, 즉 '저학년에서만 제한적으로 나타난다는 사실'을 알고 계신지 여쭈어보니 아는 분이 필자의 주변에서는 안타깝게도 안 계셨다. 모두 필자의 '선입견'처럼 당연히 모든 학년에서 교사의 기대효과가 나타난 연구로 알고 있었다.

　어느 날, 도서관에서 교육학 관련 책을 찾고 있었는데, 재미있어 보이는 제목의 교육학 책을 발견하였다. 읽어보니 학교효과 관련 보고서인 콜먼 보고서의 표본 수가 30만 명이라고 소개하고 있었다. 그런데 필자가 교육사회학 책을 쓰기 위해서 콜먼 보고서를 차근차근 읽어 보니 60만 명대였다. 그리고 학교효과가 없다는 연구보고서로 알고 있었는데, 학교효과가 어느 정도 있다는 내용이 보고서 원본의 요약문에서 제시되고 있었다(본 책의 3장 참조). 물론 학교효과가 제한적이고 학생의 사회경제적 배경이 큰 영향을 미치기는 하지만 말이다.

그래서 뭔가 교육학 관련 주요 연구들의 핵심내용들이 오류면 오류, 아니면 다소간 다르게 혹은 약간 한쪽으로 치우쳐져서 소개되고 있는 것이 아닌가 하는 생각이 들었다. 그래서 좀 정확하게 교육학 연구를 소개하는 책을 써야겠다는 생각이 들었다.

한편 "교육사회학" 책을 써보니 책을 쓰는 과정에서 공부를 많이 하게 되는 것을 알게 되었다. 이는 교육학에서 학생들의 학습효과를 증진시키는 좋은 학습법이기도 하다. 누군가를 가르치기 위해서 자료 준비(혹은 교재 준비)를 하게 되면 공부를 많이 하게 되어서 수업을 준비하는 사람에게도 학습효과가 크다. 브루너의 "교육의 과정"에 다음과 같은 어느 대학 교수의 일화도 소개된다.

"학생들에게 한 번 이론을 설명하고 교실을 둘러보니, 모두 이해하지 못한 표정으로 멍한 표정으로 앉아 있었다. 이해를 못 한 것이 분명했다. 두 번째로 다시 이론을 설명을 했는데도 학생들은 여전히 이해하지 못했다. 그래서 세 번째 설명을 했는데, 그 때야 내가 그 이론을 이해할 수 있었다."(브루너, "교육의 과정." p.89)

과거의 유명한 교육학 관련 논문과 책들을 읽다 보니 교육학과 교수로서 교육학을 조금씩 더 알아간다는 생각과 함께 그동안 얼마나 미진한 교육학과 교수였는지에 대한 자기반성도 하게 되었다.

또 다른 어느 날, 행동주의 심리학의 대가인 스키너의 논문을 읽던 중 '티칭 머신(교수 기계, Teaching Machine)'이라는 논문이 1958년도에 사이언스 학술지에 게재된 것을 알게 되었다. 아니, 쥐나 비둘기 실험상자 연구로 유명한 스키너 교수가 티칭 머신을 만들다니, 이건 처음 듣는 이야기였다. 그만큼 필자는 교육연구내용 전반에 대해서 무지했다.

그래서 스키너가 집필한 교수 기계 혹은 교육/학습기계를 소개한 '교육공학(Technology of Teaching)' 제목의 논문을 읽어 보니 정말로 '교육공학'과 관련된 내용이었다. 요즘으로 보자면 교육용 앱과 비슷한 교수–학습 원리를 내포한 티칭 머신이 소개되고 있었다. 그래서 한국의 교육공학 개론서에서 스키너의 연구가 소개되는지를 살펴보았다. 당연히 교육공학 개론서에 스키너의 티칭 머신이 소개되고 있었고 초창기 교육공학의 기반을 제시한 연구자로 소개되고 있었다.

필자가 읽은 1958년도의 스키너의 논문(논문제목: Teaching Machine)이 정말로 스키너가 쓴 것이 맞는지 정확하게 확인하고 싶어서 서울의 유명한 한 대학의 교수님들이 집필한 교육공학 개론서의 참고문헌을 살펴보았다. 그 순간 깜짝 놀랐다. 참고문헌에는 Skinner, B. F.(1985). 'Teaching Machine'으로 적혀져 있었다. 1958년도 논문인데 1985년도 논문으로 잘못 적혀져 있었던 것이다. 누군가 발간연도의 58을 85로 잘못 입력했는데, 그냥 그 오타가 그대로 퍼져 있었던 것이다.

교육공학 책을 쓰신 분은 정말로 스키너의 1958년도 논문을 읽은 것이 맞을까? 그냥 단순 실수였을까? 필자부터 반성해야 한다는 생각을 했는데, 우리가 교육학 연구물들의 원(original) 출처를 제대로 읽어보지 않고 있다는 생각이 들었다. 원 논문을 읽고 인용했다면 이런 실수를 하지는 않았을 것이다. 특히 필자가 찾아본 2000년대 초반에 발간된 한국의 교육공학 개론서에서 스키너에 대한 소개 내용은 잘 들여다보니 외국의 연구자가 쓴 교육공학 개론서의 내용을 '재인용'한 것이었다. 최근 개론서는 재인용하지 않았기를 바랄 뿐이다.

그래서 원칙을 세웠다. 이 원칙은 너무나 당연한 것이라서 원칙이라고 말하기에는 상당히 이상할 수 있다. 원칙은 다음과 같다. '반드시 원출처를 읽고 정리한 내용을 소개하자.' "교육사회학" 책과 "교육통계연구방법론" 책을 쓸 때 세웠던 원칙이긴 하다. 책을 쓰려면 당연히 원출처를 읽어야 한다. 당연한 이 원칙을 지키면 공부를 많이 하게 된다는 장점이 있다. 다소간 시간이 걸리더라도 제대로 읽고 소개하는 책을 쓰기 위해서 노력했다. 하지만 부족한 점도 많다. 그래서 주변 교수님들과 이런저런 교육학 관련 이야기도 많이 나누었고 많은 도움을 받았다. 부산교대의 여러 교수님들이 필자의 귀찮은 물음에도 불구하고 친절한 설명을 해주셔서 큰 도움이 되었다. 이 자리를 빌려 정말 감사하다는 말씀을 드리고 싶다. 특히 이 책의 내용 전반과 오류를 잘 검토해주신 부산교대 국어교육과 박종훈 교수님께 별도로 감사하다는 말씀을 전한다.

차례

03

아, 방학이여!
제임스 콜먼의 학교효과 연구 이야기

04

학교종이 땡땡땡, 어서 모이자
파블로프 조건반사의 교육학적 의미

05

윈도우(Window)를 보고 자기주도 학습하기
스키너의 교육상자, '티칭 머신' 열어 보기

06

우주 속으로 나아가자
브루너의 지식의 구조, 나선형 교육과정, 그리고 피아제의 미국 데뷔

07

아이들과 함께 영원히

피아제, 보이스카우트 운동을 찬양하다

10

열하나 열다섯 vs. 십일 십오

비고츠키, 언어와 문화, 그리고 근접발달영역과 가르침

11

제게 직접 말해주세요

카네기 멜론 학파의 직접적인, 섬세한 가르침
(Direct, Deliberate Instruction)

12

일곱 빛깔 무지개처럼

루소의 "에밀": 행동주의, 사회적 학습이론, 지식의 구조, 애착이론, 발견학습법, 소크라테스식 질문법, 스파르타식 교육법까지

에필로그

추억 속에 만나는 선생님

로티(Lortie)의 "Schoolteacher"
: 예비교사들은 과거의 학교생활경험으로부터
교사의 역할을 배운다

"잘 가르치는 선생님들,
나에게 인상적인 선생님들,
그리고 나의 성격에 맞는 선생님들,
오늘도 모든 선생님들을 떠올립니다."

- Dan Lortie, "Schoolteacher" 중에서 -

🌑 우리는 모두 학교교육 참여관찰 연구자

우리는 모두 학교생활 경험이 있다. 최소 초등학교부터 고등학교까지 12년의 경험 혹은 경력이 있다. 물론 검정고시를 보는 경우도 있지만, 그래도 최소 중학교까지 9년을 다녔을 것이다. 일반대학을 다녔다면 최대 16년의 학교 재학 경험이 있다.

초등학교만으로 제한해본다면 우리는 여러 선생님들을 관찰한 경력이 있는데, 총 6년간 최대 여섯 분의 선생님을 관찰하게 된다. 흔히 말해서 관찰 사례 인원수가 최대 6명이 된다. 우연히 혹은 학교의 교육 계획으로 인해 2학년 때 담임 선생님과 3학년 때 또 만나게 되면 다섯 분으로 줄어들 수도 있다. 그리고 극소규모 학교에 다닐 경우, 한 분이나 두 분의 담임 선생님과 6년 내내 함께 지내는 경우도 있을 수 있다. 관찰 사례 수에서 편차(Variation)는 있을지언정 누구나 관찰연구를 한 셈이다. 강제적으로 혹은 의무적으로 말이다. 따라서 우리는 모두 학교교육 관찰연구자로서의 자격이 있다.

선생님들을 관찰한 와중에 선생님에 대한 좋은 기억 혹은 힘든 기억도 있을 것이며 다양한 교수법을 경험했을 것이다. 필자의 경험을 먼저 이야기해 보도록 한다.

🌑 필자의 초등학교 담임 선생님 관찰 이야기

초등학교 1학년 때 손톱이 긴 젊은 20대 초반 담임 선생님께서는 학생들 얼굴에서 점이 생길 곳을 짜 주시는 것을 좋아하셨다. 학기 초에 자리 배치가 끝나고 교정에 개나리가 피는 따뜻한 봄이 다가온 어느

날, 선생님께서는 학생들의 얼굴에 난 뾰루지를 통해서 어느 부위에 점이 생길지를 파악하실 수 있다고 뾰루지를 미리 짜 주시겠다고 말씀하셨다. 그래야 얼굴에 점이 안 생기고 예쁜 얼굴을 가꾸어 나갈 수 있다고 하셨다. 우리 반 대부분, 아니 모든 친구들은 선생님의 손톱에 얼굴을 맡겼다. 선생님의 손길은 부드러웠고 우리의 얼굴을 친근하게 어루만져주셨기 때문에 모두 저항하지 않았다. 다만 뾰루지를 짜는 순간에는 진한 고통, 따끔한 아픔을 맛보아야 했다.

그로 인해 당시 우리 반 친구들의 얼굴에 모두 점이 안 생겼는지는 현재로서는 확인하기가 어렵지만, 그 덕인지 필자의 얼굴에 점은 별로 없는 것으로 보아 효과가 있지 않았나 싶다. 그런데 어느 날 선생님께서 내 오른쪽 눈꺼풀 아래의 안쪽에 점이 생긴다고 짜주셨는데, 그 이후에 다래끼인지, 사마귀인지 서른 살 때까지 오른쪽 눈에 곪지 않고 자라난 사마귀 비스름한 다래끼를 달고 살아야 했다.

그 눈 안쪽 사마귀는 제자에 대한 선생님의 사랑의 표식으로 남겨둘까 하는 생각도 했지만 약간씩 커지는 바람에 결국 제거해야만 했다. 레이저 시술이 나온 2000년 전후, 어느 작가가 말한 잔치가 끝난 서른 살 즈음의 나이에 눈 사마귀 제거 시술을 받아서 오른쪽 눈꺼풀 안쪽은 깨끗해졌다.

여하간 초등학교 1학년 당시에 담임 선생님의 친절한 손길로 인해서 나와 친구들은 학교 가는 것이 즐거웠다. 얼굴 점 짜 주기는 학생들이 학교에 즐겁게 다니게 만들기 위한 담임 선생님의 '전략'이었을지도 모른다. 우리는 모두 선생님의 부드럽고 따스한 손길을 좋아했다.

　　초등학교 2학년 때에는 담임 선생님이 어느 날 갑자기 한글 받아쓰기 시험을 내셨다. 10문제였는지 20문제였는지 문제 수는 정확히 기억은 나지 않지만 운 좋게도 필자 혼자 다 맞힌 기적을 구현했다. 선생님의 칭찬으로 약간의 국어 '효능감'이 생겼던 기억이 난다. 그리고 생각해 보니 초등학교 저학년 당시에 받아쓰기 시험을 자주 보았던 것 같다. 한글은 받침이 어렵고 연음 등으로 헷갈리는 경우가 많으니 학생들의 국어 어휘력과 철자 능력을 키우기 위해서 받아쓰기 시험을 자주 본 것 같다.

　　여러 번 받아쓰기 시험을 보았는데, 만점을 받은 기억은 딱 한 번뿐이긴 했지만 그 한 번의 칭찬은 국어 효능감 향상에 큰 도움을 주었다고 생각한다. 그리고 초등학교 2학년 때 구구단을 열심히 외웠던 기억은 늘 머릿속에 남아 있다. 뭔가 내가 학교에서 산수, 소위 수학을 배운다는 생각이 들었다. 학교에서 칫솔질을 열심히 잘해야 한다는 교육을 받고 잇몸에서 피가 날 때까지 칫솔질을 했던 기억도 난다. 칫솔이 너무 새것이어서 그랬는지는 몰라도, 칫솔질을 열심히 하면 잇몸에서 피가 날 수도 있다는 사실을 그때 알았다.

　　초등학교 3학년 담임 선생님의 교수법에 대한 기억은 잘 안 난다. 그런데 초등학교 4학년 때에는 매우 독특한 학급운영과 교수법을 경험하였다. 담임 선생님이 매달 혹은 격주였는지 주기는 정확히 기억은 나지 않지만, 자주 시험을 보았다. 시험을 보고 남학생과 여학생 10등까지를 가운데 줄에 나란히 앉히셨다. 당시 학급당 학생 수는 60여 명이 넘었는데, **빽빽한** 교실에서 가운데 책상 한 줄의 맨 앞에 1등을 한 남학생과 여학생, 그 다음 뒤에는 2등, 그 뒤는 3~10등까지 이렇게 앉힌 것이었다.

시험을 자주 보았는데, 그 순위는 약간의 변동이 있었고, 늘 10등 안에 있었던 학생들이 순위경쟁의 결과에 따라 앞뒤로 번갈아 가면서 앉았다. 8, 9, 10등에 어쩌다 들어오는 학생은 맨 뒤편에 앉아서, 키가 작을 경우 칠판도 잘 안 보여서 불편했을 것이다. 필자도 한두 번 드물게 그 10등 안에 들었던 기억이 나는데 반 친구들 모두 굳이 그 줄에 끼어들어 앉기 위해서 열심히 공부하지는 않았던 것 같다.

초반엔 약간의 경쟁심이 생겼는지는 모르겠으나 곧 우리 반 학생들 모두 그러한 시스템에 익숙해져서 별로 순위를 신경 쓰지 않게 되었다. 당시에는 집에 텔레비전도 없던 시기라서 학교에 와서 친구들과 수다 떨고 노는 것이 좋았던 시기였다. 다만 학교가 끝나면 학교 근처 만화방에 가는 재미가 있었다. 경쟁을 붙이고 공부하라고 자극을 주기 위해서 4학년 담임 선생님은 노력하셨지만 그다지 큰 효과는 있지 않았던 것 같다.

4학년 담임 선생님의 또 다른 교수법은 '암기시키기'였다. 국어 책 3~4쪽을 통째로 암기해서 외우게 하셨다. 암기를 해오지 못한다고 혼내시거나 하진 않았다. 그런데 보면 어느 곳이나 모범생이 있기 마련이다. 정말 제대로 3~4쪽의 국어 책을 달달 외워 오는 친구가 있었다. 필자는 외우려고 노력을 몇 번 했지만 3쪽 중 1쪽 정도만 외우다가 그만두곤 했다. 별로 외우고 싶지 않았고 잘 외워지지도 않았다. 선생님의 수업전략은 잘 외우는 모범생으로 하여금 일어나서 책을 안 보고 달달 외우게 함으로써 학급 친구들이 '와, 대단하다. 나도 열심히 외워야지'

라는 마음을 갖게 만들고 열심히 따라서 공부하게 만들도록 하는 것이었다.

그런데 당시에 외우게 하셨던 국어 책의 문장이 아주 의미 있는, 즉 유명한 시인의 시라든가 수필이어서 외우면 나중에 커서 술자리에서라도 써먹을 수 있는 문장은 아니었다. 왜 문장을 달달 외워야 하는지 잘 이해가 안 되었다.

한때 4학년 담임 선생님은 만화책을 돌려보게 해 주시기도 하셨다. 만화책을 볼 순서를 손꼽아 기다렸던 기억이 난다. 4학년 담임 선생님은 지금 돌이켜보니 다양한 방법으로 학생들의 학문적 호기심과 지적 성장을 유도하려고 노력하셨던 것이 확실하다.

5학년 때에는 평범했던 것 같다. 자율학습도 자주 했던 것 같다. 자율학습은 지금 생각해 보면 자기주도적 학습역량을 키우는 데 나쁘지 않은 방법이었던 것 같다(!). 자유로웠고 책도 좀 읽어 볼 시간을 갖는 것이었다. 선생님은 공문처리인지 뭔가 일을 열심히 하고 계셨던 것 같다.

6학년 때 담임 선생님은 30대 초반이셨고 머리숱이 좀 없으셨던 미혼 남자 선생님이셨다. 학부모님(엄마)들이 모여서 '담임 선생님 장가를 보내야 하는데 어쩌나'하는 걱정을 자주 하셨다. 6학년 담임 선생님은 나름 당시에는 획기적인 모둠 활동 방식의 수업을 하셨다. 일렬로 앉지 않았고 교실에서 6명씩 모둠으로 책상을 모아 앉아서 수업을 진행했다.

이 수업은 경험해 보신 분들은 알겠지만, 친구들과 얼굴을 맞대고 쳐다봐야 하는 쑥쓰러움을 야기했다. 담임 선생님을 쳐다보려면 혹은 칠판을 보려면 얼굴을 돌려야 해서 목이 뻐근해진다는 단점이 있긴 했지만, 뭔가 재미있었던 것 같다. 즉, 강의식 위주의 수업보다는 토론식 수업이 진행될 수가 있었으며 선생님보다 학생들이 더 말을 많이 할 수 있었다. 다만 친구들과 잡담도 많이 하게 되어서 수업 집중도가 떨어질 수 있다는 단점도 있었다.

이것이 나의 초등학교 담임 선생님에 대한, 참여관찰법에 근거한, 간략한 질적 연구 사례이다. 이처럼 우리에겐 누구나 질적 연구의 한 방법인 관찰연구를 한 경험이 있다. 우리 모두 자신의 관찰 연구 사례를 이야기해 보자. 1~2페이지씩 본인이 초중고시절에 관찰·경험했던 선생님의 교수법을 써 보자. 형식은 없다. 자유롭게 적으면 된다. 필자도 지금 막 앞에서 서술했다. 어떠한 교수법을 경험했는지, 그리고 그 교수법의 교육적 의도는 무엇이었을까를 한번 생각해보자. 담임 선생님이 자신의 인생에 남긴 소중한 교훈이 혹시 있으면 적어 보았으면 좋겠다.

필자의 중학교 시절의 참여관찰 이야기를 더 적고 미국 시카고 대학교의 직업사회학자인 로티(Lortie)의 교사에 관한 연구를 소개하고자 한다.

💿 필자의 중학교 선생님에 대한 참여관찰 이야기

중학교 때에는 늘 시험성적 경쟁이 한창이었다. 필자는 딱 한번 어쩌다가 13등까지 올라갔던 기억이 난다. 그런데 보통은 100등 밖이었다. 일단 어머니께서 고등학교 가서 3년간 열심히 하라고 말씀하셨고 중학교 때까지는 공부하라는 압박을 가하지 않으셔서 그다지 공부에 대한 스트레스를 받진 않았다. 당시에는 고등학교 입학시험(고입연합고사)이 있었는데, 일반고와 직업계고 입학을 가르기 위한 시험이었다. 200점 만점의 고교입학시험에서 180점은 국, 영, 수 등 교과시험이었고 20점이 체력검사시험(이른바 체력장이라고 불렀다)으로 구성되어 있었다.

체력장 시험에서 20점 만점을 받기 위해서 열심히 체육시간에 운동을 했어야 했다. 당시 체육선생님의 교수법이 훌륭했다는 기억이 있다. 체력장에서 턱걸이를 10개(정확히 10개였는지는 잘 기억이 안 난다. 20개일 수도 있다) 이상을 했어야 했는데, 팔 힘을 키우기 위해서 봉에 매달리기 등 다양한 체력단련을 시켰고 그 덕에 필자도 턱걸이를 10개 가까이 했던 것 같다. 참 신기한 경험이었다. 체육선생님은 턱걸이를 연습시키지 않고 봉에 매달리게 하거나 다른 여러 운동을 시켰는데, 어느샌가 그런 운동의 결과로 턱걸이를 10개나 하게 된 것이었다.

당시 필자가 다녔던 중학교는 사립이었는데 일제 강점기 교육의 역사적 전통이 남아 있어서 주당 1시간씩 유도 아니면 검도를 배워야 했다. 들리는 소문에는 학교재단 창립 이사장 중 한 분이 일제 강점기에 일본 육군사관학교 출신으로서 만주지역에서 독립군을 잡으러 다녔다고 했다.[1] 아무튼 유도와 검도, 둘 중 하나를 선택해야 했는데, 필자는 유도를 선택했었고 친구들과 목조르기를 하면서 즐거웠던 기억이 난다.[2] 중학교 때의 체육수업, 유도수업은 즐거운 시간이었다.

---

[1] 그런데 최근 확인해보니 1937년에 중일 전쟁에 참전하여 중국과 전쟁을 한 것이며, 독립운동가를 잡으러 다니지는 않았다고 한다. 최종 일본군 대좌(대령)로 조선인 중 두 번째로 높은 군 계급에 진급하였다고 한다. 회고록에서는 일제 식민지 시대에 일본 군인 노릇을 오래도록 한 것을 자신의 인생에서 가장 큰 불명예라 생각된다고 적었다고 한다. 위키백과 참조.

[2] 친일 교육의 잔재라고 보기보다는 이제 다문화시대이니 거부감을 가지지 않아도 되지 않을까 하는 생각도 든다. 다만 자기 학교의 교육과정의 역사는 알아야

중학교 때에는 뛰어놀아야 한다. 과거 이명박 정부 시기에 중학교 학교폭력 문제가 불거지자, 체육수업 시간을 늘려야 한다고 해서 다들 당황스러웠다고는 하던데, 중학교 때 필자가 다니던 시기에는 학교폭력 문제가 심하진 않았던 것 같고, 체육수업은 즐거웠으며 체육수업시수를 더 늘렸어도 좋았을 것 같다.

수학선생님의 카리스마 넘치는, 쌍꺼풀이 진 눈에서 빛이 레이저처럼 발사되던 수업, 박사학위과정에 입학하기 위해서 열심히 공부하시던 국사선생님의 수업이 기억이 난다(국사선생님은 수업시간에, 박사과정에 지원하셨는데 떨어졌다는 안타까운 소식을 우리에게 전해 주셔서 모두 숙연해진 적이 있었다). 그 와중에 영어를 가르치시던 여자선생님이 고등학교에서 중학교로 내려오셨는데, 워낙 카리스마가 넘치셨고 무서워서 다들 숨죽이면서 수업을 받았던 기억이 난다.

가장 기억에 남는 건 교생선생님과 합창연습을 했던 한 달의 기간이다. 당시 이화여대 음악과 대학생 누나들이 한 달 간의 교생실습을 매년 필자가 다니던 학교로 왔었다. 그래서 한 달 동안 합창연습을 하고 음악경연대회를 열었던 기억이 난다. 그 때 다들 합창연습을 열심히 했고 합창대회가 끝나고 다시 이화여대로 떠나는 교생선생님과 교실에서 연습과정에서 쌓였던 스트레스 때문인지 아니면 (연)정 때문인지는 몰라도 모두 눈물을 흘렸었다. 요즘은 어떤지 모르겠지만 돌이켜보면 한국에서 진행된 교생실습 중에서 최고의 교생실습이 아니었나 싶다. "따르릉 따르릉 비켜나세요."로 시작되는 자전거 노래를 아카펠라처럼 만들어서 다양한 화음과 리듬으로 합창을 했었는데, 정말 대단한 음악실습이었다.

한다.

당시 남자 음악선생님이 기억나는데 피아노를 엄청 잘 치셨고 혼자 뭔가 작곡도 하셨던 것 같다. 우리들은 음악실에 들어가면 늘 떠들고 집중하지 않았는데, 음악선생님은 우리가 조용해질 때까지 자작하신 음악을 혼자 연주하셨다(처음 들어보는 음악이어서 자작곡이라고 우리 학생들은 모두 확신했다). 그러다가 45분 수업이 다 끝날 수 있었고 아무것도 배우지 못하고 수업진도도 못 나갈 처지가 될 수 있었다. 반장이 자발적으로 조용히 시키고 우리도 조용히 입을 다물었다. 그러면 음악수업이 시작되었다. 아이들을 조용히 시키는 방법은 자작곡을 혼자 연주하시는 것이었고 "조용히 하자."라든가 "자, 수업 시작하게 집중해라."라는 말을 절대로 안 하셨다. 학생을 수업에 집중시키고 조용히 시키는데에는 다양한 방법이 존재한다.

미술 선생님은 유명한 중소기업 사장의 사위라고 하셨는데, 유명한 미대를 다니시는 와중에 기업의 사장 따님 과외수업을 하던 도중에 눈이 맞으셔서 결혼하시고, 예술가답게 삶을 즐기시는 분이셨다. 중학교 교사를 때려치우고 기업경영에 참여하라는 장인어른의 의견을 무시하시고 그냥 본인의 전공은 미술이기 때문에 기업경영은 못한다고 말씀하시고 우리들을 계속 가르치셨다고 한다. 물론 모두 떠도는 소문이며 확인되지 않은 사실이다. 당시에 자주 야외에서 미술수업을 하셨는데, 상당히 자율적 혹은 자기주도적 미술활동을 강조하신 취지에서였는지, 알아서 각자 풍경을 그리라고 하시고 유유자적 사색에 잠기시곤 하셨다.

여느 때와 마찬가지로 어느 날 미술시간에 야외에서 풍경을 그리고 있었는데 우연히 옆에 앉아 계시던 미술선생님이 필자가 낑낑대며 열심히 그리는 그림을 보시더니(일부러 보신 건 아니고 뭔가 옆에 다른 곳을 보시려다가 우연히 필자의 그림이 눈에 들어온 거였다) 갑자기 욱하시면서 "야, 이게 뭐야! 그림을 왜 이렇게밖에 못 그려!"라고 성내시더니 필자의 도화지를 빼앗아서 아주 멋지게 색칠을 해 주셨다. 그때 일단 미술에 전혀 소질이 없다는 사실을 깨달았고 선생님의 개별지도(?)를 받는 행운을 누렸다. 미술 선생님은 색칠을 다 해 주시고는 퉁명스럽게 도화지를 필자에게 던져주시고 다시 사색에 잠기셨다. 그렇게 미술선생님의 수업은 늘 자기주도적 학습으로 진행되었다.

중학교 때의 마지막 참여관찰사례는 국어 선생님 이야기다. 국어 선생님은 서울사대를 졸업했다고 첫날 칠판에 다음과 같이 크게 적으셨다.

'서 울 사 대'

필자는 서울사대라는 대학이 있나 보다 하고 생각했는데, 그 서울사대가 서울대학교의 단과대학인 사범대학이라는 것은 몰랐다. 같은 반 친구들도 모두 다음과 같이 생각했다. '뭐, 좋은 대학인가? 처음 들어보는데, 서울대는 아닌데, 남자 선생님이니까, 서울여대는 아닌 것 같고, 서울사대는 뭐지?' 나중에 대학에 진학할 때쯤에 국어선생님께서 말씀하신 서울사대가 서울대 사범대학이라는 것을 알았다. '서울대학교'였던 것이다.

당시 국어선생님은 상당히 폭력적이셔서 조용히 하지 않으면 큰 소동이 났다. 조금만 떠들면 얻어맞았으니 정말 공포의 국어시간이었다. 잘 가르치시는 것 같기도 했는데, 뭔가 늘 세상에 불만이 있으셨다. 그러한 불만의 감정이 목소리에 실려 있으니 교육적으로는 좋지 않았던 것 같다. 불만의 목소리로 수업을 진행하시니까 학생들은 늘 불안불안한 마음이었고 수업내용에 집중하기 어려웠다. 학부모님들과 학교 동료교사가, 어쩌면 우리 사회가 서울사대를 알아봐 주지 않아서 그러신 것 같다는 생각을 다들 했다. 죄송한 마음이 드는데 우리도 서울사대를 알아봐 드리지 못했다. 만약에 서울대학교 사범대학이라고 칠판에 쓰셨으면 알아봐 드리고 더 열심히 공부했을지도 모른다.

초 · 중학교 수업경험 관찰의 교육학적 교훈

필자의 초·중학교 시절의 선생님들에 대한 참여관찰 내용을 정리해서 교육학적 교훈을 도출해본다면 다음과 같다.

표 1-1 초등학교 선생님들에 대한 참여관찰을 통한 교육학적 교훈

* 선생님이 얼굴의 뾰루지를 짜 주어서 점이 안 생기니 좋다. 학생들도 학교 가기를 좋아하게 된다. 그러나 요즘은 쉽지 않을 것 같다. 만약 점이 더 생기면 학부모 민원이 걱정된다.
* 국어 받아쓰기 시험은 한글 문해력 향상에 도움이 될 수 있다.
* 선생님의 칭찬은 학생들의 학업적 자아효능감을 증진시킨다.
* 시험 자주 보고 10등 안에 들도록 경쟁을 시켜도 초등학생 아이들은 별로 신경을 안 쓰게 된다.
* 하기 싫은 의미 없는 국어책 암기는 모범생 한두 명만 제대로 한다. 아무리 그 애들이 잘 외우는 것을 쳐다봐도 의미를 못 느끼고 하기 싫은 건 따라하지 않는다.
* 만화책을 돌려보게 하는 건 정말 좋은 것 같다. 물론 지금은 굳이 돌려보라고 선생님이 안 사 주셔도 되는 경제적으로 풍요로운 세상이 되었다.
* 가끔의 자율학습(일명 자습)은 책도 보고 해서 좋았다. 간혹 심심하기도 했지만.
* 모둠수업도 좋았다. 친구들과 마주보고 토론하고. 다만 칠판을 봐야할 때 목만 돌려야 해서 좀 불편했다. 요즘은 교실이 넓으니 의자 전체를 돌리고 앉

으면 되니까 불편하진 않을 것으로 보인다. 당시에는 교실이 좁아서(한 반에 60명이었다.) 의자를 돌리고 앉기엔 힘들었다. 그러나 모둠친구들끼리 잡담을 하면서 수업내용을 허비하는 단점이 존재했다.

▶▶ 표 1-2 중학교 선생님들에 대한 참여관찰을 통한 교육학적 교훈

* 선생님이 행복하고, 즐겁고, 불만이 없어야 학생들이 수업 내용에 집중할 수 있다.
* 학생들이 선생님을 인정해 줘야 하고 존중해야 한다.
* 자기주도적 학습은 좋긴 하다. 그러나 배우는 게 있을까 하는 의문도 든다.
* 중학교 시기에는 체육활동이 중요하다.
* 음악시간에 학생들을 조용히 시키기 위해서는 자작곡을 연주하면 된다. 학생들 스스로 조용해지는 방향으로 유도한다. 조용히 시키는 방법은 다양할 수 있다.
* 교생선생님과 재미있는 교육을 하면 평생 기억에 남는다.
* 카리스마 넘치는 눈빛을 발사해 내며 수업해야 한다.

이 정도로 필자의 초·중학교 시절의 교사에 대한 참여관찰의 교훈을 정리할 수 있지 않을까? 우린 모두 훌륭하고 소중한 참여관찰 경력을 가지고 있다. 그래서 학교교육은 더 발전할 수 있는 기반이 마련되어 있다. 우린 모두 학교교육 연구자로서의 풍부한 교육적 경험을 갖추고 있고 교직을 잘 수행해 낼 수 있는 역량이 있다. 이런 이유로, 즉 우리 모두 교육연구자이기 때문에 학교교육은 더 발전할 수 있다고 필자는 생각하는데, 시카고 대학의 사회학자 로티(Dan, Lortie)의 저서인 "교직과 교사의 삶(원제 Schoolteacher−학교교사)[3]"에서는 다른 이야기도 나온다.

---

3 Lortie, D.(1975). Schoolteacher. University of Chicago Press.

🌑 로티의 학교교사 이야기

시카고 대학에 있던 직업분야에 대한 연구를 수행한 사회학자인 로티(Dan, Lortie)는 학교교사에 대한 연구를 수행하여 말 그대로 "학교교사(Schoolteacher)"라는 책을 발간한 바가 있다. 이 책은 교육학연구에서 많이 인용되고 있다. 한국에서는 두 차례에 걸쳐서 번역되었으며 최근 번역된 3판에는 한국의 교직에 대한 문헌연구내용도 함께 수록되어 있다.

로티(pp.73-74)에 의하면 예비교사들은 학교를 좋아했고, 학교와 같은 여건 속에서 일하기를 원하는 경우 교직을 선택한다. 따라서 교직을 선택한다는 것은 일반적으로 현재의 학교체제를 용인하고 변화에 대한 동기가 적을 수도 있으며, 교사들이 전반적으로 학교혁신의 노력을 추구하지 않을 경향성이 있다는 것을 의미한다. 과연 그럴까? 그래서 초·중등 교사가 전반적으로 보수적 경향을 띨 경향이 높다는 것이 로티의 연구 결과이다.

교직 입문 과정에서 예비교사들은 교사들과 12년 동안 계속적으로 만나게 된다. 즉 초·중·고를 다니고 졸업하기까지 교사들을 보고 접촉하는 시간은 평균 13,000시간으로 추정된다(p.129). 그렇다면 미드의 상징적 상호작용 이론을 적용할 경우, 예비교사들은 과거의 학교생활경험으로부터 교사의 역할을 일정 정도 배우게 된다(로티뿐만 아니라 심리학자인 앨버트 밴두라의 사회적 학습이론에 따르면 관찰과 그에 따른 모방을 통해서 우리는 효과적 학습을 한다). 대한민국 국민들 모두 그렇게 교직경험을 간접적으로 체험한다. 따라서 "가르치는 일은 누구나 할 수 있다"는 통념이 생긴다. 기억에 남는 은사는 예비교사에게 강한 교사의 이상적 모델이 될 수 있다.

"잘 가르치는 선생님들,

나에게 인상적인 선생님들,

그리고 나의 성격에 맞는 선생님들,

아니면 적어도 내 성격에 맞는다고 생각되는 선생님들을 떠올립니다.

다른 교사들이 쓰는 교육방법들을 관찰하고,

이것을 내가 사용해 보고,

그리고 내 성격에 맞는지를 봅니다."

(로티, 한 교사와의 인터뷰. p.150).

그래서 각자, 과거 인상적인 선생님들에 대한 기억을 떠올려 보고 과연 좋은 선생님, 잘 가르치는 선생님은 어떤 스타일이었는지 생각해 보면 좋겠다. 그러면 아마 자신의 교수방법 등과 관련하여 얻을 수 있는 일정 정도의 교훈이 있을 것이다.

그리고 로티의 말이 맞는지 생각해 보자. 교·사대에 재학 중인 예비교사들은 모두 현재의 학교를 좋아해서 학교가 변화하지 않고 과거의 모습 그대로 남아 있기를 바라는 보수적 성향을 갖게 될 것인가? 나중에 선생님이 된다면 정말로 그렇게 보수적으로 현장의 변화를 이끌지 못하게 되는 것일까? 필자는 로티가 틀리길 바란다. 그의 저서는 1975년 미국 사회의 교사를 연구해서 쓰인 것이다. 2023년도를 기준으로 본다면 거의 반세기가 지난 48년 전이다. 그래도 그의 연구 내용이 21세기 한국에서도 맞다면 할 말은 없다.

시간이 되면 로티의 "학교교사"를 번역한 책을 읽어 보길 추천한다. 2장 '충원과 재확인', 그리고 4장 '경력과 보상', 마지막 9장 '변화에 대한 성찰' 등 자신의 관심에 따라 챕터를 골라서 읽어 보면 된다.

4장을 읽어 보면 교사가 가장 행복함을 느낄 때는 졸업한 제자가 찾아와서 인사할 때라고 한다. 교사에게 어렵고 힘든 교사 생활에서의 고통과 스트레스를 모두 녹여 버리는 보상은 다른 어떠한 외재적 보상보다는 심리적 보상이다. 특히 졸업한 제자가 찾아와서 인사하며 하는 말 한마디, "선생님, 고맙습니다."는 '다시 태어나도 교사가 또 되어야지.'하는 마음을 갖게 만든다(한국 정부에서 실시하는 교원성과급제도는 이러한 제자의 감사 인사의 발끝만큼도 못 미치는 정책이다. 그래서 필자는 교원성과급제는 별로 필요 없고 폐지되어야 한다고 생각한다. 아니면 직무급제화하는 것으로 변화시켜야 한다. 특히나 교원평가제는 폐지될 필요가 있다. 별로 효용성도 없으며 학부모들을 대상으로 한 학교만족도 조사 정도로만 남기면 될 것이다. 개인적 의견이다).

교사로서 학생들에게 영향을 주었고 학생들의 삶에 약간이나마 도움을 주었다는 느낌이 바로 교사의 행복의 원천이다. 정말 즐겁고 보람찬 교직생활을 하기 위해서, 그리고 때로는 어려운 교직생활을 이겨내기 위해서는 교사로서 학생들의 삶에 미약하게나마 도움이 되도록 노력해야 하는 것이다. 이러한 노력은 여름방학 때 해외여행을 통한 힐링보다 더 큰 열정, 행동심리학의 용어를 빌리자면 교사로서의 행동의 강화(reinforcement)가 이루어지도록 해 줄 것이다.

마지막으로 하나만 더 살펴보도록 한다. 로티의 책 제4장을 보면 다음과 같은 한 교사의 인터뷰 내용도 있다.

"교사는 어떤 면에서는 침체되기 쉽습니다. 그냥 내버려 둔다면, 공부를 게을리 한다면 더욱 침체됩니다. 저는 애들이 아니라 가끔은 어른들하고도 교류하고 싶습니다.

가끔 커다란 회사 빌딩에서 근무를 하고 싶고, 내 나이 또래의 사람들과 이야기를 하고 싶습니다."

(로티, p.186)

예비교사가 나중에 교사가 되면 다양한 사람을 만나는 데 제한이 생길 것이다. 학교는 지역과 일정 정도 분리가 되어 있는 곳이기도 하다(물론 요즘 한국에서는 마을교육공동체 활동이 이루어지고 있기도 하지만). 그리고 뭔가 자기 발전이 안 이루어지고 침체되고 있다는 생각이 들 수도 있다. 교사들은 학생들과만 계속 만나는 와중에 '학생화(學生化)'되기도 한다. 초등학생들과 지내다 보면 초등학생처럼 사고하고 느끼게 되고, 중학교 학생들과 지내면 교사도 갑자기 청소년기의 질풍노도의 시기를 겪는 느낌이 생길 수도 있다.

따라서 나중에 교사가 된 이후에 학교 밖에서 다양한 활동과 경험을 하고 더 좋은 가르침을 주기 위해서 많이 노력하고 반성(reflection)하고 연구(research)하는 자세가 필요할 것 같다. 학생들에게 학교 밖 세상에 대해서도 재미있는 이야기를 들려줄 수 있는, 학생들에게 평생 기억에 남는 교사가 되면 좋을 것이다.

개인적으로, 필자에게 가르침을 주신 초·중·고등학교 시절의 모든 선생님들이 그립다는 이야기를 전해 드리고 싶다. 필자의 얼굴에서 뾰루지를 짜 주시던 초등학교 1학년 때 담임 선생님은 당시 20대 초반이셨던 걸로 기억한다. 43년이 지난 지금은 정년퇴임을 하실 연세이시다. 아마 지금은 손주들의 얼굴에서 뾰루지를 짜 주고 계실지도 모르겠다. 모두 다시 만나 뵙고 싶고 우리 모두에게 좋은 가르침을 주시느라 고생하셨고 고맙다는 인사를 드리고 싶다. 현장에서 오늘도 수고하시는 우리의 모든 선생님들께서 힘내셨으면 한다.

사라져 가는 피그말리온 효과
로젠탈과 제이콥슨의 피그말리온 효과 연구의 한계

"피그말리온은 자신이 조각한 여성 석상을
세상의 어떤 여자보다 더 아름답게 바라보았다.
그는 자신의 손으로 깎은 그 석상을 사랑했다.
석상을 상대로 좋아할만한 것들,
가령 조개껍데기나 반짝거리는 조약돌,
예쁜 새, 갖가지 색깔의 꽃,
색칠한 공, 호박구슬 같은 것을 석상에게 선사했다."

- 그리스 로마 신화. 피그말리온 이야기 중에서 -

1966년 교육계의 슈퍼스타 논문
: 로젠탈과 제이콥슨의 피그말리온 효과

1966년은 일명 '피그말리온 효과'로 일컬어지는, 교사의 기대효과에 대한 유명한 논문을 하버드 대학의 심리학과 교수인 로젠탈과 초등학교 교장이던 제이콥슨(Rosenthal and Jacobson)이 공동 저자로 발표한 해이다. 동시에 '콜먼 리포트'로 유명한 교육기회의 평등 보고서가 발간된 해이기도 하다. '콜먼 리포트'는 다음 3장에서 소개하도록 한다.

당시 로젠탈과 제이콥슨의 논문은 전 세계의 교육계에 엄청난 파급을 일으켰다. 교사의 학생에 대한 높은 수준의 기대가 학생의 IQ를 향상시킨다는 과학적 연구 논문이 발표되었다고 알려졌기 때문이다. 그리고 그리스 로마 신화의 피그말리온 효과로서 소문이 나면서 하버드 대학 심리학과의 로젠탈 교수는 일약 전 세계적으로 유명한 교육심리학 연구자가 되었다.

한국의 경우 서울대학교 교육학과 교수로서 한국의 1세대 교육학자로 볼 수 있는 김종서, 이영덕, 정원식 세 분이 저술한 "최신 교육학개론(교육과학사. 필자가 갖고 있는 책은 2001년도 판이다)"에서도 이 논문의 내용이 소개된다. 당연히 교사의 기대효과가 학생의 IQ를 '완벽하게' 높였다고 소개된다. 그런데 필자는 "교육통계연구방법론"을 쓰면서 실험연구의 좋은 사례로서(좋은 사례인 것은 맞다. 실험연구의 블라인드 테스트, 무작위 선정 등의 원칙이 잘 지켜져서 수행되었다) 피그말리온 효과 연구를 소개하기 위해 그 논문을 읽는 순간 뒤통수를 망치로 얻어맞은 듯한 충격을 받았다.

통계학적으로 보았을 때 논문의 분석결과는 교사의 기대효과가 있다고 판단하기에는 많이 부족했기 때문이다. 갑자기 그 논문을 제대로 읽은 사람이 몇 명이나 될까 궁금해졌다. 주변 교수님들 중에는 안타깝게도 단 4쪽에 불과한 그 논문을 읽어 보신 분은 없었다. 너무 오래된 논문이었기 때문이었을까? 아니면 서울대 교육학과 원로 교수들이 저술한 책이니까 당연히 정확하게 연구결과를 소개했으리라 아무도 의심치 않았기 때문일까? 지금부터 피그말리온 효과 연구를 정확하게 살펴보도록 하자.

먼저 교사의 기대효과를 연구한 로젠탈과 제이콥슨의 논문 제목은 다음과 같다.[1]

"Teachers' Expectancies: Determinants Of Pupils' IQ Gains"

논문 제목을 보면 스탠퍼드 비네(Stanford－Binet)의 IQ검사, 흔히 우리가 알고 있는 아이큐 검사를 이용해서 분석한 것처럼 보인다. 그러나 우리가 아는 IQ검사인 스탠퍼드－비네 검사는 아니다. 분석에 사용한 검사는 TOGA(Test of General Ability의 줄임말)라는 테스트인데, 25개의 언어문항과 28개의 추론문항으로 구성되어 있다.

이건 크게 중요한 사안은 아니다. 인지역량을 측정하는 문항이며 스탠퍼드－비네와 유사한 측정검사이기 때문에 큰 문제는 없다. 다만 제목을 왜 오해를 불러일으키게 적었는지 궁금하긴 하다. 논문 제목에 'IQ' 대신 'Cognitive Ability' 혹은 'General Ability'라고 적었어야 하지 않을까? 제목부터 뭔가 연구내용을 헷갈리게 할 수 있는데, 연구결과가

---

1 Rosenthal, R. & Jacobson, L.(1966). Teachers' Expectancies: Determinants Of Pupils' IQ Gains. Psychological Reports, 19, 115－118.

대중적으로 널리 알려지도록 만들고 싶은 (TOGA보다 IQ검사가 대중적이다) 연구자의 생각도 엿보인다. 그러나 넓게 보면 이 TOGA도 IQ검사의 일종이기 때문에 틀린 표현은 아니다.

● 피그말리온 효과 연구결과: 전체 학년을 합산한 분석 결과

거꾸로 한번, 일종의 백워드 매핑 방식으로 이 유명한 연구결과를 살펴보도록 하자. 소규모 초등학교였던 오크초등학교(가명) 전체를 대상으로 해서 교사의 기대효과를 실험한 결과이다. 이 학교는 한 학년에 세 개 반으로 총 18개 반으로 구성되어 있었으며, 학년당 전체 평균 학생 수는 약 53명으로(〈표 2−1〉의 하단부에 제시된 학년당 평균 아동 수 자료 참조) 전체 학교 학생 수는 320여 명 정도임을 추론할 수 있다.

〈표 2−1〉은 당시 TOGA 점수가 높기 때문에 학업성취도가 높아질 것이라고 교사들에게 거짓으로 알려준 학생들(experimentals−실험집단)의 IQ 점수와 여타 일반 학생들(controls−통제집단) 간의 8개월 후의 IQ(TOGA 점수이지만 저자의 입장을 따라 IQ라고 계속 적도록 한다) 점수의 평균 향상 값(증가된 값)의 비교 결과이다.

▷ 표 2-1 **학생들의 평균향상점수(Mean Gains in IQ)**

	통제집단		실험집단		차이 (실험-비교)	t	p-value[†]
	평균	표준 편차	평균	표준 편차			
전체	8.4	13.5	12.2	15.0	3.8*	2.15	.02

비교집단 학년당 평균 아동 수 = 42.5명
실험집단 학년당 평균 아동 수 = 10.8명
 †p one−tailed(단측검증) * p<0.05

*는 통계적으로 유의한 결과를 의미함.
출처: 로젠탈과 제이콥슨(1966).

〈표 2-1〉을 보면 실험집단 학생들의 향상된 평균 점수가 12.2점이며 통제집단 학생들은 8.4점, 따라서 차이는 3.8점으로 실험집단 학생들, 즉 교사가 기대수준을 높게 가진 학생들의 IQ 점수의 향상도가 더 높다. 이 점수는 언어 점수와 추론 점수를 모두 합해서 산출한 향상 점수이다. 이 차이는 통계적으로도 유의한데, 통계적으로 유의하다는 것은 모집단의 실질적 차이도 이와 유사할 것으로 해석될 수 있다는 것을 의미한다. 만약 유의하지 않다면 이 차이는 단순 표집 오차에 의한 것으로 더 극단적으로 다르게 나올 확률이 높아져서 차이가 사실상 없다고 해석된다.

이러한 결과는 아무 명단이나 무작위로 선정해서 '성적이 높아질 공부 잘 하는 학생들(실험집단이 된다)'이라고 거짓으로 알려줬는데, 교사들이 해당 학생들에 대해서 성적이 오를 것이라고 기대함으로 인해서 해당 실험집단 학생들의 성적이 더 향상되었다는 것을 의미한다. 연구자의 입장에서는 연구가설대로 교사의 기대효과가 존재한다는 분석결과이기 때문에 매우 큰 기쁨을 안겨 주는 결과이다. 앞에서 언급한 바대로 일반적으로 대학에서 교육학개론 수업 시간에서나 여타 교직 수업시간에는 이 합산된, 소위 뭉쳐진 결과를 인용해서 교사의 기대효과가 학생들의 학업성취도 혹은 인지점수를 높인다고 가르친다. 그리고 학생에 대한 기대수준을 높게 가지라고 가르친다.

🔘 학년별로 분석한 결과
: 1, 2학년에서만 나타나는 피그말리온 효과

그런데 학년별로 구분해서 분석한 〈표 2-2〉를 보도록 하자. 학년

학년	통제집단^A		실험집단^B (교사기대)		차이 (실험-통제)	t	p[†]
	평균	표준편차	평균	표준편차			
1	12.0	16.6	27.4	12.5	15.4*	2.97	.002
2	7.0	10.0	16.5	18.6	9.5*	2.28	.02
3	5.0	11.9	5.0	9.3	0.0		
4	2.2	13.4	5.6	11.0	3.4		
5	17.5	13.1	17.4	17.8	-0.1		
6	10.7	10.0	10.0	6.5	-0.7		

A: 학년당 평균 아동수 = 42.5   B: 학년당 평균아동 수 = 10.8
† p one-tailed(단측검증)

*는 통계적으로 유의한 결과를 의미함.
출처: 로젠탈과 제이콥슨(1966).

별로 구분해서 비교하면 어떻게 나오는지 잘 확인해 보자. 표를 잘 들여다보면 높은 수준의 기대를 받은 학생들의 향상 점수가 높은 것은 초등학교 1, 2학년에서만 통계적으로 유의하다. 1학년은 15.4점이 더 높아졌으며 2학년은 9.5점이 더 높아졌다. 그런데 안타깝게도 3~6학년은 통계적으로 유의한 차이가 없다. 4학년은 3.4점의 차이가 있지만 통계적으로 유의한 차이가 아니다. 5~6학년은 오히려 비교집단 학생들의 점수 향상이 매우 미세하게 더 높다(통계적으로 유의한 차이는 없기 때문에 이 차이는 없다고 봐야 한다).

그렇다면 우리는 피그말리온 효과가 존재한다고 해야 할까? 없다고 결론지어야 할까? 연구자의 입장에서는 그냥 결과를 있는 그대로 다음과 같이 해석해주면 된다.

"피그말리온 효과는 초등학교 1, 2학년에서만 나타나고, 초등학교 3, 4, 5, 6학년에서는 나타나지 않는다."

중학교와 고등학교는 어떨까? 로젠탈 제자의 박사학위 논문에서 중학교를 대상으로 이와 똑같은 방법으로 중학교에서 실험을 했는데, 안타깝게도 피그말리온 효과가 일관성도 없고 사실상 없는 것으로 나타났다(로젠탈과 제이콥슨, 1992: 121). 따라서 결론은 동일하게 초등학교 1~2학년에서만 나타난다고 보면 될 것이다. 그렇다면 교사의 기대효과는 매우 제한적인 것으로 판단할 수 있다. 즉, '보편적인' 이론이라고 보기에는 어렵게 된다.

여기에서 잠시 토론을 해볼 필요가 있을 것 같다. 왜 1, 2학년에서만 교사의 기대효과가 나타났을까? 그리고 3학년에서 6학년까지는 교사의 기대효과가 나타나지 않았을까? 로젠탈과 제이콥슨의 논문에서는 그들 나름대로 몇 가지 가설 혹은 추측을 제시한다. 말 그대로 추측인데, 과연 로젠탈 교수가 추측한 내용은 무엇일까? 각자 추론해 보도록 하자.

🔵 언어와 추론점수, 성별로 구분한 분석
: 여학생의 추론 점수에서만 효과가 나타남

그런데 〈표 2-2〉의 결과를 언어와 추론 점수를 구분해서 살펴보면 어떨까? 그리고 혹시 성별로 구분해서 보면 어떤 결과가 나올까? 1966년도에 발표된 논문은 총 4쪽 분량의 학술논문으로 언어와 추론 점수를 구분하거나 성별로 구분해서 분석한 결과를 제시하지는 않았다. 우리는 일반적으로 무작위 실험을 하면 성별 등의 배경이 골고루 유사

	남학생	여학생
종합IQ(TOGA)		
1~2학년	+6.1	+17.1**
3~6학년	+2.3	-0.1
언어 영역IQ(TOGA)		
1~2학년	+10.8*	+9.5
3~6학년	+2.8	-5.8
추론 영역IQ(TOGA)		
1~2학년	-10.7	+40.2**
3~6학년	+3.6	+10.0*

* $p<0.05$, **$p<0.0002$, ***$p<0.00002$ (단측검증. 양측검증일 경우 *$p<0.1$)

*는 통계적으로 유의한 결과를 의미함.
출처: 로젠탈과 제이콥슨(1992). p.153(번역본 기준).

하게 배정되기 때문에 굳이 그러한 배경변수를 구분해서 분석하지 않
는 경향이 있다. 그러나 인간을 대상으로 하는 실험에서는 랜덤으로(무
작위로) 배정해도 운이 안 좋게도 학생배경이 유사한 분포를 가지지 못
하는 경우가 생기거나 학생들의 집안 배경에 변화가 생길 수도 있다.

　　다행인지는 모르겠는데, 2년 후인 1968년도에 로젠탈과 제이콥슨
은 책으로 상세하게 해당 실험연구결과를 정리해서 발표하였다. 한국에
도 번역되어 출간되었는데, 1992년도에 출간된 증보판이 번역되었다.
책 제목은 "Pygmalion in the Classroom"이다.[2] 번역본의 153쪽을 보
면 성별로, 그리고 평가영역(언어, 추론)별로 비교대상인 통제집단과의
향상 점수 차이를 〈표 2-3〉과 같이 제시해 주고 있다.

2　Rosenthal, R. & Jacobson, L.(1992). Pygmalion in the Classroom. Irving Pub.
　심재관 옮김. 피그말리온 효과. 이글리오.

이 결과를 보면 남자어린이의 경우 1, 2학년에서 통계적으로 유의한 차이가 언어영역에서만 나타나고 추론영역에서는 없는 것으로 나타난다. 별표가 붙어 있는 값만 통계적으로 유의하다고 해석해 주면 된다. 여자어린이의 1, 2학년 추론 영역 점수가 전체 점수를 끌어올려서 전체 초등학교 1~2학년에 대한 교사의 기대효과가 있는 것으로 만들어 낸 것임을 알 수 있다. 그런데 언어영역점수는 여학생의 경우는 모든 학년에서 통계적으로 유의하지 않다. 추론영역에서만 여학생의 1~6학년 전체 학년에서 모두 통계적으로 유의하게 높게 나타난다.

그렇다면 결론은 이제 다음과 같이 더 좁혀서 세부적으로 언급해야 한다.

"피그말리온 효과는 초등학교 '1~6학년'의 '여'학생들의 '추론'점수에서만 나타난다."

"피그말리온 효과는 초등학교 '1~2학년'의 '남'학생들의 '언어'점수에서만 나타난다."

흥미로운 점은 당시 1960년대 미국 사회에서는 초등학교에서도 우열반을 운영하고 있다는 점이다. 우열반은 상/중/하 반으로 구분하고 있는데, 이에 따른 분석표도 제시되고 있다.

🌐 상/중/하반으로 구분하면 중간반의 추론점수에서만 나타남

요즘 미국에서는 초등학교에서 학급배정을 수준별로(소위 우열반으로) 편성해서 운영하지 않는다. 수학과 같은 일부 과목에서만 부분적으

표 2-4 성별, 수준별 학급별 비교집단과 실험집단의 점수 차이(실험-비교) : 추론점수

구분	남학생	여학생
빠른 반(상)	-2.6	+9.1
중간 반(중)	-12.0	+42.0*
느린 반(하)	-0.3	+12.5
총계	-3.9	+17.9

*는 통계적으로 유의한 결과를 의미함.
출처: 로젠탈과 제이콥슨(1992). p.152(번역본 기준).

로 편성하기는 하지만 전반적으로는 수준별 학급편성을 하지는 않는다. 교육기회의 평등 측면에서 많은 문제가 제기되어 왔기 때문이다. 물론 중등학교에서는 우열반 혹은 좋게 표현하자면 수준별 수업이 많이 이루어지는 편이다. 고등학교는 계열별로 수업이 다양하게 이루어진다.

당시 피그말리온 효과 실험 연구결과를 수준별 학급편성에 따라서 구분해서 분석한 결과는 〈표 2-4〉와 같다. 우열반에 따른 비교결과 언어점수는 (통계적으로 유의하지 않게 나와서인지 그 이유는 잘 모르겠지만) 제시되고 있지 않고 추론점수만 제공되고 있는데, 중간 반에서만 통계적으로 유의하다.

여전히 교사의 기대효과의 일관성이 잘 안 보인다. 교사의 기대효과가 잘 안 나타나고 있다. 그렇다면 교사의 일부 기대효과(여학생의 추론점수)는 지속성이 얼마나 있을까?

🌐 학년이 바뀐 20개월 후의 분석결과는?
사라져 가는 피그말리온 효과

앞에서 제시된 결과는 8개월 후의 결과이다. 20개월 후의 결과도

20개월 후의 비교집단과 실험집단의 점수 차이(실험-비교)
: 전체 평균점수

학년	비교집단		실험집단		기대효과	
	N	증가분	N	증가분	증가분 차이	p-value
1	36	+13.6	6	+20.2	+6.6	
2	39	+8.3	9	+4.8	-3.5	
3	36	+1.2	10	-0.4	-1.6	
4	47	-5.2	11	-2.3	+2.9	
5	38	+7.8	11	+18.9	+11.1*	0.01
총계	196	+4.63	47	+7.30	+2.67	

출처: 로젠탈과 제이콥슨(1992). p.221(번역본 기준)

책에서는 제시한다. 〈표 2-5〉를 보면 이번엔 신기하게도 5학년(20개월 후에는 6학년으로 진급)만 통계적으로 유의하게 나타난다.

저학년에서 교사의 기대효과는 사라진다. 사실 교사의 기대효과는 지속적으로 나타나기에는 어려울 것이다. 매년 담임 선생님이 바뀌기 때문이다. 그러나 이렇게 쉽게 사라질 기대효과라면 굳이 교사가 기대 수준을 높게 가지는 것이 필요하다고 말하기는 어렵고 선택사항이 되어야 할지도 모른다.

앞의 〈표 2-3〉이나 〈표 2-4〉를 보면 주로 추론영역에서 여학생에게만 일시적으로 기대효과가 나타난 것으로 결론지을 수 있다. 그런데 손다이크(Thorndike)[3]가 로젠탈의 입장에서 보면 뼈아픈 지적을 하는데 기대효과가 일부 나타나고 있는 이 추론 평가점수에서 치명적인 문

---

3 Thorndike, R. L.(1968). Review of Pygmalion in the Classroom. American Educational Research Journal, 5(4), 708-711. 참고로 로버트 손다이크는 행동주의 심리학의 선구자인 에드워드 테드 손다이크의 아들이다. 아버지처럼 콜럼비아 대학의 Teacher College의 교수로 근무했으며, 심리학에 많은 기여를 했다. Cluster Analysis를 제기했으며 인지능력검사도 개발했다. 위키백과 참조.

제가 있다고 분석한 결과를 발표한 바가 있다.

다른 심리학자들의 피그말리온 효과 연구 비판

손다이크는 피그말리온 효과 연구가 발표된 이후 2년 후인 1968년 도에 미국교육학 저널에 피그말리온 효과 연구가 다소간 의도적으로 통계표를 깔끔하게 제공하고 있지 않으며, TOGA의 추론점수는 학생들 이 불성실하게 응답해서 그런지 몰라도 사용하기가 어렵다고 비판하는 논문을 게재한다.

예를 들어 손다이크가 초기 시작점수를 살펴본 결과(〈표 2−6〉을 보 도록 하자), 비교집단의 1학년 느린 반(하반) 학생들의 19명에서 너무나도 낮은 31점이 나온다. 그리고 비교집단의 중간 반과 느린 반 학생들의 추 론 점수는 54점, 53.5점 밖에 안 된다. 언어 점수도 부분적으로 문제가 보이는데 비교집단의 느린 반 아이들이 67.5점 밖에 안 된다. 30.79점은 분포상 불가능한 점수인데, TOGA는 스탠퍼드−비네의 IQ 분포와 유사

▶ 표 2-6 손다이크가 지적한 측정 문제가 있는 초기 점수(pretest score)

학급	실험집단			비교집단		
	사례 수	평균 언어 IQ점수	평균 추론 IQ점수	사례 수	평균 언어 IQ점수	평균 추론 IQ점수
1A(1학년 상반)	3	119.47	91.32	19	102.00	84.67
1B(1학년 중반)	4	104.25	**47.19**	16	116.25	**54.00**
1C(1학년 하반)	2	95.68	**30.79**	19	**67.50**	**53.50**
2A(2학년 상반)	6	111.53	100.95	19	114.33	112.50
2B(2학년 중반)	3	96.50	80.56	16	103.67	102.33
2C(2학년 하반)	5	82.21	73.93	14	90.20	77.40

주: 논문에 적힌 바대로 IQ점수로 적음. 분포는 IQ와 같이 100이 평균임.
출처: Thorndike(1968).

하기 때문에 31점은 눈을 감고 문제를 푼 것과 같은 점수이다.

오히려 답을 맞히지 않으려고 일부러 틀린 것일 수도 있지만 초등학교 1학년이 당연히 그럴 리는 없다. 혹시나 그랬다면 당연히 1학년의 추론점수는 분석에 사용해서도 안 된다. 그리고 53~54점은 만 3.5세 연령대의 지능에 해당하는 추론 점수이다.[4] 그리고 위의 표를 보면 표본 수가 너무 적은 것을 알 수 있다. 1학년 상/중/하반으로 구분했을 때 실험집단 학생들은 각 반에 2명~6명밖에 안 된다. 통계적으로 보았을 때 1, 2학년의 실험집단 표본 수가 너무 적다.

당시에 스탠퍼드 대학의 심리학과의 스노우(Snow) 교수 역시 동일한 비판을 한다. 학생들에 대한 TOGA 추론평가 점수가 너무 편차가 많고 들쑥날쑥해서 분석에 사용할 수가 없다고 비판한다.[5] 거의 30년이 지난 1995년도에도 이 실험결과에 대한 논쟁은 다시 언급되었다. 미국 심리학회지에 특별 쟁점 논문이 게재되었는데 스노우는 그림표(산점도 -scatter plot. [그림 2-1])를 제시하면서 매우 구체적으로 로젠탈과 제이콥슨의 1966년도 논문의 연구 데이터가 문제가 있음을 지적한다.[6]

이 그림에서 가운데 네모 박스 안이 제대로 측정된 TOGA의 추론 사전검사 점수이다. 네모 밖으로 벗어난 점수는 분석하지 말고 제외해야 할 잘못 측정된 TOGA 점수 사례로 볼 수 있다. 그림을 잘 들여다보면 초기 점수에서 120점을 받은 학생이 8개월 후에 210점으로 로켓처럼 상승하고 있다. 이러한 지나친 변동은 평가의 신뢰도와 타당도에 심

---

4 상동.

5 Snow, R. E.(1969) Unfinished Pygmalion. Contemporary Psychology, 14, 197 -200.

6 Snow, R. E.(1995). Pygmalion and intelligence? Current Directions in Psychological Science, 4(6), 169-171.

그림 2-1 로젠탈과 제이콥슨 피그말리온 연구의 추론 사전점수,
사후점수 분포도

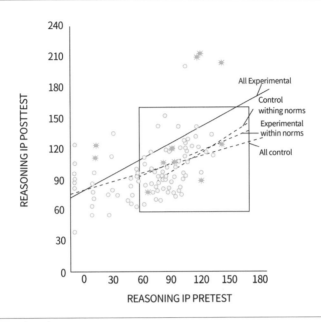

출처: Snow(1995)

각한 문제가 있음을 보여 준다. 그리고 심지어 초반 점수가 0점인 학생
도 있다. 제대로 추론 평가가 이루어졌다고 보기 힘들다.

　이 데이터를 보면 당시 로젠탈과 제이콥슨의 추론 평가점수는 분
석에 사용하기에 어려움이 있거나 소위 데이터 클리닝을 확실히 해서
네모 박스 안에 있는 사례들만 분석해야 했다. 따라서 로젠탈과 제이콥
슨의 연구데이터를 가지고는 교사의 기대효과가 있다는 분석과 결론을
내리는 것은 사실상 불가능한 것으로 봐야 한다. 피그말리온 효과가 입
증되지 않은 것이다.

　로젠탈과 제이콥슨이 주장한 '교사의 기대효과', 이른바 피그말리

온 효과에 대한 연구 결과에 대해서 의문을 품고 당시 로젠탈과 제이콥슨과 거의 유사한 연구를 반복해서 수행한 결과에서도 교사의 기대효과가 없는 것으로 나타나고 있다.[7] 하지만 당시 이 연구가 너무 유명해서 학교 현장에서 학생들이 시험을 보면 '교사의 기대효과 연구를 하는구나'라고 눈치를 채서 실험을 수행하기도 어려웠고 수행하더라도 실험 결과를 신뢰하기가 어려워졌다는 이야기도 있었다. 그만큼 너무나도 유명한 연구이기는 했다.

◉ 그리스 로마 신화의 피그말리온 이야기 다시 읽어 보기

교사의 기대효과는 일종의 위약효과(placebo effect)와 비슷하지만 차이가 있다. 위약효과는 학생 본인의 자기기대감에 기인하며 일종의 자기충족예언효과로 봐야 한다. 여하간 이러한 효과들은 일시적으로는 효과가 발생할 수 있지만 결과적으로는 지속성을 가지기는 어렵다. 의학에서도 위약효과는 지속성이 없기 때문에 제대로 된 효과로 보지 않는다.[8] 단순한 교사의 기대감만으로는 학생들의 성취도가 자동적으로 높아지기에는 어렵다. 교사가 열정적으로 학생들을 잘 가르치고 자아효능감을 느끼도록 격려와 칭찬을 해 주고 헌신하는 자세가 없이, 단순히 머릿속에서만 기대수준을 높게 가져서는 학생들의 학업성취도가 자동적으로 증가하지는 못할 것이다. 물론 기대감을 갖고 있어야 그런 교수

---

7 Fielder, W. R., Cohen, R.D., & Feeney, S.(1971). An attempt to replicate the teacher expectancy effect. Psychological Reports, 29, 1223−1228.

8 다만 최근의 fMRI를 이용한 뇌 촬영결과 가벼운 통증은 비타민과 같은 위약으로도 진통제와 유사한 효과를 볼 수 있다. 단 가벼운 통증에만 해당된다 (Schacter, et al., 2014).

법이 나오기는 할 것이다.

그렇다면 정답은 과연 무엇일까? 로젠탈과 제이콥슨이 차용한 '피그말리온' 효과, 그리스 로마 신화의 피그말리온 이야기를 살펴보면 힌트를 얻을 수 있지 않을까 싶다. 한 번 그리스 로마 신화의 피그말리온 이야기 부분을 읽어 보자.[9]

"피그말리온은 자신이 조각한 여성 석상을 세상의 어떤 여자보다 더 아름답게 보았다. 그래서 자신의 손으로 깎은 그 석상을 사랑했다. 피그말리온은 틈만 나면 석상을 정신없이 바라보았다. 그는 석상이 돌로 되어 있는지 아니면 인간의 살갗인지 확인하고 싶어 쓰다듬어 보곤 했다. 석상을 상대로 여자들이 좋아할 만한 것들, 가령 조개껍데기나 반짝거리는 조약돌, 예쁜 새, 갖가지 색깔의 꽃, 색칠한 공, 호박구슬 같은 것을 석상에게 선사했다. 석상에 아름다운 옷을 입혀 주기도 했으며 손가락에 반지를 목에는 목걸이를 선사해 주었다. 아프로디테 축제 때 피그말리온은 기도하였다. '신들이시여 바라건대 석상이 인간이 되게 해 주소서.'"

(그리스 로마 신화. 피그말리온 이야기 부분)

기도를 하고 난 후에 집에 돌아온 순간 피그말리온은 깜짝 놀랐다. 갑자기 석상이 부드러워지고 온기가 생기더니 인간의 몸이 되는 것이 아닌가. 맥박이 뛰는 인간으로 얼굴을 붉히고 있었다. 소원이 이루어진 것이다. 희망과 기대를 버리지 않을 경우 꿈은 이루어진다.

"꿈은 이루어진다"라는 말을 적으니, 갑자기 2002년 한·일 월드컵

9 이윤기, 이윤기의 그리스 로마 신화3. pp.29~31 내용 일부 발췌. 웅진지식하우스.

2002년 한일월드컵 응원 장면. 꿈은 이루어진다!
4강 신화를 이룩했다. 승리의 요인에는 응원 함성뿐만 아니라 훌륭한 감독의 지도, 선수들에
대한 제반 지원, 선수들의 피나는 훈련과 노력 등의 요인이 있었다. 꿈의 실현은 단순히 기대
만으로 이루어지지 않는다.

이 생각난다. 당시 응원 슬로건도 "꿈은 이루어진다"였다. 그러나 한 ·
일 월드컵 4강 신화가 단지 꿈만으로 이루어진 것이었을까? 홈그라운드
경기라는 이점(유럽 선수들은 시차문제로 아무래도 컨디션이 좋을 수가 없다)
과 히딩크 감독의 '나는 여전히 배고프다'는 용병술(자만하지 말고 열심히
뛰라는 격려의 말), 그리고 응원함성(상대편에게 엄청난 스트레스를 준다), 국
내와 해외에서 뛰고 있던 많은 우리나라의 감춰진 우수한 선수들의 역
량, 선수들에 대한 제반 지원들.

예를 들어 '16강 본선진출 시 군 면제'라는 혜택이 주어졌다. 승
리할 때마다 증가하는 경제적 인센티브인 우승 수당 등의 여러 지원
방안들이 있었다. 경제적 인센티브는 행동주의 심리학자들이 중요시
하는 조작적 조건(operant condition)이 되며 그리고 강화(reinforcement)
요인이다. 승리를 통한 강화는 선수들에게 1승할 때마다 어려운 팀을
상대로 승리할 수 있다는 자기 확신과도 연관된다. 여하간 꿈꾸는 것

만으로는 소원이 이루어지지 않는다. 구체적인 꿈의 실현 방안이 필요하다.

기대수준을 높이는 것은 중요하다. 그러나 동시에 피그말리온처럼 많은 노력을 해야 한다. 기대만이 아니라 엄청난 노력을. 그래서 로젠탈과 제이콥슨의 논문제목 '기대(expectancy)'는 피그말리온의 노력(efforts)과는 정확히 일치하기는 어려우며, 따라서 피그말리온 효과라고 표현하기에는 어려울 수 있다. 게다가 해당 논문과 책은 기대와 동반하는 교사의 교수방법에 대해서는 구체적인 근거에 기반한 내용들을 제시하지 못하고 있다.

로젠탈과 제이콥슨의 피그말리온 효과 논문에서는 1, 2학년의 경우 선생님이 우수한 선생님이었을 가능성, 혹은 3~6학년 선생님들은 아이들에게 사실상 기대를 안 했을 가능성 등에 대한 '추측'이 제시된다. 가급적 학술논문에서는 추측은 삼가야 한다. 따라서 우리는 대략적으로 교사의 기대만으로는 성취도 증가가 이루어지기에는 한계가 있다고 생각해 볼 수 있다.

앞에서 제시된 그리스 로마 신화의 피그말리온 이야기는 교육적으로 보면 이렇게 바꿔 볼 수 있지 않을까 싶다. 우리 모두 어떻게 바꿔 볼 수 있을지 고민해 보자.

"담임 선생님은 자신이 가르치는 학생들을 모두 훌륭하고 열정적인 학생으로 보았다. 그래서 학생들을 진심으로 사랑하고 아꼈다. 담임 선생님은 틈만 나면 학생들이 한눈을 팔지는 않는지, 열심히 수업내용을 잘 따라오는지 관찰하고 지켜보았다.

담임 선생님은 학생들의 노력에 격려와 칭찬을 아끼지 않았다. 학생을 상대로 학생들이 호기심과 창의성을 키우도록 다양한 악기 연주를 할 수 있게 해 주었고, 다양한 참고 교재와 실험도구들, 그리고 색칠한 공, 구슬 등 좋은 문구류를 제공해 주었다. 때로는 공부를 잘 따라오면 모든 반 아이들에게 초콜릿을 선사했다. 학교 축제 때에는 학생들이 다치지 않고 늘 건강하기를 바랐다. 그리고 선생님은 다음과 같이 기도하였다.

'신들이시여, 바라건대 이 아이들이 어려운 이웃을 보살피고 세계시민으로서 훌륭한 인재가 되게 해 주소서.'"

로젠탈은 1995년도 스노우의 비판논문에 대한 반박으로 기대효과에 대한 선행연구 검토 내용을 제시한다. 따뜻한 관찰자가 냉담한 관찰자보다 학생의 IQ를 6점 올리며, 친절한 학생과의 교류가 학생들의 IQ 점수를 13점 더 높인다고 주장한다.[10] 로젠탈이 제시한 문헌분석 연구 내용은 교사의 기대효과 연구라기보다는 교사의 구체적인 교수법과 태도와 관련된 내용임을 알 수 있다. 기대만으로는 안 되며 구체적인 행동(Action 혹은 Behavior)—관찰, 격려의 말, 그리고 교류—이 필요함을 오히려 로젠탈이 제시해 주고 있다.

🔵 심리학 개론서에서 피그말리온 효과는 언급될까?

필자가 피그말리온 효과 연구 논문을 읽은 후 다소간 데이터에 문제가 있다는 인식을 하고 지금까지의 논쟁에 관한 논문을 살펴본 후 심리학개론서나 교육학개론 연구서에는 어떻게 소개가 되는지를 찾아보

---

10 Rosenthal, R.(1995). Critiquing "Pygmalion": A 25-year perspective. Current Direction in Psychological Science, 4(6), 171-172.

앉다. 피그말리온 효과 연구에 대한 여러 논쟁 때문인지는 몰라도 안타깝게도 하버드 대학 교수들이 저술한 심리학 개론 교재에서는 로젠탈과 제이콥슨의 1966년도 연구는 언급되지 않고 있었다.[11] 그리고 슬라빈(Slavin)의 교육심리학 교재와 에겐 외(Eggen et al)의 교육심리학 교재에서도 피그말리온 효과 연구를 전혀 언급하지 않고 있다.

한편 울포크(Woolfolk)의 교육심리학 교재나 실천지능이론과 창의성 연구로 유명한 스턴버그(Sternberg)의 교육심리학 교재에서는 지금 소개한 내용과 관련된 논쟁을 '간략히' 소개하고 있었다.[12]

많은 교육학자들은 효과적인 교사의 교수행동방법을 잘 제시한다.[13] 무조건적이고 모호한 칭찬은 교육적으로 효과가 적고, 적절하며 구체적인 학생의 행동에 대한 칭찬이 효과적이라고 말한다. 그리고 학생들의 잘못된 태도를 비판하고 지적하는 데에 몰두하지 말고 학생들이 스스로 잘못을 고치도록 개선방향을 제시해 주어야 학생들의 긍정적 태도가 증진된다고 본다. 다양한 교육적 화법을 교사는 구사할 수 있어야 한다.

---

11 Schacter et al.(2008). Psychology. 민경환 외 옮김. 심리학개론. 시그마프레스. 다만 로젠탈의 실험연구와 관련된 다른 논문 소개는 하고 있었다. 로젠탈은 피그말리온 효과 연구에서 비록 데이터에 문제가 있긴 했으며, 지금 보면 연구윤리상 문제제기가 있을 수도 있지만, 그 나름대로 좋은 아이디어로 철저한 실험설계에 입각해서 교사의 기대효과에 대한 실험을 실시했다. 연구방법론 측면에서는 좋은 사례가 될 수 있다. 다만 연구윤리의 문제로 인해서 21세기에는 이러한 연구, 전체 학교 학생을 대상으로 실시하는 것이 이젠 가능하지 않을 수 있다.

12 Woolfolk, A.(2013). Educational Psychology. 김아영 외 옮김. 교육심리학. 박학사. 실천지능이론으로 유명한 스턴버그의 교육심리학 교재에서도 이 논쟁을 간략히 소개한다. 그러나 Slavin이나 Eggen et al.의 교육심리학 교재에서는 피그말리온 연구는 소개되지 않고 있다.

13 Vargas, J.(2020), Alberto and Broutman(2012), Gagne, R. M et al.(2004), Brophy and Good(1986; 2003), Rosenshine and Stevens(1986) 등 많은 교육학 연구가 효과적인 교수법을 소개하고 있다.

아이들이 수업시간에 제기하는 참신한 질문의 경우 수업에서 토론 주제로 삼으면서 함께 생각해 보게 유도하는 교수법도 효과적이다. 짧은 퀴즈와 질문을 통해서 학생들이 수업내용을 잘 따라오는지, 아이들이 스스로의 언어로 대답을 잘 구성하는지를 체크해야 한다. 교사가 시범으로 수학문제를 해결하는 과정을 제시해 주고 아이들이 관찰학습을 통해서 문제를 풀어나가는 방법을 배우도록 하는 교육방법도 효과적이다. 그리고 눈길을 전체 학생들에게 골고루 주면서 수업내용을 잘 따라오는지를 파악해야 한다. 즉, 학생들의 움직임을 관찰하기 위해서 눈을 굴릴 시간도 많이 필요하다. 교사가 구사해야 할 효과적 교육방법은 많으며 교사라는 직업은 많은 움직임을 요구한다.

아무튼 결론은 간단하다. 교사의 기대만으로는 안 된다. 교사의 구체적인 행동이 필요하다. 피그말리온이 부지런히 석상을 꾸미고 가꾸었듯이 교사도 움직이고 노력해야 한다. 효과적인 언어로, 학생들의 학습을 증진시킬 교수 방법(Teaching/Instructional Method)을 구사해야 한다.

아, 방학이여!
제임스 콜먼의 학교효과 연구 이야기

개학 전날 여름방학 때 밀린

일기숙제를 하면서

엄마에게 한 달 전 날씨를 물어보니,

"미리미리 평상시에

방학 숙제 했어야지 이놈아.

내가 어떻게 알아?"라고

엄마는 역정을 내셨다.

- 옛날 한국 초등학생들의 여름방학 마지막 날 이야기 -

● "교육기회의 평등" 보고서가 학교효과 연구가 되다

1966년은 교육학에서 중요한 연구물 두 편이 발표된 해라고 언급
했다. 앞의 2장의 피그말리온 효과 연구와 같은 해에 발표된, 당시 존스
홉킨스 대학의 사회학 교수였던 제임스 콜먼(James Coleman)의 "교육기
회의 평등" 보고서(Equality of Educational Opportunity)가 바로 그 두 번
째 연구물이다.[1] 이 보고서는 학교의 특성변수들이 학생들의 학업성취
도에 별다른 긍정적 영향을 주지 못하고 학생의 사회경제적 배경
(Socio-Economic Status, SES)이 많은 영향을 준다는 결론을 제시함으로
써 학교효과(가 없다는) 논쟁을 불러일으킨 연구물로 유명하다. 즉, 학교
교육의 효과성에 큰 의문을 제기한 논문으로 소개된다. 그런데 보고서
제목을 보면 약간 궁금할 것이다. 제목을 보면 '교육기회의 평등
(Equality)' 연구인데 왜 갑자기 '학교효과(Effect)' 연구로 논의가 되었는
지 궁금할 것이다.

● 콜먼 보고서의 주요 내용

먼저 콜먼 보고서의 연구는 현재까지 미국에서 수행된 사회과학
연구 중에서는 가장 대규모 표본을 대상으로 한 역사적으로 큰 족적을
남긴 연구이다. 분석대상이 된 학생 표본 수가 무려 약 64만명이다. 미
국에서 수행된 사회과학계에서의 그 어떤 표본조사 연구에서도 이처럼
많은 표본으로 분석한 연구는 현재까지 없다. 그리고 그 많은 학생들을

---

1 콜먼은 이후에 시카고 대학으로 자리를 옮긴다. 그리고 사회자본론 연구로 교육
  사회학에 큰 기여를 한다.

대상으로 언어 시험, 비언어 시험, 독해력 시험, 수학 시험 등을 보고 학생들의 성취도 점수를 확보했다. 그리고 교사의 언어역량 시험을 보고 관련 역량점수를 확보하기도 했으며 많은 설문문항을 통해 다양한 항목을 조사하여 분석하였다.

물론 표본조사 연구 외에 행정 데이터(예를 들어 인구센서스 조사자료 등)를 이용한 경우 이에 근접한 인원수를 사용해서 분석한 경우는 최근에 있을 수 있다. 그러나 표본조사 규모의 측면과 당시 미국의 교육불평등 상황을 포괄적으로 연구한 관계로 콜먼 보고서는 현재까지 매우 획기적 연구로 평가받고 있다. 보고서가 발간된 지 50년이 된 2016년도에 콜먼 보고서 50주년 기념 심포지엄이 후버연구소와 퍼듀 대학교 등에서 개최되기도 했다.[2]

연구 수행 연도가 1966년도인데 이 당시에는 당연히 엑셀도 없었으며, 연구자들이 자유롭게 이용할 수 있는 고성능 PC도 없었다. 60만 명대의 수많은 데이터를 처리하느라 상당한 고생과 노력이 들어간 연구이다.

콜먼 보고서의 연구주제를 정확히 살펴보면 학교효과연구가 아니다. 제목에서 나타나듯이 미국의 교육불평등 상황 분석이 연구의 핵심주제이다. 당시 1964년도에 민권법이 통과된 이후에 교육불평등 상황을 진단해달라는 미국 국회의 요구에 의해서 시행된 연구이다(이규재, 2020).

---

2 후버 연구소와 퍼듀 대학 등에서 개최된 콜먼 보고서 50주년 학술행사 내용은 유튜브에 가면 찾을 수 있다.
  - Reconsidering the Coleman Report on its 50th Anniversary. Hoover Institution. Feb. 25th. 2016.
  - Significance of the Coleman Report Today. Purdue University. Oct. 25th, 2016.

먼저 콜먼 보고서의 핵심 내용 요약을 살펴보자. 문제는 이 보고서가 부록을 포함하면 700페이지나 된다는 것이다. 너무 양이 많아서 일일이 다 보기에는 어려움이 존재하지만 가능한 차분히 읽어 볼 필요는 있다. 일단 보고서의 맨 앞에서 제시하는 주요 핵심 분석 내용은 다음과 같다.

▶▶ 표 3-1 콜먼 보고서의 주요 내용: 학생 인종분리 문제

① 공립학교에서의 인종분리 현황: 소수인종 중에서는 흑인학생이 가장 분리되어 있다. 그러나 전체 인종을 보면 백인학생들이 가장 분리되어 있는데, 80% 백인학생들은 90~100% 백인학생으로 구성된 학교에 다니고 있다. 초등학교 1학년의 97%와 고등학교 3학년의 99%에 해당하는 백인학생들은 50% 이상이 백인으로 구성된 학교에 다니고 있다. 미국 남부지역에서는 흑인학생이 거의 분리되어 있다. 백인학생도 마찬가지이다. 전국적으로 보면 65%의 흑인학생들이 90~100%가 흑인으로 구성된 학교에 다니고 있다.

출처: 콜먼 보고서의 맨 앞의 Summary Report에서 필자가 발췌함. 이하 표 동일.

▶▶ 표 3-2 콜먼 보고서의 주요 내용: 교육여건

② 백인 학생들이 다니는 초등학교는 학급규모가 평균 29명이지만, 다른 소수인종들은 30~33명이다. 중서부 도심지역의 중등학교의 경우, 흑인학생들은 학급규모가 평균 54명이 되는 경우도 있는데, 백인학생들의 평균 학급규모는 33명이다.

③ 흑인학생들의 경우는 학업성취도와 밀접하게 연관된 시설들, 예를 들어 물리실험실, 화학실, 언어연습실, 도서 수, 교과서의 부족 등의 문제를 겪고 있다.

④ 흑인학생들과 푸에르토리코 학생들은 대학진학준비 교육과정이나 상위수준의 교육과정을 제공받고 있지 못하며, 시험평가를 잘 받고 있지 못하다. 백인학생들은 다양한 학업과 관련된 다양한 비교과활동 등을 잘 제공받고 있다.

▶▶ 표 3-3 콜먼 보고서의 주요 내용: 교원

⑤ 지역 간 격차도 두드러진다. 서부지역의 도심지역의 백인학생들의 97%, 흑인학생들의 100%는 언어 교정 교사가 배치된 학교에 재학 중인데, 남부 도시지역의 백인학생들의 65%, 흑인학생들의 46%만 언어 교정 교사가 배치된 학교에 재학하고 있다.

⑥ 석박사과정이 없는 학부교육중심 대학(연구중심 대학보다 학문적으로 엄격하게 교육시키지는 않는다. 미국은 한국과 달리 여러 대학에서 개방형으로 초등교사를 양성한다)을 다닌 초등교사 비율의 경우, 흑인학생이 주로 재학 중인 초등학교는 53%, 백인학생이 주로 재학 중인 학교는 37%이다. 특히 남부지역의 도시지역의 흑인학생이 다니는 초등학교는 72%에 이른다.

▶▶ 표 3-4 콜먼 보고서의 주요 내용: 학업성취도

⑦ 사회경제적 배경을 통제하면, 학교 간 차이는 학업성취도 변량에 대해 매우 적은 부분만 설명한다.

⑧ 백인학생들의 성취도의 경우 학교시설, 학교 교육과정, 교사들의 영향력이 흑인학생들과 비교하면 적다. 예를 들면, 남부지역 흑인학생들은 성취도의 20%가 학교와 상관이 있으나 남부지역 백인학생들은 10%만 상관이 있다. 즉, 흑인학생들의 학교에 대한 질적 개선이 흑인학생들의 성취도 향상에 더 기여할 수 있음을 시사해 준다.

⑨ 학교시설과 교육과정은 상대적으로 적은 효과를 보여 준다. 그러나 일부 시설은 성취도와의 상관관계를 보여 준다. 과학실험실 설치 여부는 학업성취도와 적긴 하지만 일관된 상관관계가 있다. 특히 흑인학생들이 다니는 학교의 실험실이 부족하다.

⑩ 학업성취도와 가장 강력한 상관관계를 보여 주는 변수는 교사의 질이다. 학년이 높아질수록 이러한 교사 질의 누적효과는 커지며 특히 소수인종 학생들에게 효과가 더 크다. 교사의 특성은 모두 측정되지 못했는데, 측정된 것 중에서 학생들의 학업성취도와 가장 높은 관계를 보여주는 것은 교사의 언어능력 점수, 그리고 학력배경변수(교사의 자신의 학력수준과 교사 부모의 학력수준)이다. 문제는 흑인학생들을 가르치는 교사 수준(언어성취도와

학력배경 수준)이 낮다는 것이다.

⑪ 마지막으로 학교 내의 다른 학생들의 교육적 열정과 교육 배경(가정에 백과사전이 있는 학생 비율, 대학을 진학하고자 하는 학생 비율) 변수가 학생들의 성취도와 강한 관계가 있는 것으로 나타났다. 이 상관관계 역시 백인보다는 소수인종 학생들에게 더 강하게 나타난다. 즉, 만약 집안의 교육적 열정과 배경이 부족한 소수인종 학생들이 강한 교육 배경(열정)을 가진 학생들이 있는 학교에 배정된다면 그 소수인종 학생의 성취도는 증가할 가능성이 높다.

보고서의 요약과 본문을 보면 인종과 지역에 따른 빈도표가 가장 많이 제공되고 있다. 예를 들어 다음 〈표 3-5〉와 같이 성취도의 경우도 인종별로 구분해서 분석하고 있다. 왜냐하면 앞에서 언급한 바대로 보고서의 취지가 인종과 지역에 따른 교육불평등 문제를 다루는 것이기 때문이다.

▶ 표 3-5 각 인종그룹별 학교 간 성취도의 변화비율(3, 6, 9, 12학년 평균)

	비언어능력	언어능력	독해력	수학성취도
멕시칸 아메리칸	20.91	23.05	20.63	19.30
푸에르토리칸	25.62	25.66	22.55	21.63
인디언 아메리칸	21.52	28.00	23.17	21.68
오리엔탈 아메리칸	18.54	16.58	15.76	17.51
흑인				
북부지역	11.78	15.50	13.17	11.75
남부지역	19.33	21.57	17.08	14.92
백인				
북부지역	6.81	9.80	7.88	8.63
남부지역	10.66	11.84	9.26	9.42

출처: 콜먼 보고서(1966). p.293

〈표 3-5〉를 보면 인종그룹별로 그리고 흑인과 백인의 경우 추가로 지역을 구분하여 학교 간 성취도의 변화비율을 제시하고 있다. 이를 보면 백인 학생들의 경우 학교 간에 상대적으로 성취도의 변화비율이 적게 나타나고 있다. 이는 백인 학생들의 경우 학교 간 성취도 격차가 적다는 것을 의미한다. 학교 간 성취도의 변화비율이 가장 높은 인종은 푸에르토리칸과 인디언 아메리칸이다. 어느 학교에 다니는지에 따라서 성취도의 차이가 크게 나타나고 있다. 다만 이 표에서 우리가 조심해서 해석해야 할 것은 절대적인 수준은 보여 주지 않는다는 점이다. 콜먼 보고서에서 제시된 대부분의 분석표들은 이처럼 인종에 따른 비교를 수행하고 있다.

앞의 〈표 3-1〉~〈표 3-4〉에서 제시된 내용도 보면 ⑦번을 제외하고는 다른 요약내용들은 인종변수를 모두 언급하고 있다. 보고서의 취지는 이러한 인종 간 교육격차를 감소시키기 위한 노력을 위한 방안 마련에 있다. 그런데 요약의 내용을 보면 교사의 언어능력, 동료효과(Peer Effect, 교육열정이 많은 친구들), 과학실험시설 등이 성취도에 영향을 주고 있는 것으로 나타나고 있다. 게다가 이러한 영향력은 흑인학생들이 많이 다니는 학교에서 흑인학생들의 성취도 향상에 더 많은 영향을 미친다.

그런데 교육학계에서는 아주 간략한 ⑦번의 내용만 주로 보고서의 핵심이자 거의 유일한 내용처럼 인용이 된다. 필자가 석사과정 중에 지도교수의 교육정책수업을 들었을 때에도 콜먼 보고서에서 다른 내용은 언급이 되지 않았다. 물론 지난 50년간 미국에서 학교에서의 인종 간 분리 문제, 즉 흑인학교 혹은 백인학교 등으로 학교학생 구성이 지나치게 분리되는 문제가 상당히 완화되었기 때문일 수도 있다(현재 미국의 공교육에서 인종분리는 금지되고 있다).

추측컨대 당시 미국 유학시절 필자의 지도교수도 이 보고서를 모두 읽어 보지는 않았던 것 같다. 솔직히 필자도 그동안 제대로 읽어보지 못했고, 지도교수가 언급한 내용, 즉 학생의 사회경제적 배경이 학업성취도에 영향을 주는 가장 결정적인 변수라는 내용만 알고 있었다. 이번 기회에 간략히 보고서 설문문항 내용을 살펴보도록 한다. 그리고 콜먼 보고서의 분석 내용에 대해서 살펴보도록 한다.

● 콜먼 보고서의 설문문항 살펴보기

먼저 핵심적인 이슈인 사회경제적 배경을 콜먼 보고서에서는 어떻게 측정했을까? 학생 가정의 사회경제적 배경은 부모의 교육수준과 가구소득, 부모의 직업지위 등이 중요한 위치를 차지한다. 콜먼 연구팀은 설문조사지에서 학생들에게 부모의 학력(교육)수준을 체크하게 하여 부모의 교육수준 관련 정보를 확보하였다. 이것은 정확한 측정으로 볼 수 있다. 다음으로 부모의 교육수준변수와 더불어 여타 사회경제적 배경을 조사하는 방법은 가구소득조사가 될 것이다. 그러나 학생들이 가구소득 혹은 부모님의 소득을 정확히 알고 있을까? 아마도 부모님이 벌어들이는 소득을 학생들은 잘 모를 것이다. 따라서 콜먼 연구팀은 학생대상 설문조사지에 다음의 문항들을 넣어서 조사하였다(p.649).

Q: 텔레비전이 집에 있습니까?
Q: 전화기가 집에 있습니까?
Q: 레코드 플레이어, Hi-fi, 스테레오가 집에 있습니까?

Q: 냉장고가 집에 있습니까?

Q: 자동차가 집에 있습니까?

Q: 진공청소기가 집에 있습니까?

Q: 매일 신문이 집에 배달됩니까?

Q: 백과사전이 집에 있습니까?

그리고 집에 방이 몇 개가 있는지도 물어본다. 정확한 문항은 다음과 같다(p.646).

Q: 집에 방이 몇 개가 있습니까? 오직 가족이 살고 있는 방의 개수만 해당됩니다. 부엌의 경우 분리되어 있으면 포함하고 욕실은 방의 개수에 포함하지 마십시오.

응답은 1~10개 이상으로 체크하게 되어 있다. 당연히 방이 많으면 소득수준이 높을 것이다. 1, 3, 6, 9, 12학년을 대상으로 조사한 설문지라서 일부 문항들은 1학년, 3학년과 6학년에는 없다.[3] 주로 9학년과 12학년 대상의 조사문항이 많다. 그리고 미국은 확실한 다민족, 다문화국가이기 때문에 집에서 영어 외에 다른 외국어를 사용하는지도 물어보았다. 부모가 학생과 함께 사는지, 실제 어머니와 학생과 함께 사는지 등도 물어본다.

다음으로 구체적으로 아버지의 직업도 조사하였다. 기술자인지, 행

---

3 미국은 초등학교부터 고등학교까지를 1~12학년으로 명명한다. 지역에 따라 초등학교는 5년까지 있는 경우가 많다. 그리고 중학교는 6~8학년으로 운영되는 경우가 많으며 고등학교는 4년제가 많아서 9~12학년이 고1에서 고4라고 볼 수 있는데, 한국과 그대로 대응시켜보자면 중3~고3에 해당한다.

정일을 하는지(공무원, 은행원), 경영자인지, 준기술직인지, 세일즈맨인지, 농부인지, 여러 농장을 가진 농부인지, 노동자인지, 전문직인지(의사, 교수, 변호사 등), 전문기술직(목수, 전기공, 배관공 등)인지 등으로 10개 분야의 직업을 구분해서 택일하게 한다(p.647).

한국으로 보자면 고등학교 3학년인 12학년을 대상으로 한 설문조사 문항 수는 자그마치 116개나 된다. 총 12장의 설문지인데 아마 응답하다가 지칠 수도 있을 것으로 보인다. 이들 학생 설문 문항을 이용해서 만든 학생 배경 변수는 25개이다. 학교환경변수는 재학하고 있는 학생들의 특성(인종비율), 부모의 학력수준 비율, 교육과정(과학과목 수, 언어과목 수, 수학과목 수, 상담사와의 평균 상담시간) 등을 이용해서 27개를 만들었다.

한편 교장선생님과 교사대상의 설문조사를 통해서 학교의 특성과 교사의 특성을 조사하였다. 교사의 경우, 연령, 성별, 인종, 그리고 교사의 아버지의 직업도 물어보았다. 교직경력, 학생들에 대한 인식 등 온갖 것을 다 물어보았는데 총 문항 수가 72문항으로 설문지가 10장이나 된다. 게다가 73번 문항부터 102번 문항까지는 언어시험 문항이 제시된다. 즉 교사들의 언어능력 평가 점수도 확보했다. 언어시험 문항은 5지 선다형 어휘력 테스트로 모두 동일한 유형의 문제이다. 괄호 안에 들어갈 단어를 맞히는 것인데 예를 들자면 〈표 3-6〉과 같은 문제이다(p.685).

▶ 표 3-6 교사의 언어능력평가 시험 문제 예시

76. The (   ) of the animals was astounding; they would sit unmoving as we walked about and took their pictures.
(1) stupidity (2) tameness (3) grace (4) shyness
(5) photography

앞에서 제시된 콜먼 보고서 요약 〈표 3-4〉를 보면 이렇게 30문항으로 측정한 교사의 언어능력이 학생들의 학업성취도와 상관관계가 높게 나타난다. 교사는 가르치는 사람이다. 아무래도 수업 내용을 잘 학생들에게 설명해야 하며, 언어구사능력이 높을수록, 그리고 학력수준이 높을수록 교수역량이 더 뛰어날 가능성이 높다. 이러한 언어능력은 학생들에게 긍정적인 영향을 줄 것이다. 그 밖에 교사 관련 조사 내용은 교직경력, 교사의 사회경제적 수준, 졸업한 대학의 질(대학 랭킹을 물어봄), 성별, 인종, 교사자격증 소지 여부, 평균임금 등으로 약 20여 문항을 통해 조사가 이루어졌다.

그리고 학교 관련 조사 내용은 교사 1인당 학생 수, 특수학급 수, 과학시설, 학생 1인당 도서 수, 비교과 활동, 특수학생을 위한 별도의 학급설치여부, 교사 이직률, 교사임금, 수업일수, 학생 1인당 교수학습비 등으로 교장 대상의 31문항을 통해 조사가 이루어졌다.

따라서 학교변수는 대부분 교장과 교사의 인식에 근거한 값들임을 알 수 있다. 그러나 가장 객관적이라고 볼 수 있는 변수는 교사의 언어능력 시험 점수가 된다.

그러면 학업성취도 평가는 어떻게 했을까. 당연히 학생들에게 문제를 내고 풀게 했다. 저학년의 경우는 언어능력과 비언어능력만 평가를 했다. 그리고 고학년은 수학과 독해력 평가도 진행했다. 언어능력평가는 저학년의 경우 언어를 제시하고 그림을 고르는 방식을 취했다. 그런데 비언어능력평가가 어떻게 수행된 것인지 혹은 어떤 문항인지가 궁금할 수 있다. 콜먼 보고서의 부록에는 관련 예시 문항을 제시하고 있다. 예를 들면 다음과 같은 그림([그림 3-1])을 제시하고 물음표에 들어갈 그림을 고르는 것이다. 보면 비언어능력평가는 논리력, 추론능력

물음표에 해당하는 그림을 아래 네 예시 그림(말, 앉아 있는 사람, 뛰는 사람, 뛰는 토끼) 중에서 택해야 한다.

출처: 콜먼 보고서 부록. p.580

을 평가하고 있음을 알 수 있다. 이러한 문제들은 마치 아이큐 테스트처럼 빨리 풀어내야 한다. 초등학교 3학년 대상으로 한 위와 같은 비언어역량 문항을 하나 푸는 데 주어진 시간은 3분이었다(p.580).

이렇게 조사한 내용을 통한 분석 방법은 변화량에 주는 변수들의 영향력을 살펴보는 것이었다. 문제는 이 분석 방법이 완벽하지는 않다는 것이다. 설문조사항목에 포함되지 않은 여러 요인들도 학업성취도에 영향을 줄 수 있다. 그리고 학생들의 응답에서도 일정 정도의 측정오류가 있을 수 있다. 그 나름으로 객관적인 측정 데이터는 학생들을 대상으로 한 언어시험 점수, 비언어시험 점수, 독해력 점수, 수학성취도 등일 것이다. 물론 성실하게 문제를 풀었다는 전제가 있어야 할 것이다. 교사의 언어평가 점수 역시 상대적으로 객관적인 측정 데이터로 볼 수가 있다. 단순한 설문응답보다 인지능력평가는 그 나름대로 비교가능성도 높다. 설문응답은 각 응답주체의 주관적 기대수준이나 정확한 기억력 등에 의존하는 반면 실제 각각의 문제를 직접 풀어야 하는 능력평가점수는 비교가능성이 높은 데이터로 볼 수 있다.

🌀 주요 분석결과 표 검토

콜먼 보고서의 분석결과에서 핵심적인 변수로 볼 수 있는 가정 배경은 다음의 8개의 변수를 이용하였다.

1) 도시지역에서의 성장 여부
2) 부모의 교육수준
3) 양부모 여부 등 부모 현황
4) 형제자매 수
5) 가정이 보유한 자산 수(앞에서 제시한 예시 — 텔레비전 등 보유여부)
6) 읽을거리 수(책, 신문, 백과사전 등)
7) 부모의 관심
8) 부모의 교육기대수준

이 8개의 변수를 함께 통제했을 때 언어성취도의 변화량을 분석한 결과를 콜먼 보고서는 제시한다. 문제는 각 변수의 정확한 효과의 계수 크기를 보여 주지는 않고 있다는 것이다. 일단 〈표 3-7〉에서 주요 분석결과 표 하나를 제시해 보도록 한다.

〈표 3-7〉에서 A는 각 인종별로 학교 간 성취도의 변화량의 비율을 의미한다. 이는 학교 간 읽기성취도 격차의 크기를 의미하기도 한다. 그러나 절대적인 분포를 보여 주지 못하는 한계를 가진다. 만약 백인의

▶ 표 3-7 6학년의 가정배경변수들이 언어성취도의 변화량을 설명하는 비율

	모형 A	모형 A+B	모형 A+B+C	모형 A+B+C+D	모형 B+C+D
푸에르토리칸	22.49	34.25	36.40	70.35	47.86
인디언 아메리칸	26.67	33.93	35.05	41.20	14.53
멕시칸 아메리칸	37.60	35.79	37.74	45.04	7.44
흑인-남부	22.25	27.95	28.89	37.69	15.44
흑인-북부	11.86	16.97	19.93	26.39	14.53
오리엔탈 아메리칸	24.31	41.20	42.25	51.76	27.45
백인-남부	12.33	21.58	23.52	34.61	22.28
백인-북부	12.77	19.95	21.70	35.77	23.00

A에는 가정배경변수 미포함. 모형 A＋B에는 B에 해당하는 변수(도시지역에서의 성장 여부, 부모의 교육수준, 양부모 여부 등 부모 현황, 형제자매 수, 가정이 보유한 자산 수(앞에서 제시한 예시－텔레비전 등을 갖고 있는지), 읽을거리 수(책, 신문, 백과사전 등))가 추가로 포함. 모형 A＋B＋C는 모형 A＋B에 C에 해당하는 부모의 관심과 부모의 교육기대수준 변수가 추가됨. 마찬가지로 D는 학생의 주관적 태도를 측정한 학교 관심 정도, 자아개념, 환경에 대한 통제 등의 세 변수를 의미함.
출처: 콜먼 보고서(1966), p.299.

학교 간 변화량의 비율이 낮지만 대부분의 백인 학생들의 성취도 절대 점수가 높을 경우는 성취도 수준도 높고 학교 간 변화량의 비율도 적은 매우 이상적인 성취도 상황을 의미할 것이다. 실제로 백인 학생들의 전반적 성취도 수준은 가장 높다(p.230).

오리엔탈 아메리칸 학생들의 성취도 수준은 백인 다음으로 당시에는 높았는데, 〈표 3－7〉에서 학교 간 변화량의 비율이 24.31로 상대적으로 크다. 그렇다면 북부 지역의 흑인 학생들의 학교 간 변화량의 비율은 11.86인데 북부 지역 흑인 학생들보다 학교 간 성취도의 변화량의 비율이 크니까 문제가 있는 것일까? 반드시 그렇지는 않을 것이다. 따라서 이러한 변화량의 비율을 통한 분석은 한계가 있다.

표 내용을 계속 살펴보면 B는 앞에서 언급한 8개의 가정배경 변수

들 중에서 1)~6)번 변수들을 의미한다. C는 주관적 가정배경 변수인 7)~8)에 해당한다(부모의 관심, 부모의 교육기대수준). D는 앞에서 제시가 안 되었는데, 학생의 주관적 태도를 측정한 학교에 대한 관심 정도, 자아개념, 환경에 대한 통제 등의 세 변수를 의미한다. A+B의 열(Column)은 따라서 6개의 가정배경이 더해졌을 때 해당 6개의 가정배경 변수가 학교 간 학업성취도의 변화량 비율의 변화를 야기한 것으로 보면 된다. 남부지역 백인 학생의 A열의 변화량의 비율이 12.33에서 21.58로 증가했으니까, B변수들이 추가로 설명하는 변화량이 21.58－12.33＝9.25%를 설명한다. 즉, 학교 간 언어성취도 변화량의 9.25%를 가정 배경이 추가적으로 설명하는 것이다. 맨 오른편의 열(B+C+D)을 보면 8개의 가정배경변수와 학생의 주관적 태도가 학교 간 학업성취도 변화량을 설명해주는 비율임을 알 수 있다. 학생의 인종적 배경에 따라서 차이가 상당히 있다. 푸에르토리칸 학생들의 경우 47.86%나 된다. 반면 멕시칸 아메리칸 학생들은 7.44% 밖에 되지 않는다.

성취도의 '변화량을 설명하는 비율'은 해당 회귀분석모형에 포함된 변수들이 성취도의 변화량을 설명해 주는 비율을 의미한다. 그러면 나머지 비율은 분석 모형에서 제시된 변수들이 설명해 주지 못하는 부분이다. 그런데 이러한 변화량의 비율을 살펴보는 분석방법은 앞에서 언급한 바대로 절대적인 성취도의 수준을 보여주지는 못한다. 게다가 각 가정배경 변수들과 읽기성취도와의 관계가 부정적인(negative) 관계인지, 혹은 정적인(positive) 관계인지를 보여주지 못한다.

만약 읽기성취도의 변화량을 가정배경변수들이 일정 정도 설명해 준다고 해도 관계가 부정적이라면, 예를 들어 가정이 보유한 자산 수 변수가 성취도와 부정적인 관계라면 이러한 변화량의 비율을 보는 것

▶ 표 3-8 가정배경변수별 학업성취도에 미치는 영향력 순위
　　: 각 해당 학생인종배경별 순위(좌우로 순위를 봐야 한다)

학생인종배경	6학년					
	도시지역 성장여부	부모의 교육 수준	양부모 여부 등 부모현황	형제 자매 수	가정이 보유한 자산 수	읽을 거리 수
푸에르토리칸	(-)6	5	2	4	1	3
인디언 아메리칸	3	4	2	6	1	5
멕시칸 아메리칸	(-)6	4	3	5	1	2
흑인- 남부	6	2	5	4	1	3
흑인- 북부	6	3	5	4	1	2
오리엔탈 아메리칸	6	3	2	4	1	5
백인-남부	(-)5	1	6	3	2	4
백인-북부	(-)5	1	6	4	3	2
흑인 전체	6	2	5	4	1	3
백인 전체	(-)5	1	6	4	2	3

출처: 콜먼 보고서 p.301

은 정책적으로는 큰 의미가 없을 수 있다. 변화량의 비율을 분석하는
이러한 콜먼 보고서는 연구방법 측면에서 많은 비판을 받게 된다.[4]
　콜먼 보고서에서 가정배경변수와 읽기성취도 간의 관계에 대한 정
보가 제공되는 〈표 3 - 8〉이 하나 제공되긴 한다(p. 301). 이 정보는 6개

---

[4] 콜먼 보고서에 대해서 연구방법을 포함한 문제점에 대해서 1972년도에 하버드
대학에서의 세미나가 개최되었고 다음 책으로 발간이 되었다. Mosteller, F. &
Moynihan, D. P.(Eds). On equality of educational opportunity : papers
deriving from the Harvard University faculty seminar on the Coleman report.
1972. Random House New York..
목차 일부는 다음과 같다. A Pathbreaking Report Further Studies of the
Coleman Report. On the Value of Equality of Educational Opportunity as a
Guide to Public Policy. The Urgent Need for Experimentation. The Quality
of the Data Collected. The Measurement of Educational Opportunity
목차를 보면 후반부에서는 콜먼 보고서의 연구방법에 대한 문제점을 집중적인
검토를 하고 있음을 알 수 있다.

의 가정 배경 변수들의 계수, 즉 구체적인 관계에 대한 정보를 제공하는 듯하나, 단순히 각 계수의 크기의 상대적 비교를 해 두었다. 즉, 1은 가장 관계의 값이 크고, 6은 가장 작다는 것을 의미한다. 그리고 (−)가 붙어 있으면 이는 부정적인 관계를 의미한다.

〈표 3−8〉을 보면 6학년에서 가정 보유 자산 수가 읽기성취도와의 관계에서 첫 번째로 영향력이 큰 것으로 나타난다. 다만 백인의 경우는 남부지역은 두 번째, 북부지역은 세 번째이다. 백인학생 전체로 보면 부모의 교육수준이 읽기성취도와의 관계에서 가장 큰 것으로 나타난다. 그런데 마이너스 부호가 붙어 있는 경우도 있다. 바로 이 점이 문제가 된다는 것이다. 앞에서 단순한 변화량의 설명은 이러한 부호 문제, 즉 가정배경변수들이 정확한 어떠한 방향의 관계를 보여주는지를 보여주지 못한다. 한편 통계학적으로도 이러한 변화량을 설명해주는 비율은 변수의 수치가 증가하면 그대로 증가하게 된다.[5] 모델이 설명해 주는 변화량 위주의 통계분석은 한계가 존재한다.

이러한 한계점을 일단 인정하고 분석결과를 그대로 받아들이자면, 마지막으로 교사의 변수가 일정 정도의 읽기 성취도의 변량을 설명해 주고 있다. 이는 정책적으로 중요한 것이긴 한데, 가정배경변수 다음으로 변화량을 상당 부분을 설명해 준다. 교사 변수는 다음의 7개를 사용하였다.

   1) 교사의 어머니의 교육수준

   2) 교직 경력

   3) 교사의 주요 거주 및 재학 지역

   4) 교사의 교육수준

---

5 필자가 쓴 교육통계연구방법론(박영스토리)의 중다회귀분석 챕터를 참조.

5) 교사의 읽기능력 검사 점수(앞에서 〈표 6〉에서 예시문항이 제시됨)

6) 중산층, 사무직 배경 학생 교육에 대한 선호도

7) 백인학교 교사 비율

콜먼 보고서는 학교 수준에서 평균을 산출하여 7개의 교사변수를 분석하였는데, 인종마다 편차가 크게 나타난다. 그런데 학년이 올라가면 올라갈수록 읽기성취도의 변화량을 설명해 주는 비율이 증가한다. 따라서 교사변수의 누적적 효과가 있다는 추측도 가능하다. 하지만 정확히 각 7개의 교사변수와 읽기성취도 간의 구체적인 관계 크기 그리고 부정적인 혹은 긍정적인 관계인지를 보여 주지는 않고 있다는 한계점이 존재한다.

일단 결론은, 비록 가정배경의 설명량이 크긴 하지만 교사변수의 설명력도 일정 정도 존재한다고 내릴 수 있다. 그리고 실험실 여건 등의 학교 여건이 전혀 효과가 없는 것도 아니다. 그러나 사람들은 늘 부정적인 측면 혹은 논쟁이 되는 부분만 기억하는 경향이 있다. 콜먼 보고서를 잘 읽어 보면 통계방법론적으로 다소간 한계가 있지만, 학교효과, 그 중 교사효과는 확실히 존재한다. 교사의 언어능력 시험 점수는 가장 효과가 크다고 볼 수 있다. 물론 상대적으로 가정배경보다는 읽기성취도 변화량에 대한 설명력이 적지만 교사의 언어능력이 학생들의 성취도에 미치는 영향은 무시할 수 없는 부분이다.

1966년도 이후 교육연구자들은 많은 고민을 해 왔다. 과연 학교효과는 없는 것일까? 학교와 교사가 아무리 노력해도 학생 가정의 사회경제적 배경을 극복하지 못한다면 '우리는 도대체 왜 학교를 만들고 정부의 교육재정투자를 통해서 공교육을 실시해야 하는가?'라는 근원적 고민이 들 수도 있다.

콜먼 보고서는 잘 살펴보면 학교 간의 성취도 변화량에 미치는 가정배경의 효과, 학교의 효과를 살펴본 것이다. 근본적인 질문을 해 볼 필요가 있다. 이는 정확한 학교효과 분석연구일까? 콜먼 보고서는 학업성취도와 관련해서 학교변수보다 가정배경변수들이 '상대적으로' 학업성취도의 변화량에서 설명하는 부분이 더 크다는 것을 보여주는 것일 뿐이다. 그렇다면 학교의 교육효과를 어떻게 측정해야 더 정확하고 면밀하게 파악할 수 있을까?

● 학교효과 측정 연구의 자연실험: 여름방학, 그리고 코로나19

학교의 교육효과를 측정해 보기 위한 연구방법은 간단하다. 학교를 다니지 않는 학생과 학교를 다니는 학생 간의 교육적 성장을 비교해 보면 된다. 그런데 모든 학생들이 학교를 다니기 때문에 이러한 비교 자체를 하기 어렵다. 의무교육단계에서는 자퇴를 허용하지 않는다. 한국의 경우 초·중학교는 의무교육이기 때문에 무조건 학교에 재학해야 한다. 따라서 학교효과를 파악하기 위하여 초·중학교 단계에서 학교를 다니는 학생과 다니지 않는 학생의 교육적 성장을 비교분석하는 것은 불가능하다.

고등학교는 의무교육단계가 아니라서 학교를 그만두는 학생이 일부 있다. 따라서 고등학교 단계에서 학교를 다니는 학생과 다니지 않는 학생의 학업성취도를 비교해 보면 학교효과를 정확하게 파악해 낼 수 있을 것 같다. 그러나 문제가 있다. 학교를 다니지 않는 학생들의 일부는 대안학교를 다니고 검정고시를 본다. 또 다른 학생들은 학원을 다니고 입시준비를 적극적으로 한다. 이 경우는 학교효과가 있는지 없는지를 정확하게 파악하기가 어렵다.

다만 학교와 대안학교의 교육효과 비교, 혹은 학교와 학원의 교육효과 비교는 가능할 것이다. 그러나 학교효과에 대한 연구에서 학교를 대안학교나 학원과 비교하는 것은 그다지 명확한 학교효과 파악에는 도움이 되지 않는다. 그리고 어떤 이유에서 자발적으로 학교를 그만둘 경우 통계학에서 보자면 선택편향(selection bias)이 있기 때문에, 즉 무작위적으로 선택해서 비교하는 것이 아니기 때문에 다소간 복잡하고 엄밀한 통계분석을 해야 한다.

그러나 학교효과를 파악해 볼 수 있는 또 하나의 효과적인 방법이 있다. 방학 기간이 지난 후에 학생의 성취도의 변화를 파악하는 방법이다. 즉, 학교를 다니다가 중간에 1개월 정도(한국의 여름방학과 겨울방학이 1개월 정도 된다) 학교를 다니지 않다가 다시 등교했을 때의 성취도의 변화를 보는 방법이 있다. 미국이나 여타 유럽 국가들은 초·중등 학생들의 여름방학 기간이 거의 3개월 가까이 되고 겨울방학은 매우 짧아서 여름방학 기간 동안의 학업성취도 변화를 보면 학교효과를 정확히 파악해 낼 수 있다.

이러한 점에 착안해 학교효과를 보기 위해서 여름방학 시작 전인 5월의 학생들의 성취도와 여름방학 이후 8월 말에 새 학기가 시작했을 때의 학업성취도, 그리고 학교를 지속적으로 다니는 9월부터 차기년도의 5월까지의 학업성취도를 비교해 보면 우리는 학업성취도에 미치는 학교효과를 명확히 파악해 볼 수 있다. 대표적인 미국의 초기 연구 중 하나는 헤이즈와 그레더(Hays & Grether, 1969)의 연구이다.

헤이즈와 그레더의 연구에서 제시된 자료 중 하나를 보면 [그림

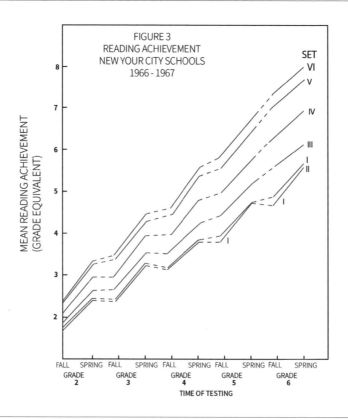

FIGURE 3
READING ACHIEVEMENT
NEW YOUR CITY SCHOOLS
1966 - 1967

출처: Hays & Grether(1969)

3-2]와 같다. 각 학년별 성취도를 동등화(학년 간 비교가능하게 점수를 표준화시켜서 변환시키는 방법)해서 비교가능하게 분석을 수행하였다. 그림을 들여다보면 읽기성취도가 해당 학년도 가을과 봄 학기 사이에는 향상하다가 봄학기와 가을학기 중간 시기, 즉 여름방학 중에는 향상이 멈추는 것을 알 수 있다. 그림에서 각 선의 점선 부분이 그에 해당한다. 특히 I집단(I set)에서 그러한 경향이 매우 뚜렷하다.

물론 다른 집단도 방학 중에 성취도의 향상 기울기가 낮아진다. I 집단은 여름방학 중에 모든 학년에서 읽기성취도가 감소한다. I집단의 경우 뉴욕 시의 초등학교에서 101개의 학교에 해당하는데 백인학생 비율이 4%, 저소득층 학생(무료급식 대상자 학생)의 비율이 63%나 되는 학생집단이다. 성적이 상대적으로 높은 Ⅵ집단은 여름방학 기간 동안의 학습향상이 어느 정도 진행된다. 이 Ⅵ집단은 백인 학생 비율이 94%가 되는 학교집단이며 저소득층 학생은 6%밖에 없는 학생집단이다.

이러한 방식의 연구는 그 이후에도 많이 수행되었다(Entwisle et al, 1992; Klibanoff et al, 1981). 분명한 것은 방학 때 학교를 다니지 않으면 학습이 이루어지지 않는다는 것은 너무나 명확하고 자명하다는 사실이다. 이러한 사실이 학생들의 배경차이에 의해서 다소간의 편차가 있더라도 학교를 다니는 시기는 학생들의 학업증진에 너무나도 중요한 기간이다.

그리고 2020년 코로나19로 인해서 우리는 방학이 아니라 아예 학기 중인 3~4월에 학교가 문을 닫는 바람에 학교효과를 면밀하게 확인할 수 있는 '자연실험 상황'을 다시 한 번 맞이하게 되었다. 전 세계의 학생들은 코로나19 상황으로 온라인으로 수업을 듣거나 학교에 가지 않고 집에서 혼자 학습하는 상황이 발생하였다(OECD 국가들의 학습손실일은 [그림 3-3] 참조). 이로 인해서 학생들의 학업이 많이 저하되었다는 사실이 확인되었다(이광현·권용재, 2022; Hanushek & Woessmann, 2020; Kuhfeld, et al., 2020). 특히 2020년도의 코로나19가 봄부터 여름방학까지 지속되면서 학습손실이 사실상 2020년도 3월부터 시작되었기 때문에 여름방학을 포함해서 학습손실이 더 많이 이루어졌다([그림 3-4] 참조).

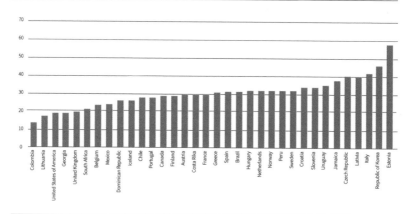

그림 3-3 코로나19로 2020년도 초(5월 중순까지) 학교에 등교하지 않은 일수 (한국이 당시에 학교에 등교하지 않은 일수가 두 번째로 많은 국가였다)

출처: OECD/하버드 대학교(2020). Global Education Innovation Initiative at Harvard and OECD Rapid Assessment of COVID−19 Education Response.

그림 3-4 코로나19와 여름방학으로 인한 학업손실

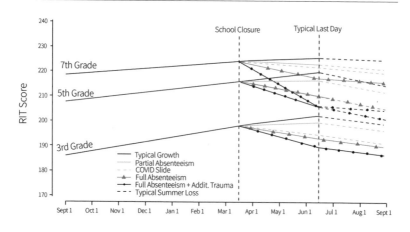

출처: Kuhfeld, et al.(2020) Projecting the potential impacts of COVID−19 school closures on academic achievement. Educational Researcher, 49(8).

필자의 딸도 초등학교 5학년이었던 2020년도에 코로나19로 인해서 한 달 넘게 집에서 온라인으로 학습을 했다. 필자 역시 집에서 학부와 대학원 수업을 줌(zoom)으로, 그리고 동영상 녹화강의를 LMS에 탑재하면서 고군분투했다. 그런데 필자에게 막상 가장 힘들었던 일은 집에서 줌으로 수업하는 것이나 노트북 앞에서 동영상 강의를 만드는 것이 아니었다. 정말 힘들었던 일은 일종의 가사노동이었는데, 집에서 수업을 온라인으로 하는 초등학교 5학년 딸의 점심식사 챙겨 주기였다. 제대로 된 영양가 있는 음식을 챙겨 주는 일은 너무나 힘들어서 중간중간에는 점심 차리는 일에 지친 나머지, 라면으로 끼니를 적당히 챙겨 주기도 했다. 그래서 필자가 어렸을 때 늘 점심도시락을 챙겨 주시던 필자의 어머니, 아니 우리 세대의 모든 어머니의 노고에 감사드리는 마음과, 현재의 학교교육의 교육적 효과뿐만 아니라 학교점심 급식제도에 대해서 절실하게 감사한 마음을 갖게 만든 코로나19이기도 하다.

코로나19로 학교효과가 너무나 확실하게 있다는 사실과 (필자에게는 학교급식제도에 대한 감사한 마음가짐까지 포함한 학교급식의 중요성과) 학교교육의 중요성을 우리는 다시 한 번 확인하게 되었다. 콜먼 보고서는 당시에 모두 학교를 다니는 상황에서 학업성취도의 변화량에서의 설명력의 차이만 본 것이지, 명확하게 학교가 없는 상황, 학교를 다니지 않는 상황과 비교하여 학교효과의 중요성을 본 것이 아니라서 학교효과에 대해서 놓친 측면이 있다고 정리하면 될 것이다.

물론 학교(효과)의 중요성을 강조하며 학생들이 학교를 열심히 다녀야 한다는 생각을 필자는 갖고 있지만, 주변에서 학교를 그만두고 검정고시를 보거나 대안학교를 다니는 학생을 막을 수는 없다. 개인의 선택의 자유가 있는 민주주의 국가인 대한민국에서는 학교를 그만두는 그러한 선택을 막을 수는 없다. 그렇지만 대안학교를 다닐 경우에도 대안'학교'의 학교'효과'는 존재할 것이다. 학원을 다니면서 검정고시를 준비할 경우에도 학원을 일종의 '대안학교'로 본다면 역시 관련 '효과'가 존재할 것임은 자명하다.

참고로, 대안학교를 다녀도 검정고시는 봐야 한다(학력인정이 안 되는 대안학교가 대부분이다). 왜 검정고시를 봐야 하는지 곰곰이 생각해 보니, 행정관료주의적인 이상한 방침이거나 교육기준에 대한 국가의 지나친 개입일 수도 있다. 대안학교도 학력기관으로 인정해 주어야 하지 않을까 하는 생각을 갖고 있는데 이는 아주 개인적이며 아나키스트적일 수 있는 의견이다.

그냥 지나가는 이야기인데, 학원도 학력 인증을 해 주면 어떨까? 검정고시를 안 봐도 되는 것으로. 즉, 학원을 사립학교처럼 학교의 한 형태로 인정해 주는 것이다. 학생이 원하면 학교에 다니지 않고 학원에 다니는 것으로도 학력인증이 가능하게 하자는 것이다. "이쯤 되면 막 하자는 거지죠?"라는 노무현 대통령의 검사와의 대화가 생각나기도 한다. 분위기 전환용 이야기이다. 책을 읽다가 혹시 졸렸으면 잠이 깼으면 한다. 쓰고 나서 보니 통계적으로 너무 배경지식을 필요로 하는 내용이 많았다. 어려워 보이는 내용은 읽을 때 대충 스킵하는 것도 한 방법이니까 앞의 콜먼 보고서 내용 소개에서 통계 이야기 부분은 일단 대략적으로 읽어 주시면 될 것 같다.

학교종이 땡땡땡, 어서 모이자

파블로프 조건반사의 교육학적 의미

학교종이 울리면
우리는 학교에 간다.
선생님이 우리에게 외치신다.

"합죽이가 됩시다!"

우리도 외친다.

"합!"

- 요즘은 사라졌을 수도 있는 초등학생들 조용히 시키기 방법 -
(박수치기 등 다른 방법으로 대체되었을 수도...)

이 장에서는 행동주의 심리학의 초기 연구에 대해서 소개하고자 한다. 교육심리학의 영역은 매우 넓고 여러 학문적 견해들이 제기되고 있기 때문에 일단 이 챕터에서는 초기 행동주의 심리학으로 좁혔다. 행동주의 심리학의 원칙은 지금도 학교현장에서 알게 모르게 많이 발견된다. 물론 교사들과 행정가들은 정작 본인이 사용하고 있는 교수법이나 행정행위가 행동주의 심리학과 연관이 있다고는 느끼지 못하는 경우가 많을 것이다.

인본주의 심리학 혹은 인지심리학에서 행동주의 심리학을 비판적으로 바라보는 경향이 매우 강하지만 학교현실에서 행동주의 심리학의 기본 원리들이 실제로 사용가치가 상당히 있음을 부인할 수는 없다. 파블로프의 조건반사부터, 왓슨의 리틀 알버트 연구, 스키너의 실험상자 등까지 함께 살펴보면서 학교교육에 주는 시사점과 사례 등을 생각해 보자. 참고로 스키너의 연구 이야기까지 포함하면 4장의 분량이 너무 길어지는 탓에 스키너에 대한 소개는 별도로 5장에서 다루었다. 그리고 스키너는 별도의 챕터로 다루어도 될 만큼 교육에 여러 시사점을 주는 다양한 연구를 수행한 다재다능한 연구자이기도 하다.

🌑 파블로프의 조건반사

파블로프(Pavlov)의 개로 유명한 조건반사 실험을 우리는 모두 알고 있다. 조건반사라는 책이 한국에서도 과거에 번역되어 출간된 바가 있다.[1] 파블로프는 구 소련을 대표하는 생리학자이며 노벨상도 수상한

---

1 Ivan Petrovich Pavlov(1926). Conditioned Reflex: An Investigation of the Physiological Activity of the Cerebral Cortex. 이관용 옮김(1999). 조건반사:

구 소련이 자랑스러워 한 연구자이다(현재의 러시아도 자랑스러워 할 듯싶다). 파블로프는 심리학자는 아니며 생리학자인데, 행동주의 심리학에 많은 영향을 주었다.

행동주의(Behaviorism)는 자극에 대해 반응하는 행동을 연구하는 심리학의 흐름으로 과학적 방법을 통한 연구를 강조하면서 심리학의 과학적 발전에 큰 기여를 하였다. 행동주의는 인간의 행동을 유발하는 요인들과 조건들을 면밀하게 실험을 통해 계량화해서 분석함으로써 현대 심리학 연구를 열었다는 평가를 받는다. 행동주의는 1950년대까지 심리학의 주요 흐름이었다. 행동주의는 볼 수 없는 인간의 사고나 인지는 연구대상이 아니라는 시각을 가지고 있었다.[2] 현대에서는 fMRI 등을 이용하여 뇌의 반응(활성화)과 상태를 연구하기 때문에 행동주의는 당시의 기술적 한계 안에서 그 나름대로 최선을 다했다고도 볼 수 있다.

이러한 행동주의에 영향을 준 '파블로프의 개' 실험연구는 아마 대부분의 사람들이 알고 있을 것이다. 요즘 같이 애완견을 가족처럼 여기는 시대에서 보면 방법상 잔인한 실험인데, 원래 침과 소화에 관한 연구를 하기 위해서 고안된 실험이었다. 보통 우리는 음식이 나온 것을 보거나 음식 냄새를 맡으면 '무조건적인' 반응(반사)을 하게 된다. 즉, 직접적 자극이 직접적 반응을 불러일으킨다. 그런데 음식을 줄 때 부저 소리나 메트로놈 소리를 함께 들려주면 나중에 음식을 주지 않고 부저 소리나 메트로놈 소리만 들려주어도 개들은 침을 흘리게 된다. 이러한

대뇌피질의 생리적 활동에 관한 연구. 교육과학사.

2 왓슨은 1913년도에 발표한 '행동주의자가 바라보는 심리학'이라는 논문에서 다음과 같이 언급한다. "자연과학의 순수한 객관적 실험의 한 분과로서 심리학을 바라봐야 한다. 의식(consciousness), 성찰(introspection) 등은 심리학 방법에서 전혀 본질적 부분이 되어서는 안 된다. 행동주의자는 동물과 인간 사이를 구분짓는 선은 없다고 봐야 하며 행동이 조사와 연구의 대상이 되어야 한다."

생리적 현상을 조건반사(혹은 조건반응)라고 일컫는다. 즉 중립적이고 직접적으로 상관이 없는 요소가 무조건적 자극이 주어졌을 때 나타나는 반응과 사실상 동일한 반응을 일으키는 자극으로서 작동하게 된다.

우리에게 중요한 점은 학교교육에서 이론이 주는 시사점이다. 자극-반응(stimulus- response, S-R)이론이라고도 불리는 행동주의 심리학에 큰 영향을 미친 '파블로프의 개' 실험연구, 조건반사가 학교교육에서 주는 시사점은 무엇일까? 조건반사(함께 매개된 요인에서 직접요인 혹은 직접적 자극이 제거된 후 중립적 자극에 대해 나타나는 반응)와 무조건적 반사(직접적인 요인에 따른 직접적 반응), 이 두 개념 모두를 고려해서 생각해 보자.

예를 들어 혹시 아침식사의 교육적 효과가 파블로프의 조건반사와 상관이 있을까? 아동기뿐만 아니라 배가 고프면 학업에 집중하기가 어려운 것이 너무나 당연하다.3 아침식사는 아동의 뇌가 성장하고 그로 인해 아동이 학업에 집중하게 하는데 효과적이라는 점에서 중요하다. 이는 근본적으로 영양교육적인 이야기로 보인다. 조건반사나 무조건반

---

3 허기지면 공부가 안 된다는 이 이야기를 필자와 같은 대학에 근무하시는 김준형 교수님(한국고전문학을 전공하셨다)께 했더니, 조선시대에는 배가 고프고 허기지면 배고픔을 참기 위해서 책을 읽으라고 권했다고 말씀하셨다. 공부에 집중하면 배고픔을 잊을 수도 있지 않겠냐고. 그래서 필자도 배고플 때 책을 더 집중해서 읽어 보았지만 배고픔을 달래는 데 실패하고 식당으로 걸음을 옮겼다. 조선시대 선비는 뭔가 좀 다르다는 생각을 했다. 하지만 음식이 부족한 시대라면 필자도 결국은 책을 집중해서 읽을 수도 있을 것이다. 행동주의는 여건과 환경이 사람의 행동에 많은 영향을 준다고 본다. 참고로 1.4킬로그램밖에 안 되는 뇌는 하루에 우리가 섭취하는 칼로리의 20% 정도를 소모한다. 이는 1950년대의 연구결과인데 그 이후에 더 면밀한 연구는 스테카(2021)에 의하면 찾기 어렵다고 한다. 정재승의 "열두 발자국"에는 23% 혹은 25% 정도를 소모한다고 페이지마다 약간 다르게 적혀 있다. 20~25%정도로 봐야 할까? 여하간 에너지를 뇌에 잘 공급해야 하며 식사가 중요하다.

사와는 좀 다른 이야기가 아닐까 싶기도 하다. 그러나 행동주의 입장에서는 환경이 중요하기 때문에 아침식사의 이슈도 매우 중요하게 다룰 것이 분명하다. 당연히 학생들에게 밥을 제대로 먹여서 학교에 보내라고 주장할 것이다. 그런데 동물들의 행동실험 연구 시에는 행동을 유도하기 위해서 굶기는 것이 행동주의 연구자들이 흔히 행하는 조작적 조건화 중의 전제조건이긴 하다.

● 학교 종소리: 수업 시작과 끝을 알리는

파블로프의 개 실험에서는 종을 울렸다고 우리는 과거에 배웠다. 그런데 사실 파블로프의 실험에서는 피아노 연주할 때 많이 쓰이는 메트로놈을 주로 이용했고, 부저소리나 어떤 곡조를 들려주기도 했다. 여하간 파블로프의 실험에서 사용된 종소리는 아니지만 학교에서도 종소리가 나는 것을 우리는 알고 있다. 보통 수업 시작 종(혹은 음악-멜로디)이 울리고 수업을 끝마침을 알리는 종이 울린다. 필자가 가장 많이 들었던 귀에 익은 종소리 음악의 제목은 찾아보니 Badaczewksa의 '소녀의 기도(Maiden's Prayer)'이다.

Badazewska, 바로 이 분이 대한민국의 몇 백만 아니 천만이 넘는 학생들의 학창시절의 뇌리에서 잊혀지지 않는 음악을 만드신 분이다. 도대체 어떤 분이신지 위키백과를 찾아보니 폴란드의 작곡가이며 1829년 혹은 1834년에 태어나셨고, 안타깝게도 1861년에 바르샤바에서 일찍 타계하셨다고 한다. 묘지는 프봉스코프스키 묘지에 있다고 하는데 나중에 유럽여행을 가게 되면 한 번 찾아가 봐야 하지 않을까 싶다. 필자는 프랑스의 오베르 쉬르 우아즈에 가서 반 고흐 형제의 묘지를 방문

유튜브를 통해 추억의 학교 종소리 음악을 들어 보자. 위와 같이 학교 종소리를 제공하는 유튜버들이 있다.

해 본 적은 있다.

생각해 보면 각 학급마다 설치된 스피커에서 흘러나오는 '소녀의 기도' 음악 종소리는 우리가 곧 수업을 해야 함을 본능적으로 느끼게 만들었다. 대부분의 학교마다 신기하게도 동일한 종소리가 울린다. 교육행정의 통합적 시스템 덕분이라고 해야 할지 아니면 관료적 중앙집권시스템으로 인한 수업시작과 끝을 알리는 종소리 음악의 획일화라고 평가해야 할지의 문제는 뒤에 하자. 물론 '소녀의 기도' 외에 '엘리제를 위하여', '마운틴 뮤지션' 등 여러 학교 종소리가 있긴 하다.

시간 될 때 유튜브에 가서 학교 종소리를 찾아서 한번 감상해 보자. 그리운 초·중등 학창시절이 떠오를 것이다. 참고로 학교 종소리 유튜브는 300만, 100만 등의 엄청난 조회 수를 기록하고 있다. 종소리를 듣다 보면 학창시절의 여러 추억들이 저절로 떠오르는데, 일종의 조건반사적인 연상일 듯싶다. 종소리만으로도 초중등 학창시절의 친구들의 얼굴, 선생님의 얼굴이 떠오르다니 신기하다. 기억이라는 것은 환경과 당시의 시각, 청각, 후각 등과 연관된다는 뇌과학 연구결과가 틀리지 않음도 보여 준다.

학교에서 교사는 수업시작 종소리와 끝나는 종소리에 맞춰서 수업 진도를 잘 맞춰서 나갈 수밖에 없다. '파블로프의 개' 실험결과에 의한다면, 수업이 끝나는 종소리가 나오는 순간 아무리 재미있는 이야기를 해도 아이들은 화장실에 갈 생각을 하거나, 운동장에 나가서 잠시 뛰고 올 생각을 하고 있어서 교육적 효과가 없을 것이다. 즉, 아이들의 사고와 학습의 문은 닫히게 된다. 수업이 끝나는 종소리가 울리면 교사는 남은 가르침에 대한 미련을 버리고 수업을 곧장 마치면 된다. 이것이 파블로프의 실험이 학교교육에 주는 시사점이 되지 않을까 싶다.

그런데 신기한 점은 이 '소녀의 기도' 원곡 피아노 연주를 잘 들어 보면 결혼식장에서 예식이 시작되기 전에 예식장 입구에서 흘러나오는 곡임을 알 수 있다. 수업시작 혹은 수업을 마치는 그 음악과 동일한 곡의 느낌이 아닌데 워낙 학교의 종소리는 단순하게 편곡한 '종소리'여서 그럴지도 모르겠다. 아니면 분위기, 학교라는 분위기와 결혼식장이라는 분위기가 주는 선험적 인지편향 때문에 다른 곡으로 느끼게 되는 것일까? 음악이 흘러나오는 환경도 중요하다.

참, 그런데 필자가 학생을 가르치는 대학교에서는 초·중·고등학교 때처럼 수업 시작과 끝을 알리는 음악소리가 울려 퍼지면 좋지 않을까 하는 생각이 들었다. 매 시간 울리는 것이 다른 수업에 방해되면 점심시간이 시작되는 4교시가 끝나는 시간에라도 종소리가 울리도록 하면 어떨까? 아마 다들 종소리를 듣는 순간 갑자기 배고픔을 느끼고 구내식당에 가고 싶은 마음이 생길 것이다. 행동주의 심리학자들은 당연히 대학교에서도 수업시작과 끝을 알리거나 점심시간이 시작됨을 알리는 음악을 틀면 좋겠다고 제안할 듯싶다.

🌐 학생 조용히 시키기: 모두 박수 다섯 번

또 하나의 사례는 학생들을 조용히 시키는 방법이다. 학교 현장에서, 특히 초등학교에서는 조건반사가 작동하지 않는 경우도 있는데, 수업시작을 알리는 종소리를 무시하고 학생들이 떠드는 경우가 많다. 신기한 일이다. 아이들은 수업 끝나는 종소리에만 확실히 100% 조건반사를 한다. 교실을 당장에라도 뛰쳐나갈 듯한 분위기가 된다. 중·고등학교도 아마 마찬가지일 것이다. 그런데 수업시작 종소리는 무시하는 경향이 있다. 조건반사가 잘 발생하지 않는다. 그렇다면 수업시간을 알리는 학교 종소리를 최신 유행곡, 예를 들어 블랙핑크나 BTS의 음악으로 변경하면 더 신나게 수업을 시작할 수 있지 않을까 하는 생각도 해본다. 그런데 만약 최신 유행곡으로 만든 시작 종소리로도 학생들이 수업 준비에 임하는 조건반사적 행동이 유도되지 않는다면, 이러한 점은 행동주의 심리학으로는 해석이 안 되는 부분이며 인지심리학 등으로 설명이 가능할 것이다. 필자의 추측으로는 최신 유행곡으로 수업시작 종소리를 만들어도 학생들은 잘 반응하지 않을 것 같다.

그렇다면 다른 방법으로 학생들을 조용히 시키고 수업을 시작해야 한다. 일단 수업시작 종소리가 울렸는데도 아이들이 집중하지 않고 떠들고 혼란스러울 경우에 초등학교에서 우리가 대부분 알고 있는 가장 많이 사용되는 방법이 있다. 선생님이 "우리 모두 박수 세 번!" 하고 외치는 것이다. 그러면 학생들은 박수를 무의식적으로 세 번 치고 조용해진다. 이러한 "박수 세 번" 혹은 (다양한 리듬에 따른 "짝! 짝! 짝! 짝! 짝!"과 같은) "다섯 번" 등 여러 번의 박수소리와 함께 학생들은 옆 친구들과의 수다를 멈추고 선생님을 향해서 수업에 집중하게 된다. 박수를 치면 손을 움직여야 하고 그러한 통일된 박수소리는 아이들로 하여금 수업 시작을 조건반사적으로 느끼게 만든다.

이와 같은 조용히 하기 박수훈련을 초등학교 1학년 때부터 매일 하면 박수치기는 어느새 자연스럽게 초등학생들의 머릿속에는 입을 다물고 선생님을 쳐다봐야 하는 신호로 받아들여지게 된다. "조용히 하세요. 자, 여기 선생님을 바라보세요. 집중하세요." 등의 외침과 같은 직접적인 무조건적 자극(unconditional stimulus)은 피하고 다소간 중립적인 조건(박수치기)을 주어서 학생들의 집중을 유도하고 수업을 진행하는 것이 일반적이다. 필자가 초등학교에 다닐 때 선생님이 많이 사용했던 방식은 "합죽이가 됩시다!"였다. 최근 초등학교 현장에 가보니 "선생님을" 하고 선생님이 외치면, 학생들이 "봅니다!"라고 외치면서 집중하기도 하고, 모둠 활동을 시작할 때 선생님이 "모둠활동을 해 봅시다. 모둠!"하고 외치면 학생들이 "활동!"을 외치며 모둠활동에 돌입한다.

중·고등학교에서는 굳이 이러한 박수치기 등의 훈련을 안 해도 된다. 선생님이 교실에 들어오면 다들 조용해진다. 음악소리보다는 선생님이 교실문을 열고 들어오시는 모습 자체에 반응한다. 과거에는 반장이 일어나서 "차렷, 선생님께 경례"와 같은 의식을 통해서 수업집중 효과가 발생하기도 했다. 그러나 이러한 단체 인사는 지금은 거의 사라졌다. '차렷-경례'는 군대식 문화여서 없어진 것으로 볼 수 있다.

● 학교 건축 설계에 주는 시사점

파블로프의 실험이 교육에 주는 또 한 가지의 시사점이라면, 필자가 이리저리 생각해 보니 급식실의 위치에 주는 시사점이 있다. 하지만 이는 조건반사는 아니고 무조건적 반사에 따른 시사점이라고 볼 수 있다. 점심시간이 다가오면 학교 급식실에서는 점심급식 요리가 준비되기 시작한다. 12시 20분에 점심식사가 시작된다고 보면 아무래도 11시 30분부터는 식사준비를 급식실에서 시작해야 할 것이다. 음식의 향이 학교 복도를 타고 교실로 흘러들어갈 것이며 아침밥을 든든히 먹고 온 학생들도 한창 성장할 시기이기 때문에 11시쯤부터는 배가 고플 것이며 침샘을 자극할 것이다. 당연히 선생님의 침샘도 자극할 것이다. 점심식사 직전의 4교시는 이러한 급식실의 음식조리 향에 의해서 다소간 학업 집중도가 낮아질 것이다.

따라서 학교 시설을 배치할 때, 보다 근본적으로 학교 건축물을 설계할 때부터 이러한 점을 고려해서 급식실의 위치를 잘 배치해야 한다. 풍향도 고려하고 학생들의 동선도 고려해야 하며 음식물 재료의 공급경로 등을 고려해야 할 것이다. 따라서 4교시 수업을 방해하지 않기 위해서는 급식실과 조리실이 4층이나 꼭대기 층에 배치되면 좋을 것 같긴 한데(음식냄새가 아무래도 위로 올라갈 것이니까) 그렇게 하면 음식재료 공급에서 불편함이 있다. 아무튼 학교 건축 설계사가 조건반사를 잘 고려해서 설계를 하면 좋지 않을까 싶다.

'라떼 이야기'가 될 듯한데, 필자가 초등학교에 다니던 시기에는 점심급식이 존재하지 않았다. 모두가 집에서 도시락을 싸갖고 왔다. 생각해 보면 간혹 점심시간 전에, 예를 들자면 3교시 마치고 쉬는 시간에 점심 도시락을 절반이나 1/3 정도 먹고 나머지를 점심시간에 먹었던 기억이 난다. 이러한 간헐적 도시락 식사에 따라 주변 학급 친구들도 쉬는 시간에 퍼지는 반찬냄새로 인해서 무조건 반사로 침샘이 자극되고 위 운동이 활발히 이루어졌는지 꼬르륵 소리가 배에서 나기도 했다. 당연히 점심식사 전의 4교시 수업은 집중이 되지 않았다. 뭔가 혼란스러웠던 도시락 시대였다. 지금은 어떤지 모르겠다. 한창 자라나는 요즘 학생들은 점심급식시간 이전(특히 4교시)에 밀려드는 배고픔을 어떻게 달래고 있을까? 앞에서도 아침식사 이야기도 그렇고 음식이야기가 자주 나와서 죄송하다.

파블로프의 실험은 전 세계적으로 큰 영향을 미쳤다. 미국에서는 왓슨이 파블로프의 실험에 영향을 받았고 그의 연구는 미국의 행동주의 심리학을 열어젖혔다. 다음은 왓슨(Jone B. Watson)이 조건화와 관련하여 인간을 대상으로 수행한 실험 연구에 대한 이야기이다. 참고로 DNA의 이중 나선 구조를 발견한 왓슨(James, D. Watson)과는 동명이인이다(정확히는 성(surname)만 일치한다.).

🔵 왓슨: 아, 나의 리틀 알버트

20세기 초반 존 왓슨(J. B. Watson)은 행동주의 심리학 연구의 선구자로 일컬어진다. 왓슨은 파블로프의 개 실험 연구에 영향을 받아 어린 아이(일명 리틀 알버트, Little Albert B.)를 대상으로 공포에 대한 조건화(conditioning) 연구를 실시하여 많은 논란을 일으켰다. 알버트를 실험한 과정은 비디오로 녹화하였는데, 일부 영상은 유튜브에서 찾을 수 있다. 그런데 유튜브에서 나오는 동영상은 실험과정을 짧게 편집한 동영상인데 시청해 보면 실험이라고 하기에는 어설프고 너무나도 초보적이다. 아기를 약간 귀찮게 하고 있는 장면은 보는 이들로 하여금 '도대체 이 어른들이 애 데리고 뭐 하자는 거지?'라는 느낌을 준다. 막판에는 연구자가 산타클로스 가면을 쓰고 알버트의 반응을 살펴보기도 한다.

왜 실험 막바지에 쓴 가면이 산타클로스냐면 산타클로스 할아버지는 턱수염(구렛나룻, 콧수염 모두 포함)이 복슬복슬 있기 때문이다. '리틀 알버트' 실험은 털 있는 동물(쥐, 토끼, 강아지)에 소음(noise)을 조건으로 주었을 때(conditioning) 공포를 느끼는 반응을 분석하는 연구였다. 털이 있는 동물을 만질 때 시끄러운 쇠막대기 치는 소리를 내서 일종의 아동의 조건반사(털 있는 동물을 만지면 쇠막대기 소리로 시끄러워짐 → 약간 무서움이 발생하여 만지지 않음)를 확인해 보는 실험이었다. 산타클로스 마스크를 이용하다니 왓슨은 재미있는 연구자라고 생각해 볼만하다.

그런데 이 실험과정을 발표한 논문(14쪽의 분량으로 참고문헌은 딱 2권이다)을 읽어보면 읽는 사람마다 차이가 있겠지만 필자의 경우 마음이 좀 아려왔다.[4] 만 1살도 안 된 아기가 불쌍했고 '이렇게 실험대상으로 해도 될까'하는 생각이 들게 만든다. 수염이 복슬복슬한 산타클로스 가면 외에도 연구를 지켜보는 한 두 명의 연구원이 머리를 들이밀고 사람의 머리카락(머리카락도 털이긴 하지만, 왠지 사람 머리카락은 쥐나 토끼, 강아지 털과는 좀 다를 것 같긴 하다. 이 부분을 읽는 순간 약간 황당한 느낌도 들긴 했다)에 대한 두려움도 느끼는지도 살펴본다.

필자처럼 알버트가 불쌍하다고 느낀 사람들이 많았는지, 어린아이를 대상으로 한 이러한 조건반사적 공포 감정 실험은 왓슨의 '리틀 알

---

4 Watson, J. B., & Rayner, R.(1920). Conditioned emotional reactions. *Journal of Experimental Psychology, 3,* 1–14.

버트' 실험 이후에는 많지 않다.[5] 게다가 이 연구는 알버트가 8개월부터 12개월 때까지 4번 정도, 즉 대략 한 달에 한 번(한 번은 하루의 아주 짧은 시간을 의미함) 정도 진행하다가 아기 엄마가 알버트를 데리고 (아마도 화가 난 상태로) 가 버리는 바람에 종료되었다.

왓슨의 '리틀 알버트' 실험은 인간을 대상으로 이런 공포심에 대한 심리실험을 해도 되는지에 대한 논란을 불러일으켰다. 왓슨은 알버트의 털 있는 동물에 대한 조건화된(Conditioning) 공포심을 소거(extinction)시키고자 했지만 알버트의 부모가 거부하였다고 한다. 행동주의 심리학에 의하면 털 있는 동물들을 만지면 맛있는 과자를 주는 방식과 같은 방법으로 새롭게 조건화함으로써 소거시킬 수가 있을 것이다. 여하간 그러한 소거는 시행되지 못했다. 왓슨에 의하면 알버트는 실험 이후 곧장 다른 가정에 입양되었다고 한다.[6]

🔵 왓슨의 재혼과 광고회사로의 재취업

당시 왓슨은 해당 알버트 실험 동영상에서 알버트 뒤에 앉아서 알버트를 잘 잡아주고 있는 연구조교이자 대학원생인 여성(알버트 실험 논문의 공동저자, Rayner, R.)과 결혼을 하게 된다. 전처와 이혼하고 재혼을 하게 된 것이다. 당시 존스홉킨스 대학본부에서는 대학원생과의 교제에 대한 경고를 하고 헤어지라고 했다고 하는데, 결과는 제자와의 재혼이었다. 대학본부는 이에 대한 책임을 묻고 왓슨을 교수직에서 해임시켰

---

5 다만 아동에게 그다지 발달에 있어서 피해를 주지 않는 피아제의 임상학적 관찰연구방법은 종종 사용되었다.

6 Watson, J. B.(1925). Behaviorism. New York, NY: Norton

다고 전해진다(Schacter, et al, 2008).

필자가 미국에서 공부할 때 기혼 교수가 박사과정 학생과 사귀는 경우에는 대학윤리위원회에 회부된다는 이야기를 들은 적이 있었다. 미국의 경우 자유주의가 팽배한 국가라서 교수가 대학원생 제자와 눈이 맞아서 본처와 이혼하고 재혼하는 게 뭐가 문제일까 하는 생각이 들었는데, 이에 대해서 미국은 엄격하다고 한다.

왜냐하면 교수는 아무래도 대학원생을 지도하는 상위지도적 위치이기 때문에 자신의 권한을 이용해서 재혼하게 되는 것이라는 해석이 많다고 한다. 아니, 사랑인데 지위를 이용했다니 이럴 수가. 간혹 고등학교에서 제자와 사랑에 빠진 교사 이야기도 들리는데 이러한 문제에 대해서 미국의 교육계는 매우 엄격하다. 미국의 교육계에서는 특히 기혼일 경우 가급적 제자와는 사랑에 빠지지 말아야 한다.[7]

왓슨은 안타깝게도 다른 대학에 자리를 잡지 못하고 광고회사에 취직을 했다. 그리고 유명한 광고들을 만들었다고 한다. 행동주의 심리학 이론을 이용해 사람들의 마음을 끄는 광고를 기획해서 회사의 매출을 많이 올린 것이다. 그 중 하나는 커피회사의 광고인데, '커피 브레이

---

7 19세기~20세기 초에는 대학교수의 불륜이 미국에서 해임사유가 충분히 되었던 것으로 보인다. 19세기 말에 존스홉킨스 대학에서 근무하던 기호학으로 유명한 퍼스(Charles Sanders Peirce) 역시 유사한 사건(여자문제)으로 인해 해고당하고 말년을 어렵게 보냈다. 그리고 최근 발간된 "물고기는 존재하지 않는다"를 읽어보면 스탠퍼드 대학 초대 총장의 아끼던 제자이자 동물학과 학과장인 교수가 한 젊은 여성과 바람을 피우고 있었는데, 어느 사서에게 발각이 되었다. 그 사서는 총장에게 가서 불륜을 저지른 학과장을 해고하라고 요구했다. 총장은 아끼던 제자를 도와주기 위해서 오히려 사서에게 동성애자로 고발하고 정신병원에 집어넣겠다고 협박해서 문제를 해결했다고 한다(사서가 동성애자라는 정보를 갖고 있었나 보다). 아무튼 당시 스탠퍼드 초대 총장은 아끼던 제자이자 동물학과 학과장인 교수를 불륜으로 인한 해임의 위험으로부터 구해 냈다(룰루 밀러 저, 물고기는 존재하지 않는다, p.103).

크(Coffee Break)'라는 용어로 크게 성과를 올렸다. 커피 브레이크는 미국의 위스콘신의 스타우톤이란 곳에서 시작되었다고 하는데,[8] 이는 지방자치단체에서 자기 동네 홍보를 위해서 지어낸 말 같기도 하다. 중요한 건 '커피 브레이크'라는 말이 왓슨의 고전적 조건화 이론에 근거한 과학적 홍보에 의해서 크게 유행하게 되었다는 것이다.[9]

만약 왓슨이 광고계로 진출하지 않고 학교장이나 지역교육감으로 재취업을 했다면 다양한 행동주의 심리학에 입각한 조건화에 근거한 교육방법이 초·중·고등학교에 제안되고 시행되었을지도 모른다.

● 리틀 알버트는 잘 살았을까?

'리틀 알버트' 실험이 시행된 이후 거의 90년이 지난 2010년도 전후에 과연 '이 리틀 알버트는 어떻게 살았을까?' 하는 의문을 가졌던 일부 심리학자들이 알버트가 Douglas Merritte라는 이름의 아기였다는 논문을 발표한다(Beck et al., 2009; 2010; 2011). 안타깝게도 이 아이는 1925년에, 즉 대략 6살의 나이에 수두염으로 사망했다고 한다. 이 주장은 BBC에도 방영이 됨으로써[10] 왓슨의 리틀 알버트 실험이 비윤리적인 실험사례로 다시 주목받게 되었다.

그런데 당시에 연구윤리의 문제가 엄격하지 않은 관계로 왓슨은

---

8 https://web.archive.org/web/20090520144944/http://www.stoughtonwi.com/coffee.shtml

9 https://isenbergmarketing.wordpress.com/2016/01/28/creating−the−coffee−break−marketing−and−the−manipulation−of−demand/

10 Finding Little Albert−The Brain: A Secret History−BBC Four. 2010. 12.25. https://www.youtube.com/watch?v=KJnJ1Q8PAJk

다른 연구들에서 가명을 쓰지 않고 실험대상자의 본명을 사용해 왔다고 한다. 그리고 더글라스라는 아이의 나이가 리틀 알버트의 나이와 정확히 일치하지는 않았고 다른 가족에게 입양된 적도 없었기 때문에 정말 더글라스가 리틀 알버트가 맞는지에 대한 의문이 제기되었다(Powell, 2011).

그러던 와중 2014년 Albert Barger라는, 이름이 정확히 일치하는 바로 그 왓슨 실험의 대상이 된 리틀 알버트를 찾았다는 논문이 발표되었다(Powell, et al., 2014; Digdon, et al, 2014). 이 아이의 출생 등의 기록을 검토해본 결과 나이가 리틀 알버트와 사실상 거의 일치하고 몸무게 기록도 일치한다. 어머니가 (화가 나서) 아이를 데리고 떠난 날도 기록상 완전히 동일하다. 실험 당시의 건강상태에 대한 기록도 일치한다. 그리고 조카로부터 성인이 된 사진을 구해서 대조해 보니 상당히 어린 알버트와 닮았다. 다만 알버트는 더글라스와 마찬가지로 입양된 기록은 없었다. 당시의 실험 당시 아이의 본명을 쓰던 관행 등과 기록의 유사성을 종합해 보면 Albert Barger라는 아이가 리틀 알버트일 가능성이 매우 높다. 따라서 6살에 수두염으로 사망한 더글라스는 알버트일 가능성이 매우 낮다고 볼 수 있다(Griggs, 2015).

그렇다면 사실상 알버트로 볼 수 있는 그 Albert Barger는 어떻게 살았을까? 파웰 등의 논문에 의하면 2007년도까지, 즉 만 나이로 87세까지 장수하였다. 조카에 의하면 생전에는 털 있는 동물들을 좀 싫어했다고 한다. 포비아(공포증)까지는 아니었다는 조카와의 인터뷰 내용이 논문에서 제시되고 있는데, 예를 들자면 삼촌이 집에 올 경우 강아지를 다른 방에 가두는 정도였다고 한다. 그런데 삼촌 말로는 어렸을 때 강아지를 키웠는데, 그 강아지가 사고로 죽는 것을 목격하고 나서 강아지를 키우는 것과 강아지를 만지는 것을 싫어하게 되었다고 말한 적이 있다고 한다. 조카들의 증언이 정확한 기억에 의존하고 있다면 Albert Barger가 강아지를 싫어했던 경향이 만 1세 직전의 5차례 정도의 왓슨의 실험으로 형성되지는 않았을 가능성이 더 높다. 하지만 모두 다 가능성일 뿐이다.

조카의 추측으로는 삼촌이 자신이 그 유명한 리틀 알버트였다는 것을 죽기 전에 알았다면 그는 자신이 실험대상 아기였던 것을 매우 매력적이고 흥미로운 일로 생각했을 것이라며 아쉬워했다고 한다(Powell, et al, 2014). 하지만 이 역시 모르는 일이다. 조카의 추측이라서, 그냥 그런 일이 있었나 보다 하고 해프닝으로 생각했을 수도 있으며 기분 나쁜 경험이라고 생각했을 수도 있다.

왓슨의 공포 연구가 학교교육에 주는 시사점은 무엇일까? 일단 연구자 입장에서는 가급적 어린 아이들을 데리고 아동발달에 부정적 영향을 줄 수 있는 실험을 할 생각을 하면 안 된다. 이젠 연구윤리가 엄격하게 적용되어서 불가능하기도 하고 해임의 위험도 있다. 그리고 애들을 너무 무섭게, 공포감을 느끼게 혼내지 말자. 필자의 경험을 봐서도 (서울사대 출신의 국어선생님 이야기) 무서운 분위기에서는 공부가 잘 안 되고 인생도 즐겁지 않다. 왓슨이 공포연구가 아니라 행복연구(예를 들어 어떻게 하면 알버트를 웃게 만들 것인가)를 했으면 해임되지 않았을지도 모른다. 그랬다면 왓슨이 쓴 알버트 실험 연구논문을 읽을 때 필자도 매우 기분이 좋았을 것이고 많은 사람들에게 더 좋은 인상을 남겼을 것 같다. 어쩌면 그로 인해 Albert Barger가 87세가 아니라 100세까지 살았을지도 모르는 일이다.

05

윈도우(Window)를 보고 자기주도 학습하기

스키너의 교육상자, '티칭 머신' 열어 보기

"과연 티칭 머신이 제공하는
훌륭한 교육 프로그램이 예술로 남을 것인지
아니면
과학적 기술이 될 것인지에 대한
'최종적인 판단의 권위자는 학생'이
될 것입니다."

- B. F. Skinner. 'Teaching Machine' 중에서 -

🔵 실험상자 마술사 스키너(B. F. Skinner)

우리는 언제, 어디선가 쥐 실험상자 이야기를 들어 보았을 것이다. 그 쥐 실험상자를 고안해 낸 사람이 행동주의 심리학을 꽃피운 연구자인 스키너(B. F. Skinner)이다. 스키너는 실험상자를 통해서 쥐와 비둘기 등을 이용한 다양한 실험연구를 통해서 행동주의 심리학의 전성시대를 열었다. 그는 실험상자의 마술사처럼 행동연구를 수행해 냈다. 제2차 세계대전 당시에 비둘기를 카미카제 특공대로 훈련시켜서 바다에 떠 있는 적의 군함을 폭파시키는 전투에 투입시킬 수 있는 마술 같은 일을 실용 전 단계까지 성공시켰다(스키너, 1960). 그러나 다른 프로젝트(아마도 히로시마 원폭 개발)로 인해 비둘기 카미카제 프로젝트는 더 이상의 지원을 받지 못해서 중단되고 만다.

스키너는 1966년도에 미국심리학회에서 수여하는 손다이크 상을 수상하였는데, 손다이크는 고양이 실험상자를 개발하여 소위 미국에서 상자를 가지고 실험하는 방법을 최초로 제시하였다. 고양이의 학습능력을 부분적으로 확인함으로써 동물의 지능과 학습에 대한 연구로 심리학의 과학화에 기여한 것으로 유명하다(고양이는 모방학습을 못하는 것으로 당시에 분석되었다). 따라서 심리학계에서 실험상자의 원조는 사실 손다이크이다.

필자의 개인적인 의견으로는 손다이크와 스키너의 관계와 역할을 경제학자와 비교해보자면 인적자본(Human Capital) 개념을 제시하여 노벨경제학상을 받은 슐츠(Schultz)와 인적자본론을 풍성하게 사회현상에 적용하여 많은 연구를 수행한 게리 베커(Gary Becker)와 비슷한 관계로 볼 수 있을 듯싶다. 슐츠는 인적자본론을 최초로 제시하여 경제학의 패러다임 전환에 큰 기여를 하였다. 그리고 실질적인 인적자본론의 발전은 슐츠의 인적자본이란 개념을 풍부하게 다방면의 인간사(결혼, 범죄 등)에 걸쳐서 연구하여 노벨경제학상을 받은 게리 베커에 의해서 이루어졌다.

손다이크가 고양이 실험상자를 고안해 내서 심리학의 새로운 실험 연구의 패러다임을 열었다면, 다양한 실험상자를 통한 연구를 통해서 행동주의 심리학의 꽃을 피운 연구자는 스키너이다. 간단한 공식으로 보자면 "슐츠 : 베커 = 손다이크 : 스키너"로 볼 수 있다. 경제학을 교양 과목 수업 등을 통해서 공부한 학생들은 슐츠와 베커의 관계와 연관시킨 이 산술 공식으로 스키너가 대단한 연구자라는 것을 쉽게 파악할 수 있을 것이다.

🌐 스키너에 대한 선다형 문제 풀기

스키너의 연구를 소개를 위해서 우리가 학창시절에 많이 보아 왔던 추억의 선다형 문제를 한 번 만들어 보았다.

▶▶ 표 5-1 스키너 관련 선다형 객관식 문제 풀기

Q. 다음 중 행동주의 심리학의 전성기를 이끈 스키너가 수행하지 않은 일 (연구)은?

(1) 비둘기가 부리로 탁구공 치기 시합하게 만들기
(2) 여성잡지에 아기를 편하게 안전하게 잘 돌보고 키울 수 있는 아기 돌봄 가구(air crib 혹은 air conditioner) 홍보 글 투고 및 해당 아기 돌봄 가구 판매
(3) 스키너의 박스를 고안하여 쥐 실험을 통해서 쥐의 학습능력을 계량화하는 등 자극 반응 강화(stimulus-response-reinforcement)의 이론을 제시함

단 〈표 5-1〉을 보면 알겠지만 4지 혹은 5지 선다형이 아니라 6지 선다형문제이다. 스키너가 수행한 연구가 약간 재미있는 것이 많아서 6지 선다형으로 만들 수밖에 없었다. 한번 풀어보자.

너무 쉬운 문제이다. 답은 (4)번이다. 바로 앞 장에서 알 수 있듯이 '리틀 알버트' 실험은 스키너가 아니라 왓슨이 한 것이다. 혹시 스키너가 사람을 대상으로 실험한 게 아닐까 하는 의심으로 인해서 (4)번이 아니라 (1)번이나 (2)번 혹은 (5)번이 정답일 거라고 판단한 분들은 바로 앞에서 소개한 왓슨에 대한 소개내용을 읽지 않은 것이다. 아니면 (1), (2), (5)번이 너무 황당한 내용이라서 설마 이런 실험 혹은 일을 했을까 하는 합리적 의심이 들었기 때문일 수도 있다.

다행인 것은 이 문제를 틀렸다고 하더라도, 가고 싶은 대학을 못하게 만드는 고부담시험(high stake test)이 아니기 때문에 시험불안(test anxiety)은 생기지 않을 것이라는 점이다. 필자가 가장 싫어하는 꿈은 군대에 재입대하는 꿈, 그리고 고3이 되어서 "수학의 정석"과 "성문종합영어" 문제를 풀고 있는 꿈이다. 사람의 잠재의식 속에는 간혹 그러한 과거의 고통스러운 기억이 남아 있어서 재생되곤 하는데, 정말 다신 꾸고 싶지 않은 끔찍한 꿈이다. 아마 많은 사람들이 필자와 유사한 경험을 갖고 있을 것이다.

참고로 스키너는 '티칭 머신(Teaching Machine)'이라는 논문에서 선다형 문제가 그럴싸한 선택지를 만들어서 응답자로 하여금 헷갈리게 만들고 이로 인해 바람직하지 않은 행동을 형성시킨다는 점에서, 선다형 문항에 대한 비판적 시각을 갖고 있다(스키너, 1958). 스키너의 주장이 매우 적절하다고 생각하고 있다. 그래서 스키너의 주장대로 쉽게 풀 수 있는 선다형 문항을 제시하였다. 객관식 문제도 깔끔하게 만들면 교육적 효과가 크다. 각 선택지에 대해서 이야기해 보자.

🔵 비둘기 탁구 경기

2002년도에 수행된 한 연구에서, 20세기 심리학자 중에서 여러 심리학 교재에 많이 인용되고 심리학 발전에 큰 기여를 한 가장 영향력 있는 심리학자 순위를 매긴 적이 있다(Haggbloom, et al., 2002). 그 순위에서 스키너가 1위로 선정된 바가 있다. 그런데 심리학자이긴 한데, 비둘기와 쥐들의 영리함을 발견하고 다양한 행동을 유도하는 실험을 하는 것을 보면 완벽한 세계 최고의 동물조련사이다. 개통령도 저리 가라 할 정도로 강아지도 훈련시켰다. 스키너는 현재 동물에 대한 다양한 교육훈련방법의 기본적 행동원리를 제시한 연구자이기도 하다.

(1)번 선택지와 관련해서 살펴보자. 먼저 비둘기가 하는 탁구를 보자.[1] 비둘기는 날개로 탁구채를 잡을 수 없기 때문에 부리로 탁구를 친다. 그러나 잘 보면 이건 탁구(핑퐁)라기보다는 과거 70~80년대 초반 오락실에서 경험할 수 있었던, 상대방에게 공을 골인시키는 추억의 게임과 유사하다. 상대 비둘기가 공을 막지 못하고 떨어뜨리면 이긴 비둘기는 자기 쪽 테이블 아래에 음식이 제공되는 것을 통해서 탁구게임을

---

1 스키너재단 유튜브 채널. https://www.youtube.com/watch?v=vGazyH6fQQ4

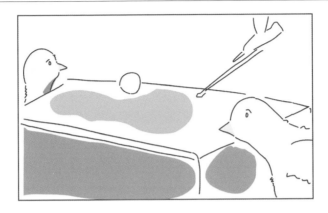

배우게 된다(혹은 어쩔 수 없이 탁구를 쳐서 이겨야 된다).

탁구를 잘 쳐서 이기면 비둘기는 음식으로 보상을 받는다. 이때 음식이 자극(stimulus)이라고 볼 수 있으며 그로 인해서 탁구공을 부리로 잘 받아쳐야 하는 행동(response)이 강화(reinforcement)된다. 스키너는 자극과 행동의 강화를 위한 조작적 조건화(operant conditioning)를 연구한다. 이 조작적 조건화에서 긍정적 강화물이 일종의 보상(reward)이며 부정적인 강화물은 일종의 체벌 등이 해당된다. 스키너는 보상, 특히 긍정적 강화물의 중요성을 강조했으며 체벌은 일시적인 변화만을 야기하지 행동의 지속성을 유도하는 데에는 한계가 있다고 비판한다.

참고로 스키너를 비롯한 행동주의 심리학에서는 행동을 통해 관찰될 수 있는 것을 연구해야 한다고 본다. 행동을 강화시키는 조건, 환경 등을 파악해야 한다. 행동주의 심리학은 매우 다양한 교육적 시사점을 제시하는데 스키너의 주요 저서인 "자유와 존엄을 넘어서(Beyond Freedom and Dignity, p.182)"의 다음 글을 읽어 보자.

"최근의 미국 백인 대상 설문조사에서 응답자의 반 이상이 흑인들의 낮은 교육적, 경제적 지위를 흑인 자신들이 지닌 **동기의 결여** 문제로 인식한다고 분석하고 있다. 유전적 및 환경적 요인과는 또 다른 중요한 요인이 동기라는 것이다. 주목할 것은, 동기는 자유의지와 연관이 있는 것이라고 말했다는 사실이다. 이런 식으로 환경의 역할을 등한시하고 동기의 결여로 (흑인이 뒤처진 문제에 대한) 책임을 돌리게 되면, 실질적으로 (흑인의 낮은 교육적 경제적 지위를 야기한) 잘못된 강화조건(인종차별과 같은 환경 요건의 문제 등)에 대한 해결방안을 찾는 것을 막는 결과를 낳는다."

스키너는 인간의 행동을 유도하고 강화시키는 제반 여건을 잘 파악하고 긍정적인 혹은 바람직한 행동을 만들기 위한 사회적 여건과 제도의 변화와 발전을 고민한 심리학자이다. 행동주의라고 표현하기는 하지만, 측정가능한 행동을 연구했다는 점에서 행동주의이며, 사회적 여건과 환경을 적절하게 변화시키자는 주장을 보면 사회변화를 요구하는 행동주의자라고 표현해도 크게 틀리지 않는다. 위에서 인용된 "자유와 존엄을 넘어서"에서 스키너의 언급을 보면 교육격차 문제에 대해서 유전적 요인이 아닌 환경의 역할을 주목하자는 주장을 통해서 잘못된 인종차별적 사회문화 환경을 변화시켜야 할 필요성을 제기하고 있음을 알 수 있다.

🔵 최첨단 온도 및 습도 조절 아기 돌봄 가구

(2)는 미네소타 대학에 있을 당시에 스키너가 만든 아기 돌봄 가구이다(스키너는 이후 45년도에 인디애나 대학으로 옮긴 후, 48년도에 다시 하

버드 대학으로 옮긴다). 필자가 보기에는 가구(furniture)처럼 생겼기 때문에 여기에서는 아기 돌봄 가구라고 적고자 한다. 영어로는 에어크립(air crib) 혹은 에어컨디셔너(air conditioner)라고 불렀다. 우리는 요즘 냉방기를 에어컨디셔너의 줄임말인 에어컨이라고 부르는데, 사실 습도도 조절하고 온도도 높게 혹은 낮게 조절할 수 있어야 진정한 에어컨이라고 볼 수 있다. 따라서, 요즘의 냉방기는 진정한 에어컨이 아니다. 여름에 틀면 시원해지긴 하나 좀 건조해지고 겨울에는 온풍기 역할을 하지는 못한다(물론 최근에는 습도도 조절하고 온풍도 나오는 최첨단 에어컨이 보급되고 있을 수도 있다).

그런데 스키너가 개발한 아기 돌봄 가구는 진정한 에어컨이다. 습도를 50%로 맞추고 아기가 머무는 공간의 온도를 화씨 78도(섭씨로는 30도)로 자동적으로 맞출 수 있는 첨단 기능을 갖추었다. 또한 원하는 대로 다른 습도와 온도로 설정하는 것도 가능했다. 스키너에 의하면 이 아기 돌봄 가구에서 아기는 기저귀만 차고 발가벗은 채로 미네소타의 한 겨울을 지낼 수 있을 정도로 최첨단 기술이 적용된 훌륭한 가구였다.

스키너의 첫째 딸에 의하면 본인은 감기에 자주 걸렸는데, 2년 반 동안 아기 돌봄가구에서 생활한 동생은 전혀 감기에 걸리지도 않고 건강하게 자랐다고 한다. 그만큼 쾌적하고 아동의 건강한 발달에 큰 역할을 하는 첨단 가구였다. 다음 사진을 보면 바로 그 첨단 돌봄 가구가 어떻게 생겼는지를 알 수 있다. 그냥 가구다. 가구 안의 엄청나게 귀여운 아기는 감기 한 번 안 걸리고 자란 스키너의 둘째 딸이다.

이 돌봄 가구는 스키너가 둘째 딸을 가지기로 하면서 배우자의 육아의 수고를 덜어주기 위한, 즉 여성의 육아노동을 완화시키기 위한 노

---

2 https://media.pluto.psy.uconn.edu/babyinabox.html

스키너가 와이프의 의견을 듣고 개발한 아기 돌봄 가구
출처: 여성 가정 저널(Ladies Home Journal). 1945년 10월호[2]

력의 일환으로 만들어진 것이다. 여성잡지(잡지 이름은 "Ladies' Home Journal"이다)에 이 아기 돌봄 가구를 소개(사실은 홍보)한 스키너의 글을 일부 소개하면 다음과 같다(스키너, 1945).

"과학이 미래의 주부를 위해 준비하고 있는 그 용감한 신세계에서 젊은 엄마들은 완전히 외면되어 왔습니다. 보육을 단순화하고 개선하여 젊은 엄마의 육아의 고통을 덜어주기 위한 연구들은 거의 수행되지 않았습니다. 우리가 둘째 아이를 갖기로 결정했을 때, 저와 제 아내는 육아문제 해결을 위해서 엄마들의 수고를 덜기 위한 발명과 디자인을 해야 할 시기라고 생각했습니다. 저와 아내는 차근차근 젊은 엄마들의 고통스러운 하루의 (육아 등의) 일과를 살펴보기 시작했습니다 … (중략) …

아이 돌봄 가구로 인해서 빡빡한 스케줄 속에서도 아이 엄마는 육아에 드는 시간을 절약할 수 있었습니다. 그로 인해서 아이 엄마는 다른 일들을 할 수 있는 자유시간과 휴식시간을 확보할 수 있게 될 수 있다는 것에 모든 전문가들이 동의하였습니다."

스키너의 생각으로는 이 최첨단 아기 돌봄 가구를 저렴한 가격에 판매할 수 있다면 여성육아해방을 향한 도정에 기여할 수 있기 때문에 자신의 둘째 아이를 수월하게 키우는 것을 넘어 금상첨화가 될 수 있었다. 그런데 하필 여성잡지에 투고한 글 제목이 Baby in a "Box"(상자 속의 아기)였다. 이 여성잡지의 기고문 제목의 '상자'라는 단어는 스키너의 '쥐 실험상자'를 연상시켰고 그로 인해서 판매에 도움이 되기는커녕 오해만 불러일으켰고 온갖 이상한, 말도 안 되는 헛소문이 양산되었다.

하지만 해당 여성잡지의 사진을 보면 너무나도 사랑스럽고 행복하게 아기 돌봄 가구(절대로 실험용 상자가 아닌 과학기술이 적용된 최첨단 아기 돌봄 가구) 안에서 아기가 너무나 사랑스러운 웃음을 짓고 있다. 이 최첨단 아기 돌봄 가구에서 2년 정도 안락하게 지낸 스키너의 둘째 딸은 미술작품전에서 최우수상을 차지하기도 한 훌륭한 예술가가 되었으며 영국에서 아주 행복하게 잘 살고 있다. 그녀의 남편은 유명한 정치학자이다. 그 둘째 딸도 이젠 할머니가 다 되었다.

우리는 아기 돌봄 가구 만들기에 얽힌 일화를 통해 가족에 대한 사랑이 느껴지는 따뜻한 마음을 가진 심리학자이자, 두 딸의 아빠이자, 두 딸을 키우느라 고생하는 부인을 돕기 위해 성심성의껏 노력한 자상한 남편으로서의 스키너를 만날 수 있다. 20세기가 낳은 완벽한 남편이자 여성육아해방을 지향한 과학자 중 한 명이 아닐까 하는 생각이 든다.

🔵 강화방법: 간격과 비율 방식

예시문 (3)은 스키너의 연구의 핵심내용 중 하나이다. 스키너는 강화의 일정(Schedule of Reinforcement)이라는 저서에서 쥐와 비둘기를 대상으로 한 실험에서 다양한 강화방식을 이용한 분석결과를 제시한다 (Ferster & Skinner, 1957). 강화방식은 고정비율(Fixed-ratio, FR), 변동비율(Variable-ratio, VR), 고정간격(Fixed-interval, FI), 변동간격(Variable-inverval, VI)의 네 가지 기본방법을 설정하고 있다. 그리고 이 네 방식을 다양하고 복잡하게 조합하여 실험을 시행한다. 조합의 경우는 복잡해서 일단 기본적인 네 방법(FR, VR, FI, VI)을 살펴보면 다음과 같다.

먼저 고정비율은 고정된 반응 비율, 예를 들어 고정된 수의 반응을 수행했을 때 주어지는 강화물이다. 예를 들어 10번 반응을 했을 때(예를 들자면 부리로 새가 벽을 10번 두들길 때)마다 1번의 보상을 줌으로써 강화를 유도해 내는 방식이다. 변동비율은 고정된 비율과 유사하지만 불규칙적으로 강화물이 주어지는 경우이다. 100번 중에 5번의 강화물을 고정비율로 줄 경우에는 20번의 반응에 1번씩의 강화물(보상)이 주어진다. 즉, 20번째 반응 이후, 그리고 40번째, 이와 같은 고정된 비율로 보상이 주어지는 것이 고정비율이라면 100번의 반응 중에서 아무 때나 5번의 보상이 주어지는 방식이 변동비율방식이다.

예를 들어서 대학에서 1,000만원의 학생 장학금 지급예산이 있다고 가정하자. 봉사활동 점수가 100점이 쌓이면 10만원씩 장학금을 주는 방식을 이용하고 학생마다 1,000점을 최대치로 상한점수를 정해 놓을 경우 장학금을 타고 싶은 학생은 봉사활동을 할 것이다. 100점을 쌓아서 10만원을 받고 끝내는 학생도 있을 테고 다음 100점을 더 쌓아서 10만원을 추가로 받는 학생도 있을 것이다. 이렇게 운용하는 방식이 고정비율방식이다. 이렇게 해서 선착순으로 최소 10명(열 명이 1,000점을 쌓아서 100만원씩 장학금을 타가는 경우)에서 많게는 100명(100명이 100점만 쌓아서 10만원씩만 받아가는 경우)에게까지 장학금을 지급할 수 있는데, 이러한 고정비율 방식의 장학금 지급제도를 이용해서 학생들의 봉사활동을 일정 정도 유도할 수가 있을 것이다.

그런데 만약 봉사점수를 100~400점을 적립한 학생 중에서 4명을 추첨해서 각각 50만원, 500~900점을 적립한 학생 중에서 추첨해서 100만원씩 3명, 그리고 1,000점 만점을 적립한 학생 중에서 1명을 추첨으로 뽑아서 500만원의 장학금을 주는 제도를 시행한다고 가정해 보자(총 예산 1,000만원에 딱 맞는다.). 이는 일종의 변동비율 강화방식으로 볼 수 있다. 비율에 따른 장학금이 주어지는데, 추첨 즉, 무작위의 변동성을 가진 방식으로 주어진다. 아마 고정비율방식보다 훨씬 많은 봉사활동이 이루어질 것이다. 스키너도 이러한 변동비율 방식이 인간의 행동을 지속하는 데 더 유용하다고 강조한다(스키너, 1971).

만약 학생 글짓기 대회를 교육부나 시도교육청에서 개최한다고 가정해보자. 참석자 모두가 일정 정도 이상의 시간을 투자하여 퀄리티가 있는 20쪽 이상의 문학작품(수필이라고 가정해보자)을 쓰면 상품권 1만원을 지급하는 글짓기 수상방식이 더 많은 참여를 유도할 것인가? 아니면 동상 10명에 50만원, 은상 5명에 100만원, 금상 2명에 200만원, 최우수상 1명을 선출해서 300만원을 지급하는 방식이 더 참여를 유도할 것인가? 본질적으로 이 두 운용방식을 분석해보면 전자는 고정비율방식이고 후자는 변동비율방식에 해당된다고 볼 수 있다. 아마 이 경우 후자인 변동비율방식이 효과적으로 글짓기 대회에 더 많은 참여를 이끌어 낼 것이다. 실제 대부분의 대회에서는 두 번째 방식을 취하고 있다.[3]

---

3 필자가 근무하는 대학 기획처에서 설문조사에 응답하면 응답자 중 100명을 '추첨'해서 별다방의 커피 디저트 세트를 제공한다는 문자가 온 적이 있다. 어떤 외부의 설문조사의 경우는 응답자 '모두'에게 소정의 상품(예를 들어 USB)을 제공한다는 문자도 오기도 했다. 누구나 받는 소정의 상품보다는 별다방의 커피와

다음으로 비율이 아니라 간격에 따른 보상지급방식인 고정간격과 변동간격 강화방식이 있다. 고정간격은 반응횟수에 따른 비율이 아니라 일정 시간 간격을 주고 보상을 지급하는 것이다. 예를 들어 20분에 보상을 1회 지급하는 방식으로 이는 반응의 횟수와는 무관하다. 20분에 2회를 지급할 경우 고정간격은 주기적으로 10분에 1회씩을 지급하는 방식을 의미하는 반면 변동간격은 아무 때나 무작위로 20분에 2번을 지급한다. 이러한 단순한 시간간격에 따른 보상제공은 행동의 유인과 강화를 어느 정도 유도하지만 비율방식에 비해서는 효과적이지 않다. 아주 간략한 사례로 2년이 지나면 고정간격으로 자동적으로 전문대학 학위가 주어진다고 가정해보자. 사실 현실도 이와 같긴 하다. 학생들은 2년이라는 시간을 그냥 잘 보내면 된다. 구체적으로 학점이 잘 나오는 것은 개의치 않게 된다.

스키너의 실험에 의하면 고정간격이나 변동간격 방식보다는 고정비율이나 변동비율 방식이 행동의 유도에 더 효과적이었다. 너무나도 당연한 실험결과로 보이는데, 인간의 행동도 이러한 비율에 의한 강화방식에 더 효과적으로 유도된다.

특히 고정비율방식은 경제학의 piece-rate-incentive와 유사한 개념인데, 우리 주변에 많은 제도로 나타나고 있다. 예를 들어 쇼핑몰에서 쓰는 신용카드의 1%가 현금으로 적립된다든가 하는 유인방식이 바로 고정 비율방식의 행동 강화이다. 요즘 어떤 가게에서는 10번을 방

디저트 세트에 당첨되기 위해서 열심히 응답한 기억이 난다. 필자는 당시 별다방 상품권에 당첨되지는 못했다. 이러한 추첨을 통한 별다방 커피와 디저트세트 지급 방식은 변동비율강화 방식이다. 스키너(1971)는 도박장에서의 슬롯머신이 일종의 이러한 변동비율방식으로 당첨되게 함으로서 인간의 도박행위를 지속시킨다고 말한다.

문하면 피자나 파스타 1개를 무료로 제공하기도 한다. 교육계의 사례를 살펴보면 대학에서는 교수들이 논문을 한편 쓸 때마다 일정 금액의 연구비가 제공된다든가, 초등학교에서 학생들이 과제를 잘 해 올 때마다 고정비율로 학생들에게 사탕을 주거나 하는 방법이 대표적일 것이다.

이러한 비율강화방식으로 볼 수 있는 독특한 장학제도가 필자가 근무하는 대학에 존재한다. 마일리지 제도라고, 학생들이 비교과 활동에 참여하면 참여도에 따라서 마일리지가 적립된다. 그 마일리지가 일정 정도 이상이 되어야 일단 졸업자격이 주어지고 있고 장학금이 누적된 마일리지에 비례해서 제공되기도 한다. 다소간 문제가 있어 보일지 모르지만(순수한 교육적 행동을 토큰으로 유도한다는 비판적 생각이 들 수도 있겠지만) 일단 주변 현실(교육계 포함)에 그만큼 이러한 고정비율방식, 변동비율방식 등에 근거한 스키너의 조작적 조건화 이론이 녹아있는 제도가 많이 존재하고 있다.

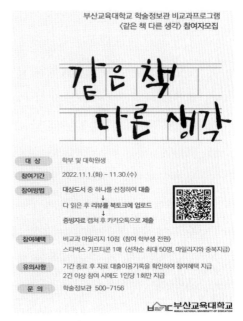

스키너의 강화 계획 이론에 근거한 비교과프로그램 행동 유도 포스터
책을 읽고 서평을 제출하면 마일리지 점수가 쌓이고 스타벅스 기프티콘 1매가 선착순으로 제공된다! 엄청난 유인방식이다.

월든 투: 행동주의 심리학으로 그려 낸 이상적 공동체

앞의 문제의 (5)번 선택지의 경우 "월든 투(Walden Two)"라는 소설을 스키너가 집필했다고 적고 있는데 제목을 보면 알겠지만, 월든이란 저서가 있을 것으로 추리해 볼 수 있다. "월든"은 스키너가 집필하지 않았다. 미국의 하버드 대학을 졸업한 화려한 문체와 필력을 가진 철학자이자 문학가인 소로(H. D. Thoreau)가 월든이라는 지역에서 자연 속의 삶을 추구하면서 저술한 수필이다.4 따라서 "월든 투"는 수필 형식으로 썼어야 월든과 매치가 되겠지만, 스키너는 심리학자가 되기 전 젊었을 때의 꿈은 소설가였기 때문에 소설을 집필했다. 스키너는 학부는 영문학과를 졸업했는데, 소설가로서의 자질이 없다는 걸 깨닫고 무엇을 할 것인지를 고민하다 심리학에 매력을 느껴서 20세기의 유명한 심리학자가 된 경우이다. 그런데 누구나 다 꿈을 버릴 수는 없을 것이다. 그래서 결국은 소설을 한 권 집필한 것이고 당시 인기가 있던 자연주의 에세이 월든에 'Two(2)'를 붙여서 소설 제목을 지었다.

"월든 투"의 주요 내용을 한 번 보자. 월든 투는 이상적인 공동체 사회이다. 이곳은 월든처럼 산골짜기 외진 곳에 위치해 있다. 주요 사회운영방식에 대한 내용을 보면 다음과 같다. 월든 투를 기획하고 운영하는 주인공(프레이저)의 설명을 보자.

---

4 아주 오래전에 샘터출판사에서 "숲속의 생활"이라는 제목으로 번역본이 나왔다. 그 이후 여러 번역본이 출간되었으며 식물에 대한 연구에 대한 책 등 소로의 여러 저서들이 번역되어 나와 있다. 식물에 관한 글은 수필이 아니라 연구물로 봐도 될 것 같다. 안타깝게도 소로는 자연생활을 하다가 폐렴에 걸려서 40대의 이른 나이에 타계했다. 정확히 보면 월든은 호수 이름이다.

"모든 상품과 서비스는 무료거든. 모든 사람들이 자기가 사용한 것에 대해서 일 년에 1,200점의 노동점수만 얻으면 다 지불한 셈이 되지. 즉 매 작업 일마다 4점씩을 얻으면 된다는 얘기야. 우리 공동사회의 필요에 따라서 그 가치를 변동시키고 있네. 1점에 두 시간 작업, 즉 하루를 여덟 시간으로 계산한다면 상당한 이익을 내며 운영할 수 있지. 그러나 우리는 이익도 손해도 없는 현상유지(하루에 4시간씩 총 4점을 획득)만으로도 만족하고 있네. 비록 어떤 노동자가 이익을 얻었다손 치더라도 그 이익은 좋다고 할 수 없지. 왜냐하면 과도한 작업으로 초래되는 피로와 긴장감은 그 어떤 보수로도 상쇄될 수 있는 게 아니니까 말일세. 현재에는 대략 1시간 노동에 1점을 주고 있지."(p.96)

"하수도 청소는 시간당 1.5 정도의 점수를 받지. 하수도 청소자는 하루에 두 시간 조금 더 일하면 되는 셈이지. 그보다 더 하기 쉬운 일은 0.7 내지 0.8 정도의 낮은 점수를 받고 있기 때문에 하루에 다섯 시간 혹은 그 이상 일을 해야 해. 꽃밭에서 일하는 것은 0.1 정도의 매우 낮은 점수를 받는데도 자원하는 사람이 많지. 사실 노동점수가 공정히 배정되지 않으면 모든 사람이 자기가 좋아하는 일만 하려는 현상이 나타나게 되니, 노동점수를 재조정할 수밖에 없지. 어떤 일이 기피되는 것 같으면 때때로 그 일에다 높은 점수를 배정하지."(p.97)

그 밖의 월든 투의 사회구조를 보면 기획위원회가 있어서 해당 월든 투를 이끌어 나가는데, 이들은 최고의 전문가로서 여자 3인, 남자 3인으로 구성된다. 전체 월든 투는 약 1,000여 명이 살고 있는 자유적 협동 공동체이다. 단, 6명의 기획위원을 민주적인 투표 - 다수결원칙에 근거해서 선출하지는 않는데, 고도의 전문가로서 가장 뛰어난 인재가 도제방식으로 키워지고 차기 기획위원으로 일을 이어나가게 된다. 기획위원의 임기는 10년 단임제이다. 그리고 외부 사회와 물물을 교환하는 등 월든 투가 연속성을 갖고 번영해 나가기 위해서 교류하기도 한다. 최첨단 실험을 실시하여 농업생산력을 높이려고 노력하며, 제반 노동은 다양한 기계를 도입하여 불필요한 노동은 최소화한다. 예를 들어 식당의 경우도 급식체계를 갖추어서 천 명이 모두 급식실에서 식사를 하는데 설거지 기계를 도입해서 소수의 인원으로 설거지를 해 낸다. 또한 공동집단육아를 통해 여성이 육아로부터 자유로워진다. 마치 최근 현대사회에 등장하는 고급 실버타운이 연상되기도 한다. 물론 실버타운은 노동을 해서 점수를 채울 필요는 없고 돈만 내면 된다.

기본적인 사회 운영 방식은 이러한데, 여기까지는 괜찮아 보이기도 한다. 다르긴 하지만 뭔가 실험적인 운영이라는 면에서는 최근 한국에서 히트 친 '세금 내는 아이들'을 연상시키기도 한다. 월든 투에서는 점수가 화폐역할을 대신한다. 그렇다면 월든 투에서는 아이들을 어떻게 교육시킬까? 먼저 훈육사례인데 충격적인 예시가 제시된다. 아이들이 불필요한 질투의 감정을 키우지 않도록, 자기절제력을 키우도록 훈육시킨다. 절제력의 경우, 예를 들어 불량식품(사탕)을 먹지 않도록 다음과 같이 훈육시킨다고 한다.

"우리의 모든 윤리적 훈련은 6살이면 완결됩니다. 유혹을 시야로부터 없애는 것과 같은 간단한 원리는 네 살 전에도 습득될 수 있죠. 우리는 일단 아이들에게 사탕을 지켜보고 있는 그들 자신의 행동에 대하여 음미하도록 합니다. 이것이 그들로 하여금 자기통제의 필요성을 인식하도록 해 주지요.

그런 다음 사탕을 숨기고, 아이들에게 만족감이 더해지거나 긴장이 줄어드는가를 주의해 보라고 말해줍니다. 그 다음엔 재미있는 놀이 같은 것을 시켜서 사탕에 대한 집착을 흩트려 놓죠. 그 후에 아이들이 다시 사탕을 생각토록 하고 자신의 반응을 스스로 확인해 보도록 하죠. 이렇게 하루쯤 반복하면 아이들이 자기가 사탕을 버리게 됩니다. 나중의 실험에서는 아이들은 사탕을 십자가처럼 목에 몇 시간 달게 됩니다. 그리고 다른 재미있는 놀이를 하면서 사탕을 잊는 것입니다. 그런 방식으로 자신을 통제하는 법을 배우지요."(pp.170~171)

이 훈육방법에 대한 이야기를 듣자 차라리 고문대에 올려놓는 편이 낫겠다고 월든 투를 방문한 철학자가 비판적으로 말을 한다.[5] 과연 이러한 훈육방식은 절제력을 키울 수 있을까? 필자는 어렸을 때 나이키 운동화가 너무나도 갖고 싶은 적이 있었다. 그러나 소위 보세신발을 어머님께서는 사 주셨는데, 그때의 명품 신발에 대한 갈망이 여전히 남아 있어서 운동화는 나이키만 신고 싶은 욕구가 늘 남아 있다. 그래서 재정적 여유가 어느 정도 생긴 지금은 나이키 운동화를 주로 사서 신게

---

[5] "월든 투"의 이 훈육 예시를 보면 마시멜로 실험 연구가 연상된다. 1970년 스탠포드 대학의 월터 미셸(Walter Mischel)은 눈앞에 놓인 마시멜로를 일정 시간 이상 먹지 않고 참으면 하나를 더 주겠다는 연구(만족 지연 연구)를 했다. 인내심을 가지고 참은 아이는 향후 종단 연구에서 성취도와 임금 등이 더 높게 나왔다고 한다. 그러나 이 연구에 대해서 사회경제적 배경이 의지력보다는 성취도와 임금에 더 영향을 주었다는 비판도 있었다. 월터 미셸 교수가 1948년도에 발간된 스키너의 "월든 투"를 읽었는지는 알 수 없지만 그가 흥미로운 연구를 한 건 사실이다. 유아시기의 인내력에 대한 교육적 고민을 여러 학자들이 했음을 일단 알 수 있다. 워낙 여러 요인들이 많아서 이러한 인내심 키우기 훈련이 과연 얼마나 아이들의 인생에서 긍정적으로 작용할지에 대해서 과학적으로 입증하기는 쉽지 않다. 그러나 인내력을 키우기 위한 훈련을 중상위계층에서 선호하는 것은 아마도 사실일 것이다.

된다. 물론 주변에서 멋진 운동화가 늘 광고를 통해서 필자를 자극하기 때문일 수도 있다. 아마 스키너는 그러한 현재의 자극적 환경이 존재하기 때문에 필자가 나이키 운동화를 사서 신는 것이라고 말할 것이다.

한편 월든 투에서의 학교교육은 다소간 자유롭다. 완전히 무학년제에다가 자율적 학습체계를 운영하고 있다. 서머힐의 자유학교(서머힐스쿨)와 유사하다.

"월든 투에서는 학교는 가정이며 가정은 곧 학교라고 할 수 있어요. 우리는 최상의 교육방법을 채택하면서 동시에 불필요한 교육행정기구를 없앨수가 있습니다. 우리는 학년을 필요로 하지 않습니다. 독해수업에서는 4학년이지만 수학은 6학년일 수 있습니다. 학년이란 발달과정의 본질을 해치는 하나의 행정적 고안물입니다. 우리는 모든 아이들에게 똑같은 능력이나 기술을 개발하도록 강요하지도 않을 뿐더러 어떤 특정한 유형의 교과과정을 주장하지도 않습니다. 교육 중의 상당 부분이 작업실, 실험실, 또는 야외에서 이루어집니다 … (중략) … 그 밖의 것은 도서관과 실험실에서 스스로 터득하고 있습니다. 해부학은 도살장에서, 식물학은 광야에서, 유전학은 낙농장과 양계장에서, 화학은 병원과 부엌과 낙농실험실에서 가르치고 있습니다."(pp.185~188에서 일부 발췌)

월든 투에서는 학위증이 존재하지 않는다. 평가나 규격화된 교육제도는 존재하지 않는다. 학년구분도 존재하지 않는다. 다만 학생들의 지적역량에 따른 자발적 교육과정과 배움이 존재한다. 교사는 가이드의 역할을 하는데, 따라서 많은 수의 교사가 필요하지 않다고 언급한다. 우리는 단지 학습과 사고의 기술만을 가르친다는 언급을 보면 요즘 역량중심 교육과정이 떠오르는데, 아주 이상적인 진보주의 교육의 모습이라고 볼 수 있다.

한편 월든 투에서는 대학교육기관도 존재하지 않는데 다만 핵심 기술과 방법을 가르치고 현장과 도서관 등에서 자발적 집중 학습과 실습을 통해서 대학교육과정을 공부하는 것으로 묘사되고 있다. 사실 이러한 이상적인 교육의 모습은 나중에 볼 존 듀이의 생각과 거의 동일하다.[6] 어쩌면 서머힐의 자유학교도 큰 취지에서는 스키너가 그린 월든 투와 거의 유사한 학교모습을 구현하려는 시도이다.

근본적인 행동주의 심리학의 교육에 대한 시각 혹은 철학은 월든 투에서 제시되는 환경에 관한 강조에서 잘 드러난다. 월든 투에서는 성격, 기질, 동기, 이러한 인간의 내적 요소는 그 자체로서는 공상적인 것일 수 있다고 언급된다. 측정하기 어려운 보이지 않는 기질보다는 측정 가능한 행동을 분석해야 한다는 것이다. 월든 투의 설계자인 소설 주인공 프레이저(사실상 스키너 본인)는 다음과 같이 외친다.

"어떠한 환경이 수학적 머리를 갖게 하는지 우리는 알고 있나? 음악적 자질을 키워 주는 환경에 대해서는? 우리는 거의 아무것도 모르네! 이런 것들을 우연이라든지 유전의 탓으로 돌렸었지. 나는 좀 더 낙관적인 견해를 갖고 있네. 우리는 효과적인 행동을 분석할 수 있으며, 우리 젊은이들의 바람직한 행동이 어떻게 조성될 수 있는지를 발견하는 실험을 설계할 수 있다네… 지금은 미숙해 보일지는 몰라도 우리는 시작을 해야만 하네!"(p.404)

---

6 차후에 9장에서 소개되는 존 듀이가 시도한 시카고 대학 부설 실험학교의 초창기에 이러한 이상적인 교육과정이 시도된 바가 있다. 무학년제와 경험중심교육과정이 바로 그것인데, 현실적으로는 지속성을 갖지 못하였다. 실패했다고 평가할 수도 있다.

스키너는 환경과 조건을 강조한다. 조작적 조건화를 정교하게 연구하면 인간의 바람직한 행동을 유도해 낼 수 있으며 사회문제를 해결해 낼 수 있다고 본다. 스키너는 유전과 우연을 탓하면 안 된다고 주장한다(물론 유전과 우연을 무시하지는 않는다). 국가 간의 전쟁도, 전쟁을 하지 않아도 되는 조건을 만들어 내는 것이 중요하다고 말한다. 스키너의 "월든 투"에서의 학교교육의 이상적 모습은 사실 거대한 공교육체제에서는 구현되기 어려울 수도 있다. 1천 명 정도가 공동체를 이루고 있는 월든 투에서는 가능할지도 모른다.

월든 투의 이상적 사회에서는 불필요한 노동을 최소화하고 가급적 효과적인 생활을 구현하는 것이 중요하다. 스키너는 이러한 이상을 교육분야에서 구현하기 위한 최첨단 시도를 시행한다. 그것은 바로 티칭 머신(Teaching Machine, 교수 기계)의 개발이다. "월든 투"의 주인공으로 변신하여 주장한 바대로 "미숙해 보일지 몰라도 우리는 시작을 해야만 하네!"라는 외침은 티칭 머신 개발로 이어진다고 볼 수 있다.

🔵 교육에서의 공학 적용의 필요성에 대한 주장과 티칭 머신의 개발

1950년대는 스키너의 자녀들이 초·중등학교를 다니는 시기였다. 스키너는 이 시기에 초·중등학교교육(물론 고등교육도 포함되긴 하지만)에 행동주의 연구를 적용하는 논문을 발표한다. 교육에 대한 관심을 갖게 된 계기는 자녀의 학교에 방문하면서 이루어졌다. 교사는 많은 총명한 아이들을 앞에 두고 너무 고리타분하게 수업을 하고 있었다. '도대체 왜 이렇게 교육을 교실에서 수공업적으로밖에 하지 못하는가?'라는 문제의식을 가진다.

이러한 문제의식에서 스키너는 1954년도에 하버드 교육 학술지에 학습 관련 논문을 발표하고, 1958년도에는 '티칭 머신'이라는 논문을 사이언스지에 발표한다(스키너, 1954; 1958). 그리고 행동주의 심리학 연구를 교육현장에 적용하기 위한 노력이 담긴 기존의 논문들과 강연을 모아서 "교육공학(The Technology of Teaching)"이란 제목의 책을 발간한다(스키너, 1968).

일단 1958년도의 '티칭 머신' 논문을 읽어 보니 교수방법이 최근 스마트폰 교육앱에서 제공하는 것과 거의 동일해서 놀라지 않을 수 없었다. 그래서 스키너가 발간한 1968년도의 "교육공학"을 읽어봐야겠다고 생각했다. 혹시 번역본이 있는지를 찾아보았는데 필자가 근무하는 대학 도서관에 한자로 된, 스키너가 저술한 바로 그 "敎育工學" 책을 찾을 수 있었다. "와우!" 하고 외치고 책을 빌렸는데 책 제목 밑에 일본어(번역자 이름)가 있었다. "이런!" 일본어로 번역된 일본에서 발간된 책이었다. 한글 번역본은 없었다. 상호대차서비스를 통해서 타 대학 도서관에서 영어 원서를 빌릴 수는 있었다.

그런데 기술의 발달로 인해 스마트폰의 번역기 앱을 사용해서 일본어판을 한글로 번역해서 읽어 보면 어떨까 하는 생각이 문득 들었다. 일본어와 한국어는 어순도 같아서 번역이 잘 된다고 들었었다. 실제 과거 2017년도에 일본 학교에 방문한 적이 있었는데 일본학교 선생님께서 스마트폰의 번역/통역 앱인 파파고를 이용해서 가이드를 해 주었는데 통역가가 필요없었다. 파파고를 이용해서 일본 학교 교사와 원활한 대화가 가능했던 기억이 났다.

필자가 근무하는 대학의 예비교사인 학부생에게 스마트폰 앱을 이용해서 번역해 달라고 부탁했다. 그리고 부탁한 지 1주일 만에 일본어를 한글로 변환한(번역한) 약 300페이지의 스키너의 한글판 교육공학 PDF 파일을 받았다. 뜻이 모호한 문장도 있었지만, 대략 80~90% 정도는 이해할 수 있는 문장으로, 그 나름으로 훌륭했다. 최첨단 인공지능 번역기를 이용해서 일본어를 한글로 번역해 준 김민지 학생에게 너무 고맙다. 훌륭한 역량을 갖춘 초등교사가 될 것이라고 믿으며, 나중에 학부 시절에 이상한 교수가 번역 앱을 사용해야 하는 일을 시키는 바람에 번역 앱을 잘 다루게 되었고, 관련 AI−디지털 역량을 증진시켰다고 긍정적으로 생각해 주길 바라는 마음이다.

스키너가 제안한 티칭 머신은 요즘으로 보면 학습 앱으로 많이 구현된 학습내용을 제공하는 현재의 컴퓨터와 유사한 기계로 볼 수 있다. 하지만 기계(도구)와 더불어 콘텐츠(내용)도 중요하다. 스키너는 교육내용 제공에서 선다형 문제보다는 주관식 문제가 더 적절하다고 제안하고 있다. 선다형 문제는 앞에서도 언급했다시피 선택지를 꼬아서 만드는 경우가 있어서 실질적인 학습에 부정적인 영향을 주고 학생들의 학습방식을 왜곡된 방향으로 유도하는 비교육적인 측면이 있다고 스키너는 말한다(스키너, 1958). 그래서 주관식 혹은 서술식 답을 적으면 다음 문제로 넘어가는 방식의 교육 프로그램 프레임 세트를 개발한다. 예를 들어 언어−어휘력 학습의 경우 스키너가 제시한 사례는 다음과 같다(스키너, 1958).

⟨표 5−2⟩에서 1~6의 과정이 티칭 머신의 조그만 창문(Window. 스키너가 언급한 이 '윈도우'라는 단어를 본 순간 마이크로소프트의 윈도우 프로그램이 떠올랐다!)에 하나씩 순차적으로 제시되면 학생들은 문장을 읽고 빈칸에 글자를 적어 나간다. 이러한 과정을 거치면서 자연스럽게 'manufacture'라는 단어를 학습하게 된다. 교사는 옆에서 학생을 돕거

▶ 표 5-2 초등학교 3~4학년에게 'Manufacture'라는 단어를 가르치기 위한 프레임 세트

1. **Manufacture** means to make or build.
   Chair factories manufacture chairs. Copy the word here :

   ☐☐☐☐☐☐☐☐☐☐☐

2. Part of the word is like part of the word **factory**.
   Both parts come from an old word meaning *make* or *build.*

   manu☐☐☐☐ure

3. Part of the word is like part of the word **manual**. Both parts come from an old word for hand. Many things used to be made by hand

   ☐☐☐☐facture

4. The same letter goes in both spaces:
   m☐nuf☐cture

5. The same letter goes in both spaces:
   man☐fact☐re

6. Chair factories chairs.

   ☐☐☐☐☐☐☐☐☐☐☐

출처: 스키너(1958).

나 초반에 'manufacture'에 대해서 이해를 돕기 위한 간략한 가이드, 학습촉진자 역할만 하면 된다. 요즘 교육계에서 많이 들어 본 교사의 역할이다.

물리학 내용에 대한 학습도 마찬가지며 문학에서 시를 암송하거나 수학을 배울 때에도 티칭 머신이 교사의 역할을 할 수 있다. 수학의 경우를 예로 들면 〈표 5-3〉과 같다.

이러한 산수(arithmetic) 학습 내용을 티칭 머신이 각 번호대로 각 줄마다 순차적으로 제시하면 학생이 답을 적게 된다. 학생이 적은 답이 정답이면 다음 단계로 넘어가게 되고 오답일 경우는 넘어가지 않는다. 티칭 머신에 이러한 교육프로그램이 내재된 레코드 테이프를 넣어

▶▶ 표 5-3 초등학교 산수 문제 학습 프로그램 프레임 예시

초등학교 1학년 산수 학습 프로그램 예시	초등학교 2학년 곱셈 학습 프로그램 예시
1. 다음 빈 칸에 알맞은 수를 구하시오. $4 + 5 = \square$	1. 다음 9 곱하기 2를 계산해서 빈칸에 알맞은 숫자를 적어 넣으시오. 9 곱하기 2는 9가 두 개가 있음을 뜻합니다. 즉, 9+9를 말합니다. $9 \times 2 = \square\square$
2. 다음 빈 칸에 알맞은 수를 구하시오. $4 + \square = 9$	2. 다음 9 곱하기 3을 계산해서 빈칸에 알맞은 숫자를 적어 넣으시오. 9 곱하기 3은 9가 세 개가 있음을 뜻합니다. 즉, 9+9+9를 말합니다. $9 \times 3 = \square\square$
3. 다음 빈 칸에 알맞은 수를 구하시오. $5 + \square = 9$	3. 다음 빈칸에 알맞은 숫자를 적어 넣으시오. 9곱하기 10은 9가 열 개가 있음을 뜻합니다. 10개의 9를 모두 더해 보세요. $9 \times 10 = \square\square$
4. 다음 빈 칸에 알맞은 수를 구하시오. $9 - \square = 5$ $9 - \square = 4$ $9 - \square = 3$ $9 - \square = 2$ $9 - \square = 1$	4. 다음 빈칸에 알맞은 숫자를 적어 넣으시오. (9곱하기 9는 9가 열 개가 있는 값보다 9가 더 적습니다) $9 \times 9 = 90-\square = \square\square$ $9 \times 8 = 81-\square = \square\square$ $9 \times 7 = 72-\square = \square\square$ $9 \times 6 = 63-\square = \square\square$

주: 스키너(1958, p.972)에서 제안된 내용을 바탕으로 필자가 예시로 만들어 봄. 실제 스키너가 다른 교수들과 개발한 티칭 머신에서 제공되는 프로그램은 다를 수 있음.

서 학생이 다음 단계로 넘기기 위해서는 스위치(혹은 레버)를 돌려야 한다. 지금 보면 정말 투박해 보이기도 하는 티칭 머신이지만 당시로서는 그 나름으로 최첨단이다. 이러한 교육 프로그램을 기계나 컴퓨터에 구현하게 되면 학생들은 다양하고 훌륭한 배움을 이룰 수 있다. 현재의 AI 학습 역시 이와 유사한 교육콘텐츠를 만들어서 학생들을 학습시키고 있다.

　티칭 머신의 장점을 스키너는 5가지로 설명한다. 먼저 일반적인 강의나 교과서와 달리 학생들이 지속적으로 교육활동을 하도록 유도한다. 즉, 앞의 예시처럼 문장을 '읽어 보고' '풀어 보고' '연습하는' 것을 '지속적으로' 유도한다. 두 번째로 이 티칭머신은 훌륭한 '개인 가정교사'처럼 교육프레임 단계별로 학생이 정확한 내용을 파악하고 다음 단계로 나아가도록 도와준다. 이는 일반적인 강의나 교과서 등을 통한 학교교육에서 학생들의 개별적인 학습현황을 잘 점검하지 못하고 그냥 대충 넘어가는 것과는 다른 '맞춤형' 교육이다. 세 번째로는 좋은 개인 가정교사처럼 티칭 머신은 학생이 '바로 그 순간'에 학습준비가 된 교육내용을 제공한다는 것이다. 바로 티칭 머신 앞에 앉은 그 시간에 학생들에게 가장 필요한 교육내용이 준비되어 있을 것이다.

　네 번째로는 역량이 뛰어난 가정교사처럼 학생들이 정확한 정답을 이해할 수 있도록 도와준다. '힌트'나 '제안', '추론' 등을 적절히 제공하기도 하며 개념에 대한 회상(reflection)이나 흡수(absorption), 전이(transmission) 등 다양한 학습 방법이 구현 혹은 유도되는 '단계적으로 잘 정리된 구조(construction)'에 근거한 교육내용이 제공된다. 스키너는 구조주의 교육의 중요성을 이야기한 브루너(Bruner, 1960)와 유사한 주장을 하고 있다. 마지막으로 티칭 머신은 개인 가정교사처럼 학생들이 각각의 정확한 정답을 풀 때마다 '즉각적인 피드백'을 제공함으로써 학생들의 '흥미를 유지'시키고 '학습행동을 유도'하고(shaping) '강화'(reinforcement)시킨다. 스키너는 학습과 관련해서 'shaping'이라는 표현을 쓰는데, 행동을 점차적으로 유도해 나가는 과정을 의미한다. 예를 들어 실험에서 동물이 A라는 곳으로 가게 교육시키기 위해서 중간 중간 단계로 이동하도록 유도하는 것(일종의 교육/학습)을 shaping이라고 말한다.

'유도(shaping)'가 나온 김에 일화를 이야기하자면, 스키너가 첫째 딸이 어렸을 때 인형을 끌어안고 자는 습관을 없애기 위해서 이러한 유도방식을 사용했다(유아들이 인형을 끌어안아야 잠을 잘 수 있는 습관이 들면 발달학적으로 안 좋다고 한다. 일종의 인형 의존증이 생겨서 독립심이 부족해지고 정서적으로도 좋지 않다고 한다). 맨 처음에는 딸의 침대 바로 옆에 딸이 얼굴을 돌리면 인형이 코에 닿을 거리에 조그만 책상을 갖다 두고 그 위에 인형을 두었다. 그리고 하루하루 그 책상을 몇 센티미터씩 침대에서 멀어지게 했다. 어느 순간엔가 먼 곳에 인형이 떨어져 있게 되었고, 첫째 딸은 인형 없이도 혼자서 독립적으로 잠을 잘 수 있게 되었다고 한다.[7]

다시 티칭 머신에 대한 이야기로 돌아가도록 하자. 티칭 머신은 현실의 여러 학교교육의 문제를 해결하는 데 도움을 준다. 교사들의 경우 학생들의 답안지를 거두어서 채점해서 하루 뒤에 혹은 며칠 후에 나눠주는 경우가 많다. 이 경우는 학생들이 자신이 푼 문제에 대한 피드백을 곧장 받지 못함으로써 실질적인 학습이 이루어지지 못하게 된다. 학생이 제대로 배우고 있는지를 점검하며 개별 맞춤형 교육을 하기에는 어려움이 있다. 하지만 학교현장에서 티칭 머신을 사용하면 이러한 한계를 극복할 수 있다. 티칭 머신을 학생들이 돌아가면서 이용하게 도서

---

7 스키너의 첫째 딸, Dr. Julie Vargas의 강연 "B.F. 스키너: 나의 아버지" 2021. 4. 22. Centre for Behaviour Analysis, Queens University Belfast. World Behavior Analysis Day 2021 (WBAD). https://www.youtube.com/watch?v=VWhn9cdB Pbs. 반드시 이 강연을 유튜브에서 보길 추천한다. 이 글 말미에서 소개할 디아블리토 이야기는 이 동영상에서 나온 스토리이다.

관에 설치해 두어도 되고, 교사가 학생들 각자의 현황을 파악하고 촉진하고 도와주는 보조적 역할을 티칭 머신이 하면 된다. 일부의 우려와는 달리 이러한 티칭 머신이 현장에 도입됨으로 인해서 교사의 역할이 사라지지는 않는다.

한편 이러한 티칭 머신의 프로그램 콘텐츠 제작과정에서 관련 분야 최고 전문가들의 참여를 유도할 수 있다. 스키너는 다음과 같이 강조한다.

"초등학교 학생들의 입문서에 해당하는 수학 교과서 내용을 세계 최고의 수학자에게 만들어 달라고 부탁하기는 어렵습니다. 예를 들어 평균적인 초등학교 2학년 학생들을 위한 평균적인 수학내용일 경우에는 더욱 그렇습니다. 그렇지만 이러한 티칭머신의 프로그램은 (수학영재들까지 대상으로 한) 여러 수준의 프레임이 포함될 수 있습니다. 따라서 최고의 수학자들에게 수학적 사고의 본질에 기반한 깊이 있는 사고를 학생들에게 유도하는 (그리고 학생들을 잘 가르칠 수 있는) 프레임에 따른 교육프로그램을 만들어달라고 요청할 수 있습니다."(스키너, 1958)

세계 최고의 학자들과 함께 진정한 티칭 머신을 만들어 볼 수 있다는 것이다. 한편 스키너는 티칭 머신의 프로그램에 대한 평가가 다음과 같은 기준에 따라 이루어진다고 말한다.

"과연 티칭 머신이 제공하는 훌륭한 교육 프로그램이 단지 예술로 남을 것인지 아니면 과학기술(Scientific Technology)이 될 것인지에 대한 판단에 있어서는, 결국 최종적인 판단의 '**권위자는 학생**'이 될 것입니다. 어떤 프레임이 잘못된 학생의 반응만을 유도하는지, 그러한 여러 시도에 따른 결과 분석은 프레임의 수정과 시퀀스 증감 등을 할 수 있게 해 줄 것입니다. 기존의 교과서나 강의 내용의 경우에는 학생의 피드백에 따라서 곧바로 수정하기 어렵습니다. 그러나 티칭 머신은 몇 명의 학생들로부터의 피드백에 따라서 관련 프레임과 교육프로그램이 프로그래머에 의해서 즉각적으로 크게 개선되어서 제공될 것입니다"(스키너, 1958)

책으로 된 교과서는 수정하려면 아마 몇 년은 걸릴 것이다. 수업시간에 교사가 이미 구두로 수업한 내용은 되담을 수 없다. 예를 들면 나중에 수업시간에 교사가 "지난 시간에 설명한 것에 문제가 있었는데, 다르게 이해해 주면 좋겠다."라고 정정할 수는 있겠지만 교육적 효과가 크지 않다. 학생들은 혼란스러울 것이고 지난 시간의 설명 내용은 머릿속의 지우개처럼 사라질 가능성이 높다.

그러나 티칭 머신의 경우, 제공하는 교육프로그램이 학생에게 좋은 교육을 시키고 있는지를 '학생 중심', 아니 더 정확히 표현하면 최종적인 판단의 '권위자'로서 학생을 바라보며 학생의 응답 내용에 근거하여 즉각적으로 프로그램을 수정, 보완하여 새롭게 학생 중심의 교육콘텐츠를 제공한다. 듀이 등 진보주의 교육철학자들이 말하는 학생중심 교육이 철저하게 구현되고 있는 교육을 바로 티칭 머신이 해 낸다는 것이다. 다음 페이지 사진은 스키너가 개발한 티칭 머신들이다.

사실 요즘엔 강의동영상도 만들어서 인터넷에 올리면 전 세계의 학생들이 다 공부할 수가 있다. 첨단 학습 앱을 통한 학습도 가능한데 이러한 교육용 앱의 콘텐츠는 대부분 스키너가 제안한 티칭머신의 교

초기모형(왼편)에서 점차적으로(오른편) 발전되어 가는 티칭 머신
요즘은 앱에 설치된 교육프로그램으로 공부하면 된다. 거의 유사한 교수법이다.
출처: 스키너(1968).

육프레임 프로그램과 유사하다. 만약 스키너가 지금도 살아 있다면, 이제 과거의 거대한 티칭 머신 대신에 손바닥만한 크기의 스마트폰으로 충분히 개별화 교육이 가능할 것이라고 기뻐했을 것이다. 이러한 과학 기술을 적극적으로 이용해서 교육을 변화시키자고, 스마트폰 티칭 앱을 이용하자고 외칠 것이다. 아마 본인의 강의 내용 혹은 여러 강연들을 다 녹화해서 유튜브에 올렸을 것이다(다만, 하버드 대학본부에서는 이러한 무료 공개 강의를 '많이' 제공하는 것을 싫어할 수도 있다).

🌐 에피소드 1: 체벌을 반대한 아버지

스키너에겐 딸이 두 명이 있는데, 첫째 딸은 아버지의 뒤를 따라서 심리학자가 되었다. 그리고 둘째 딸은 유명한 예술작가가 되었다. 첫째 딸은 교육심리학 관련 책도 저술했으며 2023년도 기준으로 팔순이 넘은 나이가 되었다. 스키너의 큰딸의 이름은 Julie Vagars이다. 코로나19 시기인 2021년도에 아일랜드의 한 대학에서 주최한 강연에서 아버지 스키너에 대한 특별강연을 하였다. 유튜브에 관련 동영상이 올라와 있다.[8] 그녀는 강연에서 잊지 못할 아버지와의 수많은 추억을 들려준다.

한 번은 스키너의 첫째 딸이 초등학교 입학 전 어렸을 때 옆집 친구와 동네를 탐구하러 막 뛰어다니다가 길을 잃었는데, 우여곡절 끝에 집에 돌아왔을 때 옆집 친구는 친구의 아버지에게 체벌을 당했지만(얻어맞았지만) 본인의 아버지(스키너)는 집에 잘 돌아왔다고 따뜻하게 안아 주었다고 한다. 최첨단 아기 돌봄 가구에서 자란 관계로 감기 한 번 안걸리고 건강했던 둘째 딸 역시 옆집 친구(앞의 언니의 친구가 아닌 다른 친구다)와 뛰어놀다가 길을 잃어버리고 우여곡절 끝에 집에 돌아온 적이 있었는데, 역시나 옆집 친구는 부모에게 체벌을 받았지만, 아버지는 집에 잘 찾아 돌아왔다고 따뜻하게 안아 주었다고 한다. 그 이후 절대로 집을 찾지 못할 곳으로 멀리 뛰어다니면서 놀지는 않았다고 한다. 스키너는 체벌이 절대로 긍정적 행동을 이끌지 못한다고 주장한 심리학자이다. 몸소 체벌금지를 실천한 학자로 볼 수 있다.

필자가 가장 감명 깊게 들은 이야기는 다음의 새매(sparrowhawk) 이야기이다.

🌀 에피소드 2: 작은 악마 디아블리토(Diablito) 이야기

어느 가을날이었다. 스키너 가족이 살던 집 앞 공사장에 조그만 새매가 빠져서 공사물질인 타르(tar)가 날개에 묻었고 다쳐서 곧 죽게 될 처지에 놓였다. 집으로 가다가 허우적대는 매를 발견한 스키너의 큰딸은 그 매를 구해서 집으로 안고 들어왔다. 아버지에게 이 작은 매를 살려 달라고 외쳤고, 스키너는 고약한 냄새가 나는 알코올 같은 약품을 이용해서 타르를 제거하고 치료한 뒤, 새장을 만들어서 큰딸이 자기 방

---

8 https://www.youtube.com/watch?v=VWhn9cdBPbs. 앞의 주 11) 참조.

에서 매를 돌보도록 했다. 당시 치료할 때 새매는 스키너의 손을 부리로 쪼았는데 스키너의 손등에서 피가 흘러내렸다.

"You little devil!" 스키너가 그렇게 무조건반사적으로 외쳤고 큰딸은 아버지의 외침을 따라 그 매의 이름을 스페인어로 '작은 악마'란 뜻을 가진 'Diablito(디아블리토)'라고 지어줬다.

디아블리토는 방안의 새장에서 서서히 상처에서 회복되고 있었다. 그러던 어느 날 스키너는 가죽 장갑을 끼고 디아블리토를 길들여 보라고 큰딸에게 말해 주었다. 명심해야 할 점은 동물을 길들이는 것은 매우 어렵고 인내심을 가져야 한다는 것이라고 말했다. 큰딸은 가죽 장갑을 끼고 계란(오믈렛)이 든 버거를 손에 쥐고 새장 문을 열었다. 한참이 지난 후에 디아블리토는 큰 딸의 손 위에 앉아서 계란버거를 먹었다. 그리고 난 후에는 경계심을 풀고 늘 스키너의 큰 딸의 손 위에 날아와 앉아 있었다. 스키너의 큰 딸은 디아블리토를 길들이게 되었고 자신의 손 위에 앉히고는 집안을 돌아다닐 수 있었다. 디아블리토는 다른 사람 근처에는 절대로 가지 않았고 늘 스키너의 큰딸 곁에만 있었다. "유 리틀 데빌!"이라고 외쳐서 그랬는지 몰라도 당연히 스키너 옆에도 절대로 가지 않았다. 마치 해리 포터의 부엉이처럼 곁에 있었다.

가을이 지나고 겨울 내내 스키너의 큰딸은 디아블리토를 보살폈다. 봄이 되자 디아블리토는 완전히 건강해졌고, 자연으로 돌려보내야 하는 시기가 왔다. 매의 야생성을 키우기 위해서 혹은 야생성이 있는지를 확인하기 위해서 스키너는 하버드 대학 연구실에서 생쥐 한 마리를 갖고 와서 사냥 훈련을 시켰다. 스키너의 큰딸의 방에 디아블리토와 생쥐만을 두고 문을 닫고 한두 시간 후에 다시 문을 열었다. 쥐는 흔적도 없이 방에서 사라졌다. 방은 먼지 하나 없이 깨끗했다. 디아블리토는 야생성이 충분히 살아있음을 확인시켜 줬다. 이젠 자연으로 돌려보내 줘도 되었다.

따뜻한 봄날 스키너와 큰 딸은 디아블리토를 새장에 넣어서 뒷동산에 함께 나갔다. 헤어지기 싫은 마음을 알고 있는 아버지는 시간을 지체하지 않고 곧장 새장의 문을 열어 주었다. 이 상황이 영화의 한 장면이었다면,

"새장 문을 열자 디아블리토는 스키너의 큰딸의 머리 위를 몇 바퀴 돌고 헤어지는 것이 아쉬운 듯, 그리고 돌봐주어서 고맙다는 눈빛으로 쳐다본 후, 서서히 숲 속을 향해 활개를 펴고 날아갔다."

로 끝날 것이다. 진정한 해피엔딩으로……

그러나 현실은 영화(특히 디즈니 영화)와 너무나 다르다. 새장 문을 열자 디아블리토는 그냥 뒤도 돌아보지 않고 순식간에 멀리멀리 날아가 시야에서 흔적도 없이 사라져 버렸다. 스키너의 큰 딸에게 돌봐 주어서 고맙다는 인사 한마디(제스처) 없이. 영어로는 브로큰 하트(Broken Heart). 스키너의 큰딸은 심장이 깨지는 듯한 상처를 입었다. 바로 그 순간 스키너는 딸을 감싸 안으며 말했다.

"줄리 버그가 아주 아주 현명해. 다시 사람 근처에 접근했다가는 사람의 총에 죽을지도 모르는 거란다. 줄리 버그가 그걸 알고 있는 거지. 얘야, 너도 줄리 버그가 사람 근처에 다가갔다가 죽길 원하는 건 아니지? 야생에 머물러 있어야 안전하게 행복하게 잘살 수 있을 거란다."

스키너는 디아블리토를 평상시 큰딸 이름(줄리)에 '버그'를 붙여서, '줄리 버그(Bug)'라고 자기만의 다른 이름으로 불렀다. 아버지의 이 위로의 말에 그나마 깨진 마음의 상처가 다소간 아물었다. 줄리 버그, 아니 디아블리토에 대한 추억은 사진과 그녀의 마음속에 영원히 남아 있다.

디아블리토와 스키너의 큰딸
출처: Julie Vargas(2021). BF Skinner: Father

우주 속으로 나아가자

브루너의 지식의 구조, 나선형 교육과정,
그리고 피아제의 미국 데뷔

"어떤 어려운 이론이든지
지적으로 '진실된' 형식으로 표현하면
어떤 발달단계에 있는
어떤 아동에게도
효과적으로 가르칠 수 있습니다."

- Jerome Bruner, "교육의 과정" 중에서 -

개발도상국에서 최초로 개최한 88서울 올림픽

필자가 초등학교를 다니던 80년도쯤이었던 것으로 기억한다. 전두환 신군부 쿠데타 직후일 듯싶다. 초등학교 친구들이 교실에 모여서 88 올림픽 개최 관련 신문기사를 보면서 웅성대고 있었다.

"우리나라가 후진국이래. 개발도상국 중에서 처음으로 올림픽을 개최한다고 하잖아. 개발도상국은 후진국을 말하는 거야."

당시 초등학교 교과서에는 한국이 경제적으로는 '중진국'이라고 나와 있었다. 그래서 모두 대한민국이 중진국이라고 알고 있었는데, 개발도상국이라고 신문에 보도되어서 충격을 받은 것이다. 올림픽 개최의 기쁨보다는 학교 교과서가 거짓말을 담고 있다는 사실에 우리는 어린 나이였지만 큰 충격을 받았다. 그래도 88년도에는 아마 중진국이 되어 있었을지도 모르겠다. 지금의 21세기 한국은 선진국의 대열에 들어섰다.

88올림픽 때 태어난 대학생들은 지금은 거의 없을 것이다. 요즘 대학생들은 거의 2000년대생이다. 80년 모스크바 올림픽과 84년 LA 올림픽은 이념 전쟁으로 인해 절반의 올림픽으로 치러졌다. 모스크바 올림픽에는 미국 등 서방국가들이 불참했다. LA 올림픽에서는 소련 등 동구권 국가들이 불참했다. 그러나 한국의 서울에서 개최된 88올림픽에는 소련을 비롯한 동구권 국가들이 참석한 화합의 올림픽으로 진행되었다. 아마 세계사 수업시간에 배웠으면 알겠지만, 80년대까지는 이념대립이 여전히 심각했던 시기였다. 즉, 시장경제체제와 국가주도 사회주의(혹은 공산주의) 경제체제의 이념 경쟁이 1917년 러시아에서 볼셰비키 혁명이 성공함으로써 소비에트 연방공화국(소련)이 수립(1922)된 이후, 소련과 미국의 피가 말리는 체제경쟁, 냉전(Cold War)이 1991년도에 소련이 해체되기까지 근 70년 동안 진행되었다.

🔵 소련의 승리: 우주에 누가 먼저 인공위성을 쏴 올리느냐

이 냉전시대의 체제경쟁의 주도국은 당연히 미국과 소련(현재는 러시아)이었다. 체제경쟁에서 경제성장 속도도 관심사였지만 제2차 세계대전 이후에는 우주에 누가 먼저 인공위성을 쏴 올리느냐가 큰 경쟁 종목이었다. 모두 알겠지만 소련이 우주에 인공위성(스푸트니크)을 성공적으로 먼저 올려 보냈다. 스푸트니크의 성공은 소련의 입장에서는 사회주의 체제의 승리를 알리는 쾌거였다. 미국사회는 큰 충격을 받았다. 사회주의 국가와 체제경쟁에서 지다니, 있을 수 없는 일이었고 미국의 자존심은 크게 상처를 입었다. 그래서 이를 '스푸트니크 충격(sputnik shock)'이라고 한다.[1]

상한 자존심을 회복해야 하는 미국은 이리저리 문제를 진단했다. 진단 결과 중 하나로 미국의 초·중등교육이 뭔가 잘못되었다는 결론이 나왔다. 도대체 초·중등학교에서 교육이 잘 이루어지고 있는 것인가? 우주에 소련보다 로켓을 먼저 쏘아 올리지 못한 주요 책임이 초·중등학교교육과 교육학자들에게 돌려졌다. 그런데 과학사를 보면 미국이 인

---

1 코로나19가 터졌을 때 러시아는 미국을 비롯한 서방국가와의 백신 개발 경쟁에서의 승리를 위해 만든 백신 이름을 스푸트니크라고 지었다. 그러나 백신 경쟁에선 졌다고 볼 수 있다. 소련의 역사도 현재 러시아의 역사임에는 분명하다. 러시아는 앞으로 다른 국가와 경쟁하면 스푸트니크라는 단어를 또 사용할 가능성이 높을 것이다. 그만큼 역사적인 자부심으로 남아 있는 이름이다.

공위성을 소련보다 먼저 쏴 올리지 못한 이유가 반드시 초·중등학교교육의 부실함 때문만은 아니다.

런던의 과학박물관을 가면 이에 대한 많은 정보가 있는데, 소련은 독일의 과학자들이 제2차 세계대전 당시에 개발한 로켓 기술(V-2 등)을 이어받아서 미국보다 앞서서 1957년도에 스푸트니크(sputnik)라는 이름의 인공위성을 우주로 쏴 올렸다는 전반적인 로켓 기술 개발에 관한 이야기가 전시되고 있다. 아마 다른 나라의 과학박물관에도 관련 이야기가 전시되어 있을 것이다. 독일의 로켓 개발 기술이 소련의 승리에 도움을 준 측면이 고려되어야지 초·중등교육의 문제로만 원인을 돌릴 수는 없다.

스푸트니크 충격을 보도한 신문
출처: 미국 NBC 뉴스. https://www.youtube.com/watch?v=g2WaJdflqT0

여하간 불똥은 초·중등교육으로 튀었다. 스푸트니크 충격을 받은 지 2년 후인 1959년 9월에 미국국립과학원(National Academy of Sciences)의 주관으로 매사추세츠의 우즈(Woods) 홀에서 교육개혁 관련 회의가 개최되었고 이곳에 35명의 학자들이 모였다. 수학, 과학, 역사, 심리학 등 이른바 주요 학문분과의 학자들이 모여서 초·중등교육에서 수학, 과학, 역사, 예술 등을 어떻게 가르쳐야 하는지에 대한 토론이 이루어졌다.

그 토론 결과를 당시 우즈 홀 회의의 좌장인 하버드 대학의 심리학과 교수인 브루너(Jerome Bruner)가 정리했다. 책은 100페이지에도 못 미치는 얇은 (97페이지) 분량이며 제목은 "교육의 과정(Process of Education)"이다. 이 책은 교육에서 구조주의의 장을 열어젖히며 심리학자인 브루너를 일약 유명한 교육학자로 만들었다. 그러나 사실 그 공은 당시 심포지엄에 참석한 여러 학자들이 함께 누려야 한다. 왜냐하면 해당 챕터들은 35명의 학자들이 나누어서 작성한 것이기 때문이다. 브루너는 이 챕터를 최종 정리·정돈하였지만 공동작업의 결과로 봐야 한다.

🔵 "교육의 과정" 책의 구조

"교육의 과정" 책을 일단 구조적으로 파악하려면 목차를 봐야 한다. 어느 책이나 목차를 보면 해당 책의 구조를 어느 정도 파악하게 된다. 이 책은 교육에서의 구조의 중요성을 강조한다. 이른바 구조주의 교육과정을 제창한 책이라고 보면 된다. 그러나 목차를 보면 알겠지만 구조의 중요성만을 강조하지 않는다. 잘 보면 동기와 수업 교구 등에 대한 이야기도 제공된다. 참고로 6장 교구와 관련해서 말하자면 당시 우즈 홀 미팅에서 앞 장에서 언급된 스키너의 티칭 머신의 시연도 이루어졌다.

그리고 35명이 모여서 토론하는 과정에서 여러 이견들도 제시되었다. 교구에 대한 내용이 더 추가되어야 한다는 의견도 있었고 직관적 사고를 더 강조하자는 여러 의견이 있었는데, 브루너가 그러한 여러 의견을 잘 '절충'하고 정리했다고 볼 수 있다. 다음이 브루너가 대표 저술한 "교육의 과정"의 목차이다.

(1) 서론(Introduction)

(2) 구조의 중요성(The Importance of Structure)

(3) 학습의 준비성(Readiness for Learning)

(4) 직관적 사고와 분석적 사고(Intuitive and Analytic Thinking)

(5) 학습동기(Motives for Learning)

(6) 교구(Aids for Teaching)

목차를 보면 브루너의 "교육의 과정"은 학생들이 좀 더 잘 학습하게 하기 위한 5가지 주제를 다루고 있음을 알 수 있다. (2)에서는 교육이 잘 이루어지기 위한 교과별 구조와 주요 원리의 중요성이 논의되고, (3)에서는 학생들의 학습의 준비성, (4)에서는 직관적 사고의 중요성 또한 언급된다. 그리고 (5)는 동기, (6)은 학습을 도와주는 여러 교육적 장비에 대한 논의를 포함한다. 따라서 "교육의 과정", 이 책은 교육이 이루어지는 제반 과정에 대한 논의를 하고 있는 셈이다. 단순히 지식의 구조만 강조하지는 않는다. 그러나 책의 분량이 보여 주듯이 가장 기본적인 방향만 제시된다.

🌑 학문 구조를 알아야 진정한 학습이 이루어진다

2장 '교육의 구조'를 읽어 보면 교과의 구조를 잘 가르치기 위해서 제일 먼저 강조되는 내용은 해당 학문의 최고 전문가가 교과내용을 구성해야 한다는 점이다.

> "어떤 특정한 학문의 교육과정을 구성하는 일은 그 학문의 가장 훌륭한 학자가 맡아야 한다는 것이다. 초등학교 학생들에게 산수에서 무엇을 가르쳐야 할 것인가를 결정하는 데는 그 분야에서 고도의 식견과 실력을 가지고 있는 사람들의 도움이 절대적으로 필요하다."(p.73)

수학에서 대수(algebra)의 경우 교환, 분배, 결합의 기본 법칙을 잘 알고 학생들이 이를 쉽게 이해하도록 만들려면 전문가들이 필요하다. 역사의 흐름을 파악하고 역사의 근저에 흐르는 제반 원리를 이해한 학자들이 교과서를 집필해야 학생들이 역사를 잘 이해할 수 있다. 너무나도 당연하게 생각할 수 있는 부분인데 현실은 그렇지 않다.

교육학자들이 어설프게 교과서 내용을 만드는 경우도 있다. 현장의 교사도 교과서 제작에 참여한다. 하지만 제대로 된 교과내용이 만들어지려면 해당 분야 최고의 내용 전문가가 참여해야 한다. 이러한 내용 전문가는 해당 분야 최고의 학자일 텐데, 문제는 이분들이 너무나도 바쁘다는 것이다. 그래도 방학 때를 이용해서라도 혹은 안식년 기간 동안을 이용해서라도 주요 학문분과의 최고 전문가들이 교육과정 구성에 참여하도록 교육학계가 노력해야 한다고 주장한다.

그런데 브루너는 이 책에서 단순히 구조에 대한 이야기만 하지는 않는다. 이러한 구조적인 학습, 사물이나 현상에서 규칙성을 발견함으로써 자신의 능력에 대해 일종의 자신감을 가지게 하기 위한 발견의 희열을 느끼게 하는 교수법이 필요하다는 이야기도 제시된다. 일단 교과의 기본적 구조를 가르치는 방법 네 가지가 소개된다.

첫 번째는 기본적 사항 혹은 개요를 이해하면 교과나 해당 교육내용을 쉽게 파악할 수 있다는 것이다. 이는 누구나 쉽게 알 수 있다. 우리는 학생들에게 문학 책을 읽기 전에 해당 문학 책이 쓰여진 시대적 배경과 이 문학 책이 다루고자 하는 주제 등의 개요를 파악하면 읽어 나갈 때 내용을 더 잘 파악하는 데 용이하다.

두 번째는 공식이나 원리를 배워서 이를 장기기억에 담아 두면 언제든지 다른 사안에 대해서 응용하거나 파악하게 된다는 것이다. 세세한 사안은 우리 뇌가 모두 기억하고 담아 둘 수는 없지만 일반적 원리를 구조적으로 생각하면 해당 원리가 장기기억에 오랫동안 남아 있을 수 있다. 단편적 지식이나 사건은 쉽게 잊혀지기 쉬우나 구조에 따른 여러 가지 사건은 구조와 함께 오랫동안 머릿속에 남겨둘 수 있으며 이후의 학습 활동에 밑거름이 된다.

세 번째는 구조를 파악하게 되면 소위 학습의 전이가 가능하다는 것이다. 장기기억 속에 있는 원리나 구조를 새로운 사안이나 학습 내용을 배울 때 사용함으로써 해당 학습 내용을 더 잘 파악할 수 있게 된다는 것이다. 예를 들어 17세기의 국가 간 갈등에 대해 구조적으로 경제, 정치적 원인을 파악하는 방법을 알고 있다면 19세기 혹은 현대의 국가 간 갈등의 원인에 대한 구조적 파악이 가능하다는 것이다.

네 번째는 지식은 초보지식과 고등지식 사이의 간극을 일정 정도 좁혀서 초보적인 지식이 나중에 고등지식을 배울 때 일종의 스프링의

받침대와 같은 역할을 하게 한다는 것이다. 이는 나중의 나선형 교육과정과 연관되는 내용이다. 진화론을 배운다고 할 때 초등학교에서는 어느 고립된 섬의 동물이 다른 섬의 동물과 다른 모양을 가지고 주변 환경에 적응하기 위해 진화한 사례를 보여 줄 수 있다. 굳이 진화론이라는 단어와 추상적 개념어인 자연선택, 적자생존 등이란 단어를 쓰지 않더라도 해당 원리를 보여주는 사례를 가지고 이론에 대한 인식을 가지게 할 수 있다. 그리고 나중에 이러한 초보적 학습이 높은 차원의 학습에서의 세밀한 이론화와 추상화 작업을 하는 데 도움이 된다는 것이다. 그런데 지식의 구조를 잘 고려하지 않고 초보지식과 고등지식 간의 관련성이 없는 내용을 배치하면 지식이 체계화되지 않는다.

그렇다면 구조와 원리를 강조하는 교육은 어떻게 이루어져야 할 것인가? 학습의 준비성과 직관적/분석적 사고, 학습동기, 교육 도구에 대한 챕터에서 논의가 이루어진다.

🔵 학습의 준비성: 나선형 교육과정
- 초등학생에게도 기하학을 가르치자?!

3장의 제목인 '학습의 준비성'의 의미는 학생이 무엇이든 배울 준비가 되어 있는지에 대한 논의를 하기 위해서 제시된 제목이다. 즉, 3장은 아동의 지적 발달과정을 볼 때 어느 시기에 어떤 내용을 배울 준비가 되어 있는지를 고찰한다. 사실 이 챕터는 피아제의 발달이론에 근거하고 있다. 피아제의 발달단계 이론 소개가 챕터의 많은 부분을 차지하며, 피아제의 미국 교육학계 데뷔가 바로 브루너의 "교육의 구조", 이 책을 통해서 본격화된 것으로 볼 수 있다.

피아제의 이론은 아마 많이 들어 보았을 것이다. 다음 7장에서도 소개가 된다. 먼저 5~6살 이전은 전조작(pre-operation) 단계인데, 이 시기는 아동이 세계를 탐색하고 자신의 바람대로 세계를 파악하고자 하는 시기이다. 이와 관련하여 유명한 가역성의 개념이 소개된다. 이 시기에 아이들은 찰흙으로 만든 공의 모양을 바꾸면 그것을 원래 상태로 만들 수 있다는 것을 모른다. 그리고 동일한 찰흙 덩어리를 여러 개로 나누면 숫자적으로만 파악하고 그것이 더 많다고 생각한다. 양(量)의 보존 법칙과 개념을 갖고 있지 않다는 것이다. 우즈 홀 회의에서는 이 전조작 단계는 일단 그냥 넘어가면 된다고 말한다. 중요한 부분은 두 번째 단계인 구체적 조작 단계(4~6살부터 즉, 대략 초등학교 입학과 함께 시작하는 시기인 6살 정도부터 시작)와 세 번째 단계인 형식적 조작 단계(대략 11살부터 시작. 학생마다 차이가 존재하는데, 10~14살 사이에 시작)의 학습의 준비 상태를 살펴보는 것이다. 이 두 단계에서 학생들은 배울 준비가 어느 정도가 되어 있는가를 살펴본다.

우즈 홀 회의에서는 제네바의 피아제 연구팀인 인헬더 교수가 35명 중에 한 명으로 참석한다(스키너는 티칭 머신 시연만 하고 참조자로 토론만 하였다). 수학과 물리 분야에서 아동의 지적 발달을 더 잘 이루어지게 하려면, 즉 쉽게 말해 수학과 물리를 잘 가르치려면 어떻게 해야 하는지에 대한 의견 제출을 부탁받았는데, 브루너는 해당 의견서의 내용을 "교육의 과정" 3장에 그대로 여러 장에 걸쳐서 소개하고 있다. 인헬더가 작성한 내용 일부를 살펴보면 다음과 같다.

"원근(perspective)과 투영(projection)에 관한 기하학적 개념(geometrical notion)을 가르치는 데 있어서 아동은 실험과 시범을 통해 구체적 경험을 하고 지적 조작 능력을 훈련할 기회를 가지게 된다. 예를 들어 지름이 다른 여러 개의 둥근 반지를 촛불과 벽 사이의 여러 지점에 놓고 벽 위에 반지의 그림자가 여러 가지 크기로 나타나는 것을 아동에게 관찰하게 한다. 그에 따라 아동은 반지 그림자의 크기가 광원에서 반지 사이의 거리에 따라 달라진다는 것을 알게 된다. 이러한 구체적인 경험을 통해서 투영기하(projective geometry)를 뒷받침하는 일반적인 아이디어를 이해하도록 가르칠 수 있다."(p.44)

피아제 학파인 인헬더에 의하면 통계적 추론 역시 제비뽑기 놀이, 룰렛 놀이 등을 통해서 차후에 확률이론에 나오는 확률 계산법을 배우기 이전에 기본적인 확률적 인식을 습득하도록 할 수 있다. 사회생활이나 문학도 마찬가지이다. 그리고 인헬더 교수는 초등 1, 2학년 시기에 수학이나 과학의 기초가 되는 기본적인 논리적 작업(operation)을 '훈련(train)'시켜야 한다고 제안한다. 이러한 열정적인 훈련은 나중의 고차원적인 학습이 더 쉽게 이루어지게 도와준다. 예를 들어 덧셈, 곱셈, 포함, 연속 배열 등의 기본적인 논리적 조작을 강조하는 방식으로 여러 사물들을 분류하고 순서화하고 다루는 연습 과정이 필요하며 이러한 연습은 추후 복잡한 기하학, 미적분학 등을 배울 때 큰 밑받침이 된다는 것이다.

이러한 제네바 학파(피아제 학파)의 의견을 기반으로 브루너는 '나선형 교육과정(spiral curriculum)'이라는 개념을 만들어서 교육내용 구성 방법을 제안한다. 쉬운 내용을 가르치더라도 그것은 반드시 나중에 고학년 시기 혹은 성인이 되었을 때 연계되어 파악할 수 있는 학술적 내용이어야 한다. 미적분, 확률 등을 나중에 고등학교 시기에 갑자기 가르치는 것이 아니라, 초등학교와 중학교 시기에 해당 연령대의 사고방식에 맞춰 소위 기초적인 개념을 경험하도록 수준에 맞춰서 가르치기 시작해야 한다. 그러지 않고 고등학교 때 미적분이나 확률 개념을 가르치면 갑자기 직선적으로 와서 부닥치는 것과 같다. 그렇게 갑자기 직선적으로 제시하는 방식의 교육이 아니라 서서히 돌려서 나선형으로 점진적으로 교육이 이루어져야 한다는 것이다.

중요한 점은 어떠한 고차원적 이론도 주변의 사물에 반영되는 현상에서 직관적으로 인지를 해 나가는 과정을 거치면 추후 학습이 더 쉽게 이뤄진다는 점이다. 예를 들어 인간 비극의 의미와 슬픔이라는 감정을 가르쳐 준다고 했을 때 초등학교 때에도 쉽게 쓰여진 그리스 신화 이야기를 들려주거나 아동문학의 고전을 통해서 겁을 주지 않고 가르치는 방법을 모색할 필요가 있다.

나선형의 또 다른 의미는 학교에서의 교육내용이 나선형으로, 쉬운 단계에서 어려운 단계로 반드시 끊이지 않고 '이어짐'이 존재해야 함을 의미한다. 초등학교에서 가르치는 교과 내용이 나중에 중학교 때와 고등학교 때, 그리고 대학교 때 가르치는 내용과 연계성이 있어야 한다. 즉, 초등학교 교과서 내용에서 바다 이야기(해양생물 이야기)가 나오면 고등학교 교과서에서 배울 해양과 관련된 이론이 '함축'되어 있어야 한다. 대학교 수준의 해양학 내용으로 발전할 수 있도록 함축되어져 있는 기초적인 내용이어야 한다.

즉, 초등학교 교과서의 주요 교과내용은 나중에 가장 완벽한 수준으로 발전했을 때를 가정하면, 성인이 학습해도 충분히 고차원적인 내용으로 전환될 수 있는 학습 내용이어야 한다. 우리 사회의 구성원들이 관심을 가지는 중요한 문제, 원리, 가치를 중심으로 이어지는 교육과정

이어야 한다. 그런 내용이 아니라 단지 해양생물에 대한 무의미한 나열은 향후 생물에 대한 과학적 접근의 직관을 가르치지 못하고 파편화된 가르침이 되고 만다.

🔵 바흐와 스트라빈스키, 모네와 피카소의 차이 가르치기

대학에 진학해서 학부 교양수업의 일환으로 바흐의 작품과 스트라빈스키의 작품의 시대적 배경, 그리고 두 음악가의 작품의 차이점에 대해 배운다고 가정해 보자. 대학생들은 두 음악가의 작품을 감상함과 동시에 시대적 흐름과 철학적 배경도 배울 것이다.

대학교 학부교육에서는 또한 모네와 마네 등의 인상파 작품, 그리고 그 밖의 여러 미술사조에 대해서 해당 시대와 역사적 미술 활동에 대한 철학적 흐름을 가르친다. 피카소의 입체파 작품의 배경과 철학도 가르친다. 필자는 대학에 다닐 때 교양수업으로 '음악의 이해'와 '미술의 이해' 수업을 들었다. 많은 역사적 배경지식이 제시되었고 여러 작품들을 보고 들었는데 지금은 주요 단어만 생각난다. 바로크, 고전주의, 낭만주의(음악), 인상파, 초현실주의, 입체파(미술) 등등의 단어만 얼핏 생각난다. 말 그대로 교양 수업이었다. 아마 전공자들은 더 깊이 있게 많은 내용을 배우고 연습할 것이다.

초등학생들에게 이러한 음악과 미술의 사조와 음악의 실질적 내용을 가르칠 수 있을까? 역사적 배경과 철학 이야기를 하고 바로크, 신고전주의, 인상파(impressionism), 입체파(cubism)의 개념 자체를 설명하는 것은 쉽지 않을 것이다. '낭만', '고전', '인상', '입체'라는 단어 자체의 의미를 파악하기 어려울 것이다. 그렇다면 초등학생들에게는 가르치지 않으면 되는 것일까?

1985년 한 실험에서 피실험자에게 바흐 음악과 힌드미스 (Hindemith)의 작품을 들려준 후, 두 번째에는 바흐 음악과 스트라빈스키의 음악을 들려주고 음악적 차이를 구분할 수 있는지 살펴보았다. 그리고 바흐 음악 대신 Buxtehud and Scarlatti 음악으로 그리고 현대 작곡가인 Piston과 Carter, 그리고 스트라빈스키의 다른 작품(Firebird Suite) 등을 들려주고 역시 일반화를 통한 음악을 구분하는지 살펴보았다. 그리고 비발디 음악을 들려주고 바흐 작품에 가까운 음악인지 스트라빈스키 음악에 가까운 유형인지를 구분하는지 살펴보았다. 피실험자는 음악사조를 구분할 수 있는, 즉 음악 유형 일반화를 통한 구분 능력이 있음을 보여 주었다(Porter & Neuringer, 1984).

1995년도의 한 연구에서는 모네의 작품을 보여 주고 피카소의 작품을 보여 준 후에 두 작품을 구분하도록 피실험자를 교육했다. 교육의 결과 새로운 모네 작품을 보여 주면 피카소 작품이 아니라 모네 작품임을 구분할 수 있었다. 두 작품의 색채나 스타일에 차이가 많이 나기 때문에 구분이 가능할 것이다. 그리고 모네 대신 세잔느(Cesanne), 르누아르(Renoir)의 작품을 보여주었을 때 모네 그림과 유사한 스타일임을 역시 구분할 수 있었다. 브라크(Braque)와 마티스(Matisse) 작품을 보여 주었을 때에는 피카소의 작품과 유사한 흐름의 작품임을 파악할 수 있었다(Watanabe et al., 1995).

브루너의 나선형 교육과정 이론에 의하면 초등학생에게 어려운 바로크, 신고전주의, 인상주의, 입체주의를 역사적 배경과 철학적 측면에서 어렵게 설명해주는 것보다는 이렇게 작품을 감상해 보게 하고 색채와 그림의 패턴을 학습시키는 것이 필요하다. 어려운 음악, 미술 작품을 고등학교 시기나 대학교 때에 갑자기 보여 주고 가르치면 안 되는 것이다. 조기에 학생들의 수준에 맞추어 해당 단계에서부터 음악과 미술 작품을 접하게 하고 가르칠 필요가 있다.

그런데 이 두 연구의 피실험자는 초등학생이었을까? 아니다. 사실은 비둘기였다. 비둘기도 클래식 음악 작품들을 감상하다 보면 바흐 작품인지 스트라빈스키 작품인지 구분할 수 있고, 비발디 작품이 바흐 작품과 근접함을 파악할 수 있다. 마네와 피카소의 작품을 구분하고 르누아르 작품이 마네 작품과, 마티스 작품이 피카소 작품과 유사한 흐름에 있음을 구분할 수 있다. 다만 교육의 과정에서 강화물이 제공되긴 했다. 예를 들어 피카소 그림 앞에 가면 먹을 것을 주는 방식으로 교육을 시켰다. 그리고 피카소와 비슷한 그림인 마티스 그림과 모네/마네 그림을 제시하자 마티스 그림 앞으로 다가간다. 마티스 작품과 피카소 작품이 화풍이 유사한 작품임을 인지한 것이다.[2]

인간에게는 강화물 없이도 재미있게 가르칠 수 있을 것이다. '초등학생은 이런 건 모를거야, 나중에 알려주면 되겠지'라고 함부로 단정하지 말고 최대한 어려운 내용도 쉬운 혹은 간단한 형태로라도 접해 보게 하고 학생의 수준에 맞춰 진정성 있게 가르치는 것이 필요하다. 작품들을 감상하고 생각하도록 하며, 자신의 의견을 말하게 하는 것이 필요하다. 교육은 모든 단계에서 나선형으로 적절히 다양하게 폭넓게 이루어질 필요가 있다. 기하학도, 모네와 피카소, 바흐, 비발디, 스트라빈스키 등 학생들에게 어려워 보이는 내용일지라도 다양한 사례를 통해 제반

---

2 동물들의 지능 연구도 학계에서는 이루어진 바 있다. 까마귀는 강아지만큼이나 똑똑하고 넓은 들판에 있는 씨앗들의 위치도 한 눈에 다 암기하듯 파악할 수 있다고 한다. "동물의 생각에 관한 생각"(이충호 옮김. 세종서적)을 읽어 보면 좋다.

단계에 맞춰 교육할 필요가 있다.

그러한 나선형 과정의 교육을 위해서는 많은 '에피소드'를 모으는 것이 필요하다고 브루너는 말한다. 에피소드를 중심으로 과학적 개념이 스며들게 하는 스토리텔링 방식의 교육이 초등교육에서부터 시행되면 좋을 것이다. 다만 수학은 초등학교 때에는 너무 스토리텔링식으로 하지 말자. 수학 학습하기에 앞서서 국어 문장 공부하다가 수업 끝나는 종소리가 울릴 가능성이 높다.

사실 이러한 나선형 방식의 접근은 진보주의 교육이나 구조주의 교육이나 모두 동일하다. 듀이(1915)의 실용주의 교육, 진보주의 교육 역시 동일한 이론과 연계되는 경험 교육과정을 강조한다.

"초등학교에서 시행하는 노작활동(Occupation)을 현실적인 방안이나 양식으로 간주하거나, 요리사, 재봉사, 목수의 좀 더 나은 기술을 연마하는 것 정도로 인식해서는 안 된다는 것을 의미합니다. 학교에서의 노작활동은 자연적인 재료와 자연적 과정에 대한 과학적 통찰이 이루어지는 활발한 중심이 되어야 하고, 아이들이 인류의 역사적 발전을 깨우치는 출발점이 되어야 할 것입니다."(듀이, p.29)

예를 들어 듀이(1915)는 야채요리와 육류요리 등을 학생들이 만들면서 단순히 요리법을 배우는 실생활적인 지식과 기술의 습득에만 머무르면 안 된다고 말한다. 요리 과정에서 야채류에 함유된 영양성분을 요약하고, 육류에 포함된 성분과 비교해 보며, 지방의 구성 차이, 전분질의 차이, 육류 특유의 단백질 성분 등을 살펴보면서 일종의 생물학적인 혹은 영양학적인 학습을 해야 한다. 요리를 배울 때 물이 끓는 온도,

그리고 온도 차이가 계란을 삶을 경우 흰자(단백질)에 미치는 영향을 조사하는 등 과학적인 사고와 이어지도록 해야 한다는 것을 언급한다.

기존의 단순 지식 전달이 아니라 현실의 제반 노작활동에 근거하여 이론과 지식의 학습이 이루어져야 한다. 간혹 우리는 실용주의 혹은 진보주의 교육이 재미, 경험, 실천만을 강조한다고 오인한다. 학습의 흥미는 기본이고 그 흥미 속에서 과학적 탐구를 할 수 있는 사고와 지적 경험을 제공해야 한다. 브루너의 책에서도 언급된 바와 같이 촛불과 반지 사이의 거리에 따른 그림자의 크기 변화로부터 투영기하의 원리를 사고할 수 있도록 말이다.

⬤ 직관적 사고 연습하기

"교육의 구조" 4장에서는 단순한 연역적 혹은 귀납적 방식의 교육 뿐만 아니라 학생들이 직관적 사고를 연습하는 것이 필요하다고 말한다. 예를 들어 기하와 관련해서는 형식적 증명 대신 기하학적 원리를 시각적인 그림으로 파악하고 생각해 볼 수가 있다. 이러한 직관적 사고를 이용한 교육을 하기 위해서는 교사 역시 관련 고민이 필요하다. 다만 이러한 직관적 사고의 경우 포괄적 지각을 기초로 하여 이루지는데 이는 기초지식이 없이는 불가능하다.

우리는 흔히 역량중심 교육과정 이야기를 하면서 기초지식에 대한 학습의 중요성을 강조하지 않는다. 지식을 암기식으로 가르치면 문제가 되지만 원리와 이론에 기반한 지식을 파악하고 접하고 숙지하는 것이 필요하다. 기본적인 지식에 대한 교육 없이는 논리적 사고(연역적, 귀납적 사고)와 직관적 사고가 모두 어렵게 된다. 생물과 자연에 대한 기초적인 관찰과 학습을 통해 관련 지식을 갖추어야 진화론을 직관적으로 파악할 수 있다.

브루너는 발견학습을 책 중간중간에 예로 제시하는데 직관적 사고에서도 발견학습이 중요한 교수법일 수가 있다. 예를 들어 발견학습법은 스무고개와 같은 질문과정에서 직관적으로 문제를 파악해 나가는 깨우침, 혹은 배움 방식이다. 학생의 질문과 교사의 응답 과정에서 학생들은 여러 지식과 내용을 발견적으로 파악해 나간다. 그러나 발견적으로 파악해 나가면서 머릿속에 많은 중요한 지식을 기억(혹은 암기)하는 것도 중요하다.

우리는 여기에서 일종의 사고의 실험(experiment of thinking) 방법에 대해서도 살펴볼 필요가 있다. 유명한 현대 정치철학자인 존 롤즈(John Ralws)는 모두 눈을 감고 자신이 여자일지 남자일지도 모르고, 부잣집에서 태어날지 가난한 집에서 태어날지도 모르고, 어떤 능력을 타고날지도 모르고, 아무것도 모르는 이른바 무지의 장막(veil of ignorance) 뒤에 있을 때 과연 어떠한 이념과 철학이 지배하는 사회를 선택할 것인지를 생각해 보자고 했다.

실험이긴 하지만 이는 직관적 사고를 요구한다. 최소 정부하의 적자생존의 시장경제체제를 모두가 선택할 것인가? 복지민주국가를 선택할 것인가? 혹은 북한과 같은 전체주의적 국가를 선택할 것인가? 사회계약론의 입장에 비추어 보았을 때 과연 대부분의 사람들의 무지의 장막이라는 사고의 실험하에서 어느 사회체제를 정의로운 사회체제로서 선택할 것인가? 직관적으로 사고해 보면 대부분 복지민주국가를 선택할 것이다. 북한의 김정은 세습체제의 상위계층(백두혈통)으로 태어날 것을 기대하고 북한 체제를 선택하는 사람은 거의 없을 것이다.

다양한 직관적 사고 방식은 많다. 가격이 올라가면 물건의 판매량이 줄어들 것이라는 직관적 사고는 누구나 해낼 수 있다. 이러한 직관적 사고는 수요공급 법칙을 이해하거나 관련 법칙을 만들어내는 데 유용하다. 우리가 아이디어 회의를 할 때 사용하는 브레인스토밍 역시 직관적 사고를 유도한다. 이때 관련된 다양한 지식과 내용이 충분히 학습되어 있어야 브레인스토밍이 잘 작동한다.

직관적 사고는 아이디어와 이어진다. 아이폰을 만든 애플의 창립자인 스티브 잡스의 자석 관련 이야기를 한 번 보자. 어느 날 스티브 잡스는 일반 잡지를 읽다가 강력한 자석 이야기를 보게 된다. 직관적으로 이 자석으로 뭔가를 할 수 있을 것이라고 느꼈다. 당시에 아이패드의 케이스가 너무 두꺼워서 볼품없어 보이는 경우가 많았다. 그래서 아주 얇은 커버의 끝에 이 강력 자석을 달아 아이패드를 덮을 수 있게 만들었다. 자석 덕분에 탈부착이 쉽게 가능했고, 커버를 삼각형처럼 접히게 만들어서 지지대로도 쓸 수 있게 만들었다(아이작슨, 2011). 이 자석은 아이펜슬에도 적용되었다. 아이펜슬은 아이패드에 찰싹 달라붙어서 분실의 위험도 막아줄 뿐만 아니라 충전까지 되는 기능을 갖추었다.

◉ 교육 도구(Aids to Teaching)
: AI 티칭 머신은 책과 다를 바 없는 교재

브루너의 책의 마지막 장의 제목은 '교육 도구'이다. 브루너의 "교육의 과정" 한국어 번역서에서는 'Aids to Teaching'을 교육 도구로 번역하고 있다. 영문을 보면 알겠지만 도움을 주는 기계나 장비를 의미한다. 앞에서 간략히 언급했지만 당시 우즈 홀 컨퍼런스에서는 다양한 논의가 이루어졌고, 앞 장(5장)에서 소개된 스키너의 티칭 머신 시연도 이루어졌다. 그런데 당시 티칭 머신 등이 하버드 대학의 심리학자 스키너 등에 의해서 강력하게 지지되고 있었기 때문에 관련 논란이 존재했던 것으로 보인다.

사실 지금도 디지털 교과서가 책으로 된 교과서를 대체하는 것이 가능할지, 인공지능의 발달로 인해서 교사라는 직업이 사라질 것인지에 대해서는 관련 논쟁이 존재하고 있다. 1950년대 말 당시에도 교사들은 티칭 머신과 같은 이러한 첨단 교육 도구가 교사의 필요성을 잠식하지 않을까 두려워했던 것으로 보인다. 그러나 스키너도 교사의 필요성이 사라지지 않는다고 이야기했듯이 브루너의 "교육의 과정"에서도 이에 대해서 다음과 같이 이야기한다.

"이러한 자동화 교육 도구는 기술적으로 교사의 수업 부담을 덜어 준다. 분명히 말할 수 있는 점은 기계가 교사를 대치하지 않을 것이라는 것이다. 기계가 학습을 비인간화하는 결과를 초래하리라고도 볼 수 없다. 이것은 책이 학습을 비인간화하지 않는 것과 같다. **티칭머신의 교육 프로그램은 책과 전혀 다를 바가 없다.** 프로그램은 유머로 가득찰 수도 있고, 지루하고 재미없을 수도 있고, 놀이 활동일 수도 있고, 지긋지긋한 반복 학습일 수도 있다."(p.84)

책도 일종의 학습 도구이다. 티칭머신이나 요즘의 최신 교육용 앱 역시 학습도구일 뿐이다. 중요한 것은 그 안에 담긴 콘텐츠와 사례 제시 방법 등 효과적인 교수방법 간의 연계성이다. 최신 교육용 앱 못지않게 좋은 교과서와 교재가 만들어진다면 사실 앱으로 수업을 하나, 교과서로 수업을 하나, 큰 차이는 없을 수도 있다.

　　역으로 아무리 최첨단 AI 디지털 교재를 만든다고 해도 그 안에 구현된 교육 콘텐츠가 지루한 반복 학습 내용으로 채워진다면 사실상 교육적 도구로서의 가치는 저하될 것이다. 생각해 보자. AI 교사인데 재미없게 유전자 이론을 나열하듯이 되새김질만 한다면, 학생들의 질문에 너무나 단순한 대답과 암기식 설명만 한다면, 최첨단 기술도 교육적인 측면에서 옛날의 지식 주입식, 단순 암기식 교육을 하는 교사와 다를 바가 없다. 그리고 브루너는 교육의 과정에서 다양한 매체를 통해 학생들의 학습을 확인하고 토론을 이끌어내는 주체가 교사임을 재강조한다.

　　"교사는 소통자(communicator)일 뿐만 아니라 하나의 모델이다. 학생은 교사를 보고 동일화하거나 비교해 나가면서 성장한다. 교사는 학생들의 삶을 구성해 나가는 데 기여하는 일종의 상징적 인물이다… (중략) …화이트헤드(유명한 수학자)는 교육은 위대함에 대한 접함을 경험해야 한다고 말한 바 있다. 교사는 대화자로서, 학문의 모범으로서, 동일시 모델로서 학생을 이끌어야 하며 여러 컴퓨터와 도구를 사용하여 학생에게 교육적 의미를 키워 주는 역할을 해야 한다. 이러한 (티칭 머신과 같은) 도구가 교사를 대체할 수는 없다."(pp.90-91)

　　여기까지가 브루너의 "교육의 과정"에 대한 이야기이다. 예비교사들과 현직 교사분들께서 한 번 꼼꼼히 브루너의 "교육의 과정"을 읽어 보면 좋을 것 같다. 그러나 필자가 주변 교수님들과 이야기해 보니 이미 현장에서는 구조주의적 접근이 많이 이루어지고 있으며, 발견학습

등 학생들의 직관적 사고를 유발하는 교수법 등이 이미 시행되고 있다. 다만 최근의 진보교육이 브루너의 교육의 구조에 대해서 방관하고 있을지도 모른다는 생각이 들기도 한다. 우리 시대 최고의 전문가들이 초·중등교육의 커리큘럼 구성과 교육내용 구성에 참여하는 것보다는 시민단체와 학부모, 학생 등 소비자가 지나치게 중심이 되는 방향으로 흘러가고 있는지는 않은지를 고민해 볼 필요가 있다. 균형이 중요한 데 너무 일방적으로만 흐르지 않는 것도 중요하다.

🌑 브루너의 학문 인생 – 심리학자에서 교육학자로

브루너의 "교육의 과정"은 1960년도에 발간된 이후에, 1977년도, 2002년도에 개정판이 출간되었다. 물론 내용은 동일하지만 아마 오타 정도는 수정했을 것이다. 1977년도에 브루너가 새롭게 쓴 개정판 서문에는 다음과 같은 일화가 실려 있다.

"이 책이 발간되고 난 이후에 일부 잘못된 해석이 존재함을 알게 되었다. 어느 날 어느 분이 나에게 다음과 같이 질문했다. '6살 학생(초등학교 1학년)에게 정말로 미적분을 가르칠 수 있다고 생각하세요?'"

책을 제대로 읽어 보았다면 이와 같은 질문을 하지 않았을 것이다. 그런데 초등학교 저학년에게도 기하학을 가르칠 수 있다. 미적분을 가르칠 수 있다는 식으로 단순한 지식중심의 교육과정으로 오인을 받기도 했다. 확실히 브루너가 집필한 "교육의 과정"의 두 번째 챕터에는 학문 중심의 사고가 반영되어 있다. 핵심 학문의 이론들이 초·중등교육의 교과내용에 학생들의 인식수준에 따라서 나선형으로 다양한 층위로 이어져 있어야 한다. 그러나 학생들에게 미적분 내용을 그냥 제시하라는 이야기는 아니다.

브루너는 "교육의 과정" 이후에 자신에게 제기되는 많은 교육방법에 대한 질문에 답하기 위해서 교수법(Theory of Instruction)에 대한 논문과 책을 집필하게 된다. 논문을 모아서 펴낸 대표적인 저서 중 하나인 "교수법 이론을 향하여(Toward a Theory of Instruction. 1966년 발간)"에서 브루너는 아동의 발달과 관련해서 Enactive, Image, Symbolic 프레임을 제시한다. 어렵지 않은 프레임인데, 실행해 보고 경험해 보는 단계로 Enactive를 이야기한다. Image는 그림, 형상 등을 보고 파악하고 이해해 나가는 단계이다. Symbolic은 상징적 부호나 언어를 통한 추상적 사고를 해 나갈 수 있는 단계이다. 얼핏 보면 피아제의 감각운동기/전조작기=Enactive, 구체적 조작기= Image+Enactive, 형식적 조작기=Symbolic으로 대응시켜볼 수 있을 것도 같다. 그러나 정확하게 일치하지는 않는다. 왜냐하면 피아제의 경우 전조작기에 언어능력이 급속히 발달하는데, 구체적 언어로서 구체적 표상을 지칭하는 기능을 하지만 언어 자체는 상징적 역할도 일정 정도 한다고 봐야 한다.

브루너는 이 프레임(E/I/S)을 그대로 유지는 하지만 발달단계로서 순차적이지는 않다고 30년 후에 발간한 책에서 입장을 변경한다. 1996년에 기존에 발표한 논문을 모아 발간한 "교육의 문화(Culture of Education)"라는 저서에서 이 E/I/S 프레임 자체는 유효하다고 보지만 반드시 순서적인 과정으로 볼 필요는 없다고 말한다. 때로는 상징적 사고가 먼저 시작될 수도 있으며, 구체적인 사례나 이미지를 통한 사고가 나중에 발달할 수도 있다고 말한다. 그리고 구체적 실행 과정에서도 상징적 사고가 함께 이루어질 수 있다. 이미지를 통한 사고와 상징적 사고가 중첩적으로 동시에 이루어질 수도 있다. 여하간 브루너는 "교육의 과정"을 집필하고 난 이후에 교육의 과정, 교육의 구조, 교육방법에 대한 이론 개발을 위한 소명을 가질 수밖에 없게 되었고 많은 교육저서를 출간하였다. 심리학자이긴 하지만 확실한 교육(심리)학자가 될 수밖에 없었다.

🔵 교육학자가 배제된 우즈 홀 회의

또 한편으로 우즈 홀 회의는 교육학자는 배제되고 주요 학문분과의 연구자로만 구성되었다는 일화가 전해져 온다. 당시 35명의 우즈 홀 회의 참석자가 함께 책의 초안을 작성했는데, 35명의 학문분과별(전공별) 분포 인원수는 다음과 같다.

심리학자 11명, 수학자 6명, 생물학자 5명, 물리학자 4명, 역사학자 2명, 영화촬영학 2명, 의학자 1명, 고전문학자 1명, 교육학자 3명.

학문분과별로 보면 그다지 균형 잡혀 있는 구성은 아니다. 심리학자가 상당히 많은 비중을 차지하고 있고, 과학(생물, 물리) 분야에서 지구과학이나 화학 등의 여타 분야의 학자들은 참여하지 않았다. 회의 참석자 명단에는 배제되었다고 알려진 교육학 분야에 Fischer, Chauncey, Carroll 등 3명이 참석한 것으로 명시되어 있다(해당 참석자 이름 옆에 전공분야가 Education이라고 적혀 있다).

이 세 명의 참가자에 대해서 한 번 살펴보자. 먼저 Fischer의 경우는 교육학자라기보다는 교육행정가로서의 경력을 갖고 있다. 중·고등학교에서 교직생활을 한 후 교감으로 일을 하면서 교육행정 박사학위를 취득하고 교육감으로서 교육행정업무에 종사하였다. 볼티모어 교육감 시절엔 학교인종통합정책(Desegregation Policy)을 적극적으로 추진하여 시민단체와 교육계로부터 존경을 받는 교육행정가가 되었다. 박사학위를 취득한 이후에는 컬럼비아 대학교 사범대학(Teacher's College) 학장으로 1959년도에 부임하였다. 부임 즉시 우즈 홀 컨퍼런스에 참석한 것이다. 당시 그는 존 듀이의 전인적 어린이(whole child, 학생중심)라는 교육 철학에 대해서 회의적이었고 지적 역량의 강화를 추구하였다.3 그에 따라 엄격한 학업기준을 강조하는 철학을 가지고 있었다(뉴욕타임즈, 2009).

Chauncey는 교육평가센터(Educational Testing Service, ETS), 즉 미국에서 SAT, TOEFL, GRE 등의 대학시험을 출제하는 기관의 설립자이자 초대 대표였다. 그는 하버드 대학을 졸업하고 하버드 대학에서 신입생 지원 행정업무 부학장 업무를 하다가, 1945년도에 프린스턴의 대학입학시험 위원회의 위원장의 직을 맡게 되었다. 그 후 1947년도에 ETS 창립을 주도하고, 창립 이후 1970년도까지 ETS 대표로서 활동하였다(뉴욕타임즈, 2002). 따라서 교육학 연구자로 보기에는 어렵고, 대학입시교육시험체제를 이끈 교육행정가로 볼 수 있다. 특히 시험을 통한 능력위주의 엄격한 선발체제의 구축을 위해 노력한 교육행정가로 평가될 수 있다.

---

3 존 듀이의 학생중심 교육철학은 진보주의 교육운동의 원류로 평가받는다. 그러나 전 듀이에 대한 본 책의 다른 챕터에서 과연 그런지에 대해서 살펴보도록 한다.

Carroll의 경우는 하버드 대학의 교육학 교수였다. 따라서 교육행정가였던 앞의 두 사람을 제외하면 캐롤 교수는 교육학자라고 볼 수 있다. 그러나 세부전공은 측정통계 분야로서 심리학에 가깝다. 하버드 대학에서 18년 동안 근무한 이후 1967년도부터 1974년도까지 ETS에서 근무한 후에 노스캐롤라이나 대학 심리학과 교수로 근무를 하고 퇴임하였다. 따라서 심리학자이자 언어학자, 심리측정학(Psychometrics) 연구자로 보는 것이 더 타당하다(위키백과, 2022).

따라서 우즈 홀 컨퍼런스에서 교육학자가 배제되었다고 해도 크게 틀리지는 않는다. 세밀하게 따져보면 엄격한 학업기준 수립, 시험을 통한 선발체제 구축, 측정평가도구의 개발 등을 주도한 교육행정가(Fischer, Chauncey)와 심리학자(Carroll)가 교육계를 대표해서 참여한 것으로 볼 수도 있다. 1900년대 초중반 당시, 학생중심 진보주의 교육철학이 학교현장에서 학생들에 대한 학업성취에 대한 기준을 낮추고 엄격한 학문중심의 교육과정으로부터 벗어나 실용주의적인 교육만 이루어지고 있다는 인식이 팽배했음을 시사해 준다. 그로 인해서 우주를 개척하는 인공위성 경쟁에서 소련에 패배했다는 평가가 이루어진 것이다. 과연 진보주의 교육철학으로 인해 초·중등학교에서 낮은 수준의 단순 재미 위주의 학생중심 교육이 이루어져 소련에게 진 것일까?

앞에서 언급한 바대로 듀이의 철학은 단순한 실용주의, 학생중심주의로만 그치는 것이 아니라, 학문의 엄격한 이론 학습을 강조하고 있다. 브루너의 "교육의 과정"이 '초등학생에게 미적분을 가르칠 수 있다'라는 오해를 가져왔듯이, 듀이의 "학교와 사회" 등의 저서가 '학생에게 살아가면서 필요한 실용적이고 재미있는 내용만 가르쳐야 한다.'라는 오해를 가져온 것은 아닐까 싶다. 오해의 해소는 과연 언제쯤 이루어질 것인가? 그런데 혹시 한국도 최근 진보주의, 혁신교육을 잘못된 이해에 근거해서 추진하고는 있지 않을까?

🔵 소환되는, 그리고 소환되면 (교육계에) 좋은 스푸트니크 충격

스푸트니크 충격은 2010년도에 오바마 전 대통령에 의해서 소환되기도 했다. 다음은 오바마 대통령이 2010년도 12월에서의 한 대학을 방문하면서 시행한 회견 내용의 일부이다(뉴욕타임즈, 2010).

"50년 후인 지금, 우리나라(미국)의 스푸트니크의 순간이 다시 돌아왔습니다. 교육과 과학 지출을 전체 경제규모의 3%에 이르도록 증액하는 것이 연방정부 예산안의 목표입니다. 우리는 우리의 경제성장에 가장 큰 영향을 주는 교육과 과학 분야에의 투자를 축소할 수 없습니다."

2010년도 당시 오바마 대통령은 연방정부의 관련 예산 삭감에 대한 공화당의 움직임과 맞서고 있는 상황이었다. 1950년대 말 스푸트니크 충격 당시에 연방정부는 10,000만 달러를 교육과정 개편에 투자한 바가 있다(뉴욕타임즈, 1982). 환율을 1달러에 1,200원으로 가정하면 1천200억원에 해당하는데 50년 전이니까 물가 수준까지 감안하면 지금의 20배는 넘는 금액일 듯싶다. 그렇다면 1950년대 후반 당시에 24조원에 해당하는 엄청난 교육과정에 대한 투자가 이루어진 것이다. 미국 교육계의 입장에서 보면 가끔 스푸트니크 충격이 소환되는 것은 반겨도 될 듯싶다. 미국의 교육계는 교육예산의 증가를 기념하기 위하여 다음의 건배사를 외칠 필요가 있다. 스푸트니크 만세!

아이들과 함께 영원히

피아제, 보이스카우트 운동을 찬양하다

"학교 신문과 서클의 조직,
학생 간의 다툼에 대한 중재 재판소 운영,
이러한 경험을 통한 능동적인 학교생활은
가장 훌륭한 수업보다도
시민의 의무로
학생들을 이끌어가도록
많은 일을 할 수 있습니다."

- Jean Piaget, "교육론" 중에서 -

🌀 피아제의 분신술?

2009년 한국교육개발원에서 교육대학교 교육과정에 대한 설문조사를 교대 학부생들을 대상으로 실시한 적이 있다. 그 중 인상적인 응답은 교대 학부생들이 10개 교과 수업을 들을 때마다 피아제를 매번 지겹도록 만나게 된다고 적고 있다. 마치 일본만화의 주인공 나루토가 분신술을 써서 여러 명이 되듯이 피아제가 모든 교과에서 등장한다. 그렇다면 도대체 피아제는 어떤 연구자이기에 모든 교과에 분신술을 써서 나타나고 있는 것일까? 그는 왜 계속 지겹도록 모든 교과에서 언급되고 있을까? 그 대답은 간단하게 확인해볼 수 있다. 다음에 제시되는 피아제의 저술들의 제목을 보면 이해가 된다.

*피아제의 저서 제목: 아동과 근대 **물리학, 생물**과 지식, 아동의 **철학들**, 아동의 **운동과 속도**에 관한 개념, 아동의 **물리적** 원인 개념, 아동의 **시간개념**의 발달, 아동의 **세계에 대한 인식, 발달과 학습**, 발달론적 인식론, 아동의 **기하학** 개념, 아동의 **수의** 개념, 학생들이 **수학개념**을 어떻게 형성하는가, 아동의 판단과 **논리적** 사고, 아동의 **언어**와 사고, 아동의 **도덕적** 판단, 아동의 **지능**의 기원들, 아동의 **공간**에 대한 개념과 발달 구조, 아동의 **놀이** 꿈 그리고 모방, **상징과정**과 의식의 문제, **지능**의 심리학, 아동의 정신발달에서 **정서와 지능**과의 관계, **구조주의, 발명**에 대한 이해와 교육의 미래, 아동들 간의 **언어 표현**과 이해 등등

물리, 생물, 운동과 속도, 수학개념, 기하학, 언어, 도덕, 철학, 논리, 지능, 발명, 놀이 등 피아제의 논문과 저서에 등장하는 키워드는 모

두 아동의 중요한 지적발달분야이자 제반 교과교육학과 연관되는 내용들이다. 우리는 흔히 피아제의 발달 단계론만 알고 있지만, 피아제는 그 이상의 연구자다. 피아제는 제반 분야에 대한 발달과정을 폭넓게 연구하였고 이러한 연구성과로 인해서 1960년대 이후 영미권의 심리학계에서 큰 주목을 받게 된다. 5장에서 소개된 스키너가 20세기의 미국심리학에 가장 영향을 준 심리학자 1위로 조사되었는데, 피아제는 해당 조사에서 2위로 선정될 만큼 심리학계에 많은 영향을 준 연구자이다.

특히 미국에서는 앞에서 언급한 브루너의 "교육의 과정" 저서의 제3장 '학습의 준비성'에서 소위 피아제가 이끌고 있던 심리학의 제네바 학파의 의견이 발췌되어서 제공됨으로써 사실상 1960년대 이후 미국의 교육과정에 큰 영향을 준 것으로 볼 수 있다. 따라서 피아제의 연구와 이론을 살펴보지 않을 수가 없다.

🔵 피아제 원저서의 한글번역본 찾기의 어려움

가급적 1차 원 저서를 읽으면서 책을 쓰고 있기 때문에 피아제의 이론과 연구내용을 살펴보기 위해서 피아제가 쓴 원저의 번역서를 찾아보았다. 그런데 마땅한 번역서가 많지 않았다. 피아제는 스위스 태생인데, 프랑스어를 사용했기 때문에 피아제 원서는 프랑스어로 되어 있어서 한국어로 많이 번역이 안 된 것 같다. 그래서인지 피아제의 저서를 미국에서 소개한 책을 한국어로 번역한 2차 서적이 주로 있었다.

그런데 이리저리 찾아보니 다행스럽게도 한국어로 번역된 책 중에서 오래 되어 시중에서 구할 수 없는, 피아제와 인헬더(Inhelder)가 공동으로 1966년도에 저술한 "아동의 심리발달"이란 제목의 책이 필자가 근무하는 대학 도서관의 보존자료실에 조용히 숨어 있었다. 이 책은 아주 오래전에 퇴임하신 한 교수님이 기증하신 책인데 1969년도에 영어로 번역이 되었고, 한국에는 1980년도에 해당 영어 원서가 한국어로 번역되어 출간된 서적이다.[1] 그리고 찾아보니 2015~2016년도경에 일본어를 전공하신 분이 일본어 판 피아제의 원서를 번역한 "수의 발달심리학", "창조적 지능의 개발(피아제의 일본 방문 강연록)"이 있었다. 일본어 판을 번역한 "수의 발달심리학", "창조적 지능의 개발" 이 두 권을 읽을 경우 일본식 번역 한자어에 적응해야 한다는 약간의 불편함은 있지만 피아제의 목소리를 직접 접할 수 있다는 장점이 있다. 특히 피아제의 일본 방문 강연록인 "창조적 지능의 개발"은 상대적으로 쉽게 쓰여진 책이다.

그리고 2005년도에 발간된 장 피아제의 "교육론"이란 책이 있었다. 1998년도에 프랑스에서 피아제의 교육에 대한 강연과 발표를 모아서 발간한 책을 프랑스어 전공자가 한국어로 번역한 책이었다. 이 피아제의 "교육론" 번역서는 프랑스어 전공을 하신 분이 번역을 했기 때문에 상대적으로 읽기가 편했다. 특히 이 책은 피아제의 교육에 대한 직접적인 의견이 제시된 논문 혹은 발표문을 모은 책이라서 시간이 될 경우 한 번 정도 읽어 볼 필요는 있다(다만 인내심이 필요하다).

그 밖에 미국의 학자들의 피아제 연구를 소개한 영문 서적을 한글로 번역한 소위 2차 서적들은 크게 문제가 있는 것은 아니다. 미국의 학자들이 피아제 연구내용을 그 나름대로 구체적으로 소개하고 있으며 피아제 저서의 문구를 직접 인용하고 아이들의 양적 개념에 대한 실험

---

1 Piaget J. & Inhelder, B.(1969). The Psychology of the Child. Basic Books: N.Y.

등에 대해 피아제가 제시한 사례들을 그대로 인용하고 있는 경우가 많기 때문에 피아제의 연구를 이해하는 데 상당한 도움이 된다.2

🌐 생물학자이자 논리학을 사랑한 피아제

피아제의 아동발달 관련 번역본, 피아제를 소개한 책들, 그리고 피아제의 일본강연집 등을 보면 피아제의 아동발달 연구는 상당히 생물학적인 시각에 근거하고 있음을 알 수 있다. 그 이유는 피아제는 생물학에 대한 관심에서부터 인식론에 대한 관심을 가지면서 연구를 확장해 왔기 때문이다.3

피아제의 경력을 다룬 책의 내용들을 보면 피아제는 어렸을 때부터 상당한 천재적 기질, 관찰의 능력을 보여 주고 있다. 피아제는 1896년도에 출생했는데, 만 11세의 나이쯤인 1907년도에 한 쪽짜리이긴 하지만 뇌샤텔 박물관 잡지에 하얀 참새에 대한 연구 글을 기고하였다. 그 연구 글을 보고 피아제의 능력을 알아본 박물관장에 의해서 주 2일 방과 후 비상근 실험조수로 채용되어서 연체동물을 연구한다. 그리고 1911년까지 연체동물 관련 논문을 발표하여 주목을 받는다. 그리고 1918년도에 연체동물 연구로 박사학위를 취득한다.4 아마도 그 이후에 연체동물 연구를 계속했다면 피아제는 세계적인 동물학자, 혹은 생물학

---

2 Richmond, P. G.(1994). 피아제 이론 입문. 강인언 역. 학지사; Pulaski, M. A. S.(1980). 어린이를 위한 피아제 이해. 이기숙, 주영희 역. 창지사; Kamii, C. & DeVries, R.(1979). 삐아제 이론과 유아교육. 박재규 옮김. 창지사.

3 피아제, 교육론 1장.

4 Crain, W. C.(1980). Theories of Development: Concepts and Applications. 김명자 옮김.

자로서 명성을 높였을 것이다.

그러나 그는 생물학 박사학위를 받긴 했지만 인식론에 대한 관심이 많았다. 특히 대학시절에 칸트, 스펜서, 콩트, 에밀, 윌리엄 제임스[5] 등 많은 사상가들의 책들을 공부한 바가 있었고, 그에 관한 책도 저술한다. 그리고 박사학위 취득 이후에는 심리학에 대한 관심으로 정신병원에서의 임상에의 참여 등 많은 심리학, 정신의학을 공부한다. 심리학, 정신의학을 공부하던 시기에는 동시에 기호논리학과 현대 수학, 특히 논리학을 개인적으로 공부한다. 나중에 피아제의 아동에 대한 임상적 연구방법과 아동의 양과 수의 인지발달과정에 대한 연구내용은 이러한 임상의학과 현대 수학과 논리학에 대한 개인적 학습이 축적되었기에 가능한 것으로 볼 수 있다. 즉, 추후 아동에 대한 발달을 임상적으로 관찰하는 방법은 임상강의 수강과 실제 정신병원에서의 임상참여 경험이 바탕이 되었다. 그리고 여러 수학적 문제(물론 간단한 문제지만)에 대한 아이들에 대한 질문을 통한 연구를 통해서 저술한 "수의 발달심리학"은 수학과 논리학에 대한 피아제의 폭넓은 수학 지식을 바탕으로 한다.

그런데 이러한 임상연구에 대한 대학에서의 경험, 그리고 개인적으로 진행된 수학과 논리학 학습이 아동발달 연구로 이어질 수 있었던 것은 비네 연구소에서의 경험이 계기가 되었다. 많이 소개되다시피 피아제는 비네 연구소 – 추후 미국에서 터먼(Terman)이 보완하여 개발한 IQ 테스트의 출발지 – 에서 어린이의 지능 테스트를 개발한 시몬 박사로부터 관련 지능검사지 개발과 표준화 업무를 제안받으면서 아동의 인지발달에 대한 연구를 시작하게 된다. 그 과정에서 표준화 시험에 대

---

5 이 책의 에필로그 맨 마지막에 바로 이 윌리엄 제임스가 언급한 교육의 적에 관한 내용이 인용된다.

해 의문을 품고 아동들의 발달에 대한 질적 관찰에 근거한 연구를 수행한다. 특히 결혼을 한 이후에 1925년도 이후 자녀 3명(Jacqueline, Lucienne, Laurent)에 대한 임상적 관찰을 통해서 아동인지발달 연구를 수행한 것으로 유명하다. 피아제는 일본 강연에서 자신이 직접 발달과정을 관찰하고 연구한 자녀의 이름을 공개하고(아마 그 이전에도 공개했겠지만) 아동의 인지발달단계를 설명하기도 하였다.

피아제는 몇 년간의 연구 결과 아동의 인지발달에 대한 책을 발간하게 되며, 일약 아동발달 연구 분야에서 떠오르는 스타가 된다. 피아제의 아동발달이론의 핵심 내용은 우리가 많이 들어 본 4단계 발달이론이다.

● 피아제의 4단계 발달이론

피아제의 4단계 발달이론을 정리하면 다음 〈표 7-1〉과 같다. 그런데 해당 단계의 경우는 명확하게 개월 수를 구분하기에는 어려움이 있다. 예를 들자면 표에서 제시된 각 단계별 연령대 중에서 구체적 조작기(물리적 속성(숫자, 질량)의 보존개념의 출현시기)가 시작되는 시점을 피아제는 5~7세가량이라고 보고 있다(피아제, 일본강연집. p.54). 즉, 정확한 발달단계의 시작 시기는 아이들마다 일정정도 편차가 존재할 수 있다.

교육학적으로 보면 전조작기가 영유아교육과 관련이 된다. 구체적 조작기는 일반적으로 초등학교 시기이며, 형식적 조작기는 중등학교 이후 그리고 성인까지의 그 모든 시기를 의미한다. 사실 형식적 조작기라고 하더라도 연령이 매우 높아지면 다시 구체적 조작기나 전조작기로 인간의 인지능력이 하향될 수도 있을 것인데, 이는 아마도 노인교육학

단계	발달에서의 주요 특징	교육적 시사점
감각운동 (출생~24개월)	• 영아는 감각을 통해서 세상을 경험 • 도식을 발달시키고, 의도적으로 행동하기 시작 • 대상영속성 인지의 한계	• 다양한 사물을 접하게 함 • 부모의 책 읽어 주기, 세상을 설명해 주기
전조작 (2~6세)	• 아동은 운동기술을 습득 • 언어발달(2~4세) • 물리적 속성(양, 보존 등)을 이해하지 못함 • 자아중심적 사고, 애니미즘적 사고를 함 • 타인의 마음에 대해서 이해하기 시작함	• 동화 책 읽어주기 등 언어발달을 위한 부모의 적극적 양육의 필요성 • 교육용 장난감 등을 통한 구체적 조작(4~6세) • 친구와의 다양한 역할이나 모방놀이 장려
구체적 조작 (6~11세)	• 구체적인 물리적 대상과 사건에 대해 논리적 사고 가능 • 물리적 속성(수, 질량)의 보존 등을 이해, 수적 물리적 가역성 획득(보존개념, 가역성개념 등은 5세에서도 가능) • 복잡한 언어 문제와 가상적 문제는 해결하지 못함	• 발견학습, 다양한 교육적 체험, 실생활과의 연계성 속에서 과학적 이론 탐색
형식적 조작 (11세 이후)	• 추상적 명제와 가설에 대해 설정하고 논리적으로 사고할 수 있음. 과학적으로 사고함 • 복잡한 언어적, 가상적 문제 해결 • 인지구조의 성숙	• 학술적 개념에 대한 직접적 지도. 교사의 지적 지도의 강화

주: 피아제와 인헬더(1969), Piaget(1970). 방일 강연집 등 참조.

분야에서 다뤄질 것 같다. 초고령화 사회를 맞이하고 있는 지금은 피아제의 발달이론을 '가역적으로(reversibly)' 적용해서 노인들의 인지가 형식적 조작기에서 구체적, 그리고 전조작기로 이행하는 것을 분석하고 있을지도 모르겠다. 그런데 뇌과학 연구에 의하면 뇌는 사용할수록 발달하기 때문에 노인기의 인지능력의 이러한 퇴보는 상당히 예방가능하다고 한다.

지금 막 언급한 가역성은 일종의 논리적 사고인데 전조작기에는 아동들이 가역적 사고를 하지 못하는 것으로 분석된다. 가역적 사고는 말 그대로 어떠한 경과과정을 역으로 더듬어 사고하는 것을 의미한다. 조립한 대상을 분해할 수 있으며 분해한 대상을 다시 조립해 가는 과정을 할 수 있음을 의미한다. 만약 두 개의 동일한 길이의 막대기를 둔 상태에서 하나의 막대기를 옆으로 밀면, 마치 옆으로 삐져나온 막대기가 더 길다고 인식하는 경우가 있다. 이 경우 다시 반대 방향으로 밀면 동일한 길이임을 인식할 수가 있는데 전조작기는 그러한 가역적 사고를 하지 못하는 시기이다. 막대기 사례를 그림으로 설명하면 다음과 같다. [그림 7−1]은 A에서 아래에 위치한 막대기를 살짝 오른 쪽으로 민 것이다. 전조작기의 아동들은 B의 아래 막대기가 더 길어졌다고 말한다 (피아제, "방일 강연집" p.63).

그리고 물리적 속성, 질량의 보존성에 대해서도 전조작기에는 가역

▶ 그림 7-1 전조작기의 아동의 길이에 대한 인식 사례

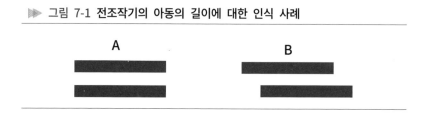

A   B

적 사고 등을 통해서 논리적으로 파악하지 못한다. 다음 사례를 보자.6

　4살의 전조작기 어린이에게는 자기중심성의 사고와 정적인(static) 표상만을 가진다. 일단 [그림 7-2a]에서 "달걀과 컵의 개수가 같습니까?"라고 물어 보면 아이는 "네."라고 대답한다. 이 시기에는 전조작기이긴 하지만 정적인 표상에 기반하여 동일성에 대한 인식은 존재한다. 그런데 [그림 7-2b]처럼 달걀을 컵에서 내려놓아서 모아 놓고 "달걀과 달걀을 올려두었던 컵이 같습니까?"하고 물으면 "달걀 컵이 더 많아요."라고 대답한다. 이때 단지 이미지적으로, 즉 컵이 옆으로 더 퍼져있

6 피아제의 숫자에 대한 연구 The Child's Conception of Number.

고 달걀이 공간적으로 더 오밀조밀하게 모여 있기 때문에 숫자적 개념
을 갖추지 못한 상태에서 달걀이 더 적다고 인식하는 것이다.

그렇다면 [그림 7-2c]처럼 달걀을 달걀 컵보다 더 양 옆으로 길
게 늘여놓고, "이제는 달걀과 달걀 컵의 개수가 같습니까?"하고 아이에
게 물어보면 "아니요. 달걀이 더 많습니다."라고 대답한다. 전조작기에
는 이러한 수의 (보존)개념보다는 정적으로 전반적인 표상, 혹은 보이는
느낌대로 판단한다.

피아제는 "수의 발달심리학" 등에서 여러 아이들에게 이러한 다양
한 사례를 제시하고 아이들의 인식발달에 대해서 연구한다. 그 사례가
엄청나게 광범위하다. 또 유명한 연구는 물질의 양에 대한 실험인데 다
음 [그림 7-3] 사례이다.

[그림 7-3]에서 제시된 물의 양의 보존에 대한 문제는 피아제의
연구 중에서 가장 많이 인용된다. 그림에서 위의 두 컵은 동일한 양의
물을 담고 있다. 한 컵을 폭이 좁은 컵에 또 한 컵은 폭이 넓은 컵에 각
각 부은 후에 물의 양이 같은지를 물어보면 전조작기의 아이들은 높은
컵이 양이 더 많다고 대답한다.7 이때 여러 실험과정에 따라서 어떤 경

---

7 https://www.youtube.com/watch?v=gnArvcWaH6I 등의 유튜브 채널에서 관

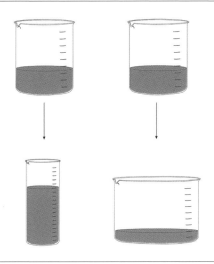

우는 폭을 고려해서 폭이 넓은 쪽이 더 많다고 대답하기도 한다. 이러한 인식은 양의 보존성에 대한 사고능력이 덜 발달한 상태이기 때문에 정적인 측면에서 표상에 따라서 높이를 기준으로 하거나 단순히 옆으로 늘어진 폭을 기준으로만 단편적으로 접근하게 된다. 또 한편으로는 가역적 사고를 하기 못하기 때문에 [그림 7-3]의 아래 두 컵의 물의 양이 다르다고 판단하는 것으로도 볼 수 있다.

즉, 그림 중간의 화살표의 방향을 위로 해서, 즉 거꾸로 아래 컵의 물을 위의 동일한 크기의 컵으로 다시 부어 넣으면 동일한 양의 물임을 구체적 조작기부터는 추론할 수가 있다. 가역적 사고가 가능한 대략 6살 정도가 되면 [그림 7-3]의 문제에 대해 아이들이 정확하게 답변할

련 실험 동영상을 보여준다. 시간될 때 동영상을 시청해보자. Piaget experiment로 검색하면 유사한 피아제의 실험 동영상을 확인할 수 있다.

수 있다. 따라서 전조작기는 인식의 논리적 체계에서 가역성과 물리적 보전 등의 개념이 형성되기 이전 시기이다. 피아제는 어린이가 구체적 조작기에 진입하는 시점에는 이러한 가역성 등의 사고체계가 반드시 획득되어야 한다고 본다. 그러지 않으면 향후 학습에서 어려움을 겪게 된다.

피아제는 이와 같이 아동의 정신 발달에 대한 연구에 매진하였다. 그런데 이 네 단계의 구분을 잘 보면 핵심어로만 놓고 보면 크게 감각 운동기와 조작기로 구분할 수도 있을 것이다. 조작기는 전(前), 구체적 (具體的), 형식적(形式的)으로 나누어진다. 조작기는 매우 중요한 의미를 가지는데 일종의 사고와 논리(가역성, 물리적 속성의 보전 원리, 논리적 사고)가 발전하는 시기를 의미한다고 볼 수 있다. 전조작기라는 말은 구성하는 사고가 어려운 시기를 의미한다.

이 시기에는 사물에 정령이 있다는 사고방식, 이른바 애니미즘 (animism)이 아동의 사고에 존재하고 세상이 자기를 위해서 존재하고 움직인다는 자기중심적 사고의 특성을 보인다. 이때 자기중심적 사고는 이기주의와는 다른 의미라는 점을 상기할 필요가 있다. 그리고 자신의 제한된 경험과 인식의 안에서 사고를 한다. 3살 아이들에 대해서 피아제가 언급한 사례를 보면 다음과 같다.

3세 7개월 아이: "계단이 무서워요. 그것들이 나를 때려요."

3세 2개월(피아제의 둘째 루시엔느): 루시엔느는 도로에서 마차가 우리를 향해 똑바로 오는 소리를 듣고 무서워졌다. "나는 그것이 여기로 오는 것을 원치 않아. 나는 그것이 저쪽으로 가기를 원해." 마차가 루시엔이 원하는 대로 지나가자 루시엔은 다음과 같이 말한다. "내가 그것이 여기로 오는 것을 원하지 않았기 때문에 그것이 저쪽으로 가는 것을 당신이 본거예요."

4세 6개월: "나는 발을 구르고 있어. 왜냐하면 만일 내가 발을 구르지 않는다면 스프는 맛이 없고, 만일 내가 발을 구른다면 스프가 맛있기 때문이야."[8]

피아제가 임상적 관찰 사례로 제시한 이 세 사례를 통해 아이들은 자신의 경험에 근거하여 사물을 자기중심적으로 파악하고 있음을 알 수 있다. 계단이 무서운 것은 과거에 계단에서 넘어졌거나, 계단에 무릎을 부딪치거나 해서 다친 경험이 있기 때문이다. 계단이 일종의 정령이 있는 것처럼 자기를 아프게 했다고 판단하고 있다. 두 번째와 세 번째는 자기중심적 사고임과 동시에 스키너가 말한 일종의 미신적 사고이기도 하다.[9] 두 번째 사례는 자신이 원하는 대로 이루어졌다는 것을 의미한다. 세 번째는 과거에 발을 구르고 있었을 때 엄마가 준 스프는 맛이 있었던 과거의 경험을 연계한다. 발을 구르지 않고 있을 때 엄마가 준 스프가 맛이 없었던 경험이 존재한다. 그래서 맛있는 스프를 먹으려면, 발을 굴러야 한다. 즉, 발 구르기는 일종의 2023년도 초에 유행한 다나카 상의 개그 유행어 "오이시쿠나레(맛있어져라)"이다.

필자의 사례인데 어렸을 때(전조작기)에 초가집을 보고 어머니께

---

8 피아제. Play, Dreams and Imitation. p.252, p.258. 첫째 사례는 p.252, 두 번째와 세 번째는 p.258. 피아제 이론 입문에서 재인용.
9 스키너는 비둘기도 미신적 사고를 한다는 논문을 발표하기도 했다(스키너, 1948). 비둘기의 지능은 전조작기 정도 될 수 있을 것이다. 그러나 동물의 생각에 관한 생각이라는 책에서는 인간과의 단계적 비교를 비판한다.

"지붕 위에 머리털이 났어."라고 말을 한 적이 있다고 한다. 엄청 재미있었다고 어머니께서 가끔 필자의 전조작기를 떠올리시면서 웃으면서 말씀하신 기억이 난다. 필자가 문학적이고 멋진 비유능력을 보여준 것으로 보아야 할까? 그렇지 않다. 즉 볏짚의 존재를 모르기 때문에 자신이 경험하고 알고 있는 머리카락으로 초가집 지붕의 볏짚을 표현한 것일 뿐이다. 그리고 위치적으로 보면 지붕이 집에서 위쪽이니까, 인간으로 보면 머리와 같은 위쪽에 위치하고 있다. 그래서 지붕 위에 '머리털'이 났다고 표현한 것일 뿐이다. 머리카락이란 단어도 모르고 고작 머리털이라는 단어밖에 몰랐던 필자였다.

피아제에 의하면 이러한 뭔가 멋있어 보이는 아이들의 비유적 표현은 개인의 관점과 활동을 만족시키기 위해서 현실을 왜곡하는 것이다. 그렇지만 많은 부모들은 이러한 아이들의 표현을 접하면서 창의성이 있다고 크게 해석한다.

그런데 어디서나 다양한 의견이 존재한다. 피아제가 틀리고 이러한 부모님의 해석이 맞다고 주장하는 학자도 있다. 버클리 대학 심리학과 교수인 고프닉(Allison Gopnik)은 아이들의 엉뚱한 창의적인 사고로 인해서 인류가 달나라로 갈 수 있었다고 해석한다. 창의적인 아이디어가 떠오르지 않을 때에는 아이들에게 어떻게 하면 좋을지 물어보자. 그러면 정말 생각지도 못한 창의적인 방안을 아이들이 이야기해줄 수도 있다고 한다. 고프닉의 말이 맞을 가능성도 높다.[10]

---

10 https://www.youtube.com/watch?v=ggofc-kDk6w 참조. 유튜브에서 Ted Talks, Alison Gopnik의 강연을 시청해 보자. 강연 제목은 "When (and Why) Children are More Creative than Adults."이다. 그리고 피아제는 감각운동기에 아동의 사고가 매우 제한적이며 사물의 연속성에 대한 인식을 못 한다고 보고 있다. 그러나 Gopnik을 비롯한 여러 연구자들의 실험에 의하면 4개월 이후의 아동도 확률적 사고를 하고 덧셈개념도 가지고 있으며 사물의 연속성도 파악하

한편 우리가 헷갈리지 말아야 할 점은 구체적 조작기, 형식적 조작기에서 조작이라는 'operation'이라는 단어가 작동이나 단순한 움직임을 말하는 것이 아니라는 점이다. 앞의 행동주의 심리학에서 언급된 '조작적(operant) 조건화'의 '조작'과도 다른 의미이다. 피아제가 언급한 조작(operation)은 일종의 사고와 인지의 과정으로 볼 수 있다.

한편 아동의 인지발달에 있어서 피아제가 제시한 주요한 몇 가지 개념어가 있다. 동화(assimilation), 조절(accommodation), 균형(혹은 평형상태, equilibrium), 그리고 도식(스키마, scheme)이다. 도식의 경우 스키마 혹은 셰마라고도 번역되기도 한다.[11]

동화는 아이들이 이미 갖추어진 인지능력에 바탕을 두고 경험하는 것을 받아들이는 것을 의미한다. 동화는 아이들의 기존 인식의 주체적 역량이 외부에서 새롭게 주어지는 경험 등을 내재화시키는 것을 의미하기도 한다. 이때 자신의 도식이 구성된다. 도식은 세상이 작동하는 방식에 대한 나름의 인식 틀이다. 예를 들어 아이들은 어느 날 끈을 잡아당기게 된다. 그러면 내가 이 끈을 당기면 나에게 올 것이라는 인지적 틀이 성립된다(Piaget & Inhelder, 1971. p24).

조절은 그 반대로 보면 된다. 기존의 자신의 사고로서는 이해하거나 동화시키지 못해 낼 때 자신이 생각이나 개념 등을 변화시키고 맞춰

며 도덕적(권선징악적) 사고도 한다는 연구가 있다(Gopnik, 2012; Hamlin et al, 2007). 이 연구들은 피아제의 감각운동기에 대한 이론과 다른 입장을 보여준다. 고프닉의 책 몇 권은 번역되어 있다. 고프닉(2009) "우리 아이의 머릿속(The Philosophical Baby)"도 참조하면 좋다. EBS 아기성장보고서 제2편 '아기는 과학자로 태어난다'는 관련 실험을 재현해서 보여 준다. 그러나 피아제 비판에 대한 반박 등 관련 논쟁은 있다(Lourenco & Machado, 1996).

11 80년대 초에 번역된 피아제와 아동심리학에서는 셰마라고 번역하고 있으나, 하버드 대학의 Schacter et al의 심리학 개론 책의 번역서에서는 도식으로 번역하고 있다.

나가는 것이 조절이다. 끈을 당겼는데, 끈 한쪽이 어딘가에 묶여 있거나 할 때 끈이 나에게 오지 않으면 끈이 오지 않을 수도 있다는 사고를 하게 된다. 즉, '어떠한 조건이나 상황에서는 끈을 당겨도 나에게 오지 않는다.'라는 도식을 구성하게 된다. 즉, 도식이 수정되면서 조절이 이루어진다.

이러한 동화와 조절의 작용을 통해 아이들의 인지능력은 상호작용 속에서 성장해 나간다. 아이들만이 아니다. 각 발달단계에서 다양한 동화와 조절이 발생하며 외부세계와의 균형을 이루어 나간다. 인간의 인지발달은 이러한 균형의 유지를 추구한다.

예를 들면, 일반적으로 사람은 물건을 앞으로 들게 된다. 그런데 어느 날 일정 정도 무게 이상의 물건을 앞으로 들게 되면 허리가 아플 수도 있다는 사실을 경험하거나 혹은 책이나 유튜브를 보고 인식하게 되면 도식을 조절하게 된다. 무거운 물건을 앞으로 들지 않고 뒤로 업거나, 도구를 이용해서 끄는 등 다른 방식으로 이동시키게 된다. 동등화 혹은 평형화는 이러한 외부세계와 본인의 인지세계의 불균형을 맞춰 나가는 것을 의미한다. 이는 일종의 적응이라고도 해석할 수도 있다.

🔵 피아제 연구의 교육학적 의미

이 4단계를 구분하는 것은 교육학적으로 어떤 의미를 가질까? 피아제에게는 핵심 측근 동료인 인헬더라는 연구자가 있다. 피아제는 제네바의 연구소에서 많은 연구활동을 하고 많은 동료 학자를 배출해왔으며 이른바 제네바 학파라는 연구 흐름을 창출해 냈다. 이 제네바 학파의 1인자는 당연히 피아제이고 소위 넘버 투, 2인자라고 한다면 바로 인헬더 박사로 볼 수 있다. 앞에서 소개한 브루너의 "교육의 과정" 3장에서 피아제의 이론을 소개한 글을 쓴 박사가 바로 그 인헬더이다. 인헬더는 당시에 우즈 홀 미팅에 직접 참석하여 스키너와 브루너와 함께 교육방법에 대해서 열띤 토론을 한 것으로 알려져 있다(Pulaski, 1980. p.210).

피아제나 인헬더나 모두 이 4단계의 발달 단계는 일정 정도 어느 문화권의 아이들에게서나 보편적으로 나타나며 큰 변화가 없다고 보고 있다. 인헬더 박사가 일본에 방문해서 언급한 해당 강연 내용이다.

"인식발달이 문화 내지 하위문화의 영향이나 특별한 교육실천에 의해서 근본적으로 바뀌지 않는다는 것입니다. 예를 들어 뛰어난 교육 커리큘럼이라도 그 자체로는 사고구조를 바꿀 수 없다고 생각하고 있습니다. 우리가 어린이에게 줄 수 있는 모든 것은 어린이의 자유로운 지적 수단에 따라 어린이의 손에서 동화되는 것이 되겠지요. 그리고 그들의 능력은 각 발달 단계에 따라 다릅니다."(피아제, "방일 강연집" p.70)

앞의 〈표 7-1〉에서 정리된 4단계의 발달단계는 여러 나라의 문화나 개인적 발달의 차이에 따라서 일정 정도 편차는 있을 수 있겠지만, '근본적으로'는 그 단계가 바뀌지 않는다. 그렇지만 이러한 점이 교육자에게 무력감을 주지는 않고 교사가 학생을 그냥 아무 계획 없이 기다리자는 것을 암시하지는 않는다. 인헬더는 이 점을 명확하게 언급한다.

"발달심리학은 일정한 연령에서의 능력을 분명하게 한 것뿐만 아니라 어린이가 직면하는 어려움의 특성을 밝혀 왔습니다. 아이들이 어려움을 겪는 것은 우연한 것이 아닙니다. 그것은 각 발달단계에 특징적인 것입니다. 그러므로 효과적으로 (아동발달을) 촉진하는 유일한 방법은 어린이들의 능력과 곤란에 대한 광범한 지식에 근거한 교육 커리큘럼을 만들어 내는 것입니다… (중략) … 무엇을 어떻게 가르쳐야 하는가에 대한 보다 나은 지식이 보다 뛰어난 능력과 큰 행복을 어린이들에게 가져오게 하리라는 것을 의심하지 않습니다."(피아제, "방일 강연집" pp.71~73)

피아제 역시 유사한 언급을 한다. 이 두 언급은 모두 일본에 방문한 1970년도의 피아제의 입장인데 발달단계에 따른 구체적 교육계획과 함께 개인차를 고려해야 함을 언급한다.

"아동의 자연적인 발달단계라는 것이 있고, 그 각 단계에서 다양한 가능성을 가지고 있습니다. 그리고 각 단계에 맞추어 학교교육의 프로그램, 커리큘럼이 만들어지고 있는 것은 매우 잘 계획된 일입니다. 그러나 그 나름의 어려움이 있습니다. 그것은 말할 것도 없이 각 개인의 차이를 균등화한다는 것입니다. 내가 강조하고 싶은 것은 각 단계에서 다음 단계로의 이행을 어떻게 하는가보다는 각 단계마다 교육을 어떻게 충실하게 (개인의 발달단계에 맞춰서) 하는가란 쪽이 본래의 교육목표라는 것입니다."(피아제, "방일 강연집" pp.123~124)

아동의 발달단계를 지나치게 무시해서도 안 된다. 다만 최근의 연구들은 각 단계의 시기가 명확하게 구별되지는 않는다고 보고 있다. 가을이 반드시 9월 초에 시작하지 않고 8월 말이나 9월 말, 혹은 10월 초에 시작되는 계절적 변화의 편차처럼, 아동들 역시 전조작기와 구체적 조작기의 시기가 다를 수가 있다. 중요한 것은, 따라서 전조작기에서 구체적 조작기로 넘어갈 수 있는 가능성이 있는 시기부터 아이들이 구체적인 사례를 통해서 조작, 즉 논리적 사고를 할 수 있도록 기회를 부여하는 것이 필요하다는 점이다. 유치원 시기에도 과거 초등학교 1학년 시기에 시작하던 한글 읽기와 쓰기, 그리고 매우 기초적인 수의 개념을 시도해 보는 것이 필요할 것이다. 다양한 교육적 시도는 매우 중요하다.

🔵 피아제의 몬테소리 교육법 비판

1970년도 피아제가 일본에 방문했을 당시 일본 학자와의 인터뷰에서 몬테소리 (유아) 교육법에 대한 질문이 있었다. 흥미롭게도 피아제는 몬테소리 교육법을 비판한다. 몬테소리 교육법에 대한 피아제의 비판적 시각을 보면, 한 연구(장상호, p.44)에서 피아제의 관점이 몬테소리 교육관과 크게 다르지는 않다는 언급은 너무 단순한 비교로 보인다. 다음의 피아제의 몬테소리 교육법에 대한 비판 내용을 읽어보자.

"저는 몬테소리는 감각교육의 이론에 무게를 지나치게 두고 있다고 생각합니다. 장난감을 아동에게 줌으로써 유아의 활동을 촉발한다는 방향을 취하고 있는데, 이에 대해 두 가지 점을 지적하고 싶습니다. 첫째, 몬테소리는 유아의 활동을 촉발하는 것을 목표로 유아의 감각 그 자체를 촉발하고 있습니다. 정신활동은 감각보다도 더욱 중요하고 포괄적인데 몬테소리 활동은 그 점을 못보고 있습니다. 두 번째는 몬테소리가 유아에게 주는 감각교육의 소재가 지나치게 표준화된 것이라는 점입니다. 아동의 지능은 매우 유연하고 개인에 따라서 편차가 심한 것이 특징입니다. 그것을 감히 감각

교육이라 칭하고 획일주의를 취한다는 것은 유아의 능력을 애석하게도 고정화해버리는 것, 즉 유아의 능력을 제한하는 결과로 되는 것이 몬테소리 방법의 근본적인 결함이라고 생각합니다."(피아제, "방일 강연집" p.122)

피아제의 몬테소리 교육에 대한 비판 내용을 잘 읽어보면 근본적으로 아동의 지능발달에 대해서 매우 깊게 고민하고 있음을 알 수 있다. 감각교육은 단지 감각발달에만 머물러서는 안 되며 아동의 인지발달과 연계해서 교육적 방향을 가져야 한다. 즉, 브루너의 "교육의 구조"에서도 관련 내용이 언급되었지만, 아동들을 대상으로 하는 제반 감각교육이나 여러 활동이 이론적인 측면에서 진지하게 고려해서 설정되고 제안되어야 한다는 점이다. 만약 레고를 가지고 논다면 건축학적 사고 등이 연계되어서 다양한 놀이가 이루어져야 한다. 감각 그 자체의 개발에만 머물러서는 안 된다.

특히 아동의 다양성을 고려하지 않고 시행되는 일률적인 감각교육은 아이들의 다양한 능력개발에 긍정적이지 않음을 강조하고 있다. 다양한 아동의 지능 혹은 마음을 개발하기 위한 다차원적인 측면에서 유아들의 놀이가 이루어질 수 있어야 한다.

🔵 피아제가 제시한 구체적인 도덕교육 사례
   ### : 착하기 대회, 스카우트 활동, JRC

그렇다면 피아제가 제시한 구체적인 교육법은 무엇이 있을까? 먼저 도덕교육에 대해서 살펴보자. 특히 유아단계와 초등교육 단계에 대한 연구를 많이 한 피아제는 도덕교육에 대해서 많은 관심을 가지고 있었다. 피아제의 저서 중에서는 아동의 도덕발달에 대한 책도 있다(The Moral Judgment of the Child, 1932). 도덕발달에 대한 저서가 별도로 있을 만큼 과학이나, 수학, 언어 등의 인지능력발달과 더불어 도덕발달에도 관심을 가지고 있었다.

1998년도에 프랑스에서 피아제의 교육에 관한 연설문 등을 모아서 편찬한 책에서 첫 번째 챕터의 제목이 '도덕교육의 방법들'인데, 해당 책에서 가장 많은 분량을 차지하는 챕터이기도 하다. 그만큼 도덕교육을 강조하고 고민을 많이 했음을 알 수 있다. 사실 교육학에서 가장 관심이 있는 교육분야가 도덕/윤리 교육일 것이다. 교육학의 창시자 중한 명인 뒤르켕도 도덕교육에 대한 논문을 별도로 발표한 바가 있다(피아제는 뒤르켕의 도덕교육에 대해서 비판적 견해를 가지고 있긴 하다. 발견적 상호적 도덕발달을 강조한다).

피아제의 책 "교육론"의 첫 번째 챕터인 '도덕교육의 방법들'에서는 먼저 도덕교육에 대해서 다음과 같이 언급하고 있다.

"도덕교육의 목표에 관해서 우리는 추상화하여 다음과 같이 생각할 수 있다. 그것은 협력 성향을 갖춘 자율적 인간성을 형성하는 것이다."(피아제, "교육론" p.36)

그런데 상호 존경의 도덕교육이 있으며 일방적 권위에 의한 존경을 유도하고 가르치고 형성시키는 도덕교육이라는 두 가지 방식이 있다고 언급한다. 도덕교육에서는 존경이 존재한다. 일반적이고 불평등이 내포한, 아동의 어른에 대한 혹은 막내의 형에 대한 존경, 소위 우월한 자가 열등한 자에게 가하는 구속력을 가지는 존경과 그에 따른 도덕적 감정이 생길 수가 있다. 그러나 이보다는 상호적인 존경, 즉 각 개인들이 서로 평등하고 서로 존경하는 협력적 특성을 가진 존경과 도덕적 감정이 존재한다. 이러한 상호협력은 규칙이 있는 놀이나 자기통제(혹은 통치)의 조직 속에서 진지하게 잘 진행되고 있는 토론 등에서 학생들 사이의 관계의 본질을 구성한다. 피아제는 바로 이 후자에 해당하는 도덕심을 능동적으로 학교에서 키워야 한다고 말한다(피아제, "교육론" p.31).

이 과정에서 사실 어려움은 존재한다. 현실에서 부모와 교사는 교육하는 과정에서 일종의 전자 − 어른의 구속적, 권위적 도덕교육을 할 수가 있다.

"우리가 아동에게서 상호 존경의 도덕이 모든 일방적 존경의 도덕에 앞서 형성되기를 바라는 것은 단계를 무시하는 것이 아닌가 하고 자문할 수 있다… (중략) …상호 존경이란 일방적 존경이 지향하는 일종의 균형이 제한된 형태이다. 부모와 교사는 가능한 시기가 되기 무섭게 아동이 평등한 협력 안에서 스스로를 형성할 수 있도록 전력해야 한다고 생각한다. 다만 이러한 가능성은 아동 스스로에게 달려 있으며, 초기에 아동과 어른을 매어 주는 관계에서 권위의 요소가 치명적으로 섞여 든다고 생각한다. 우리가 보기에 진실은 둘 사이에, 상호 존경도 일방적 존경도 소홀히 하지 않는 데 있다. 이 두 존경은 아동의 도덕 생활의 본질적 근원이다."(피아제, "교육론" pp.41~42)

학교교육의 현실에서는 다양한 방법들을 통해서 언어적인 것, 즉 말로 교화하는 것을 넘어 능동적으로 아동이 직접 실천함으로써 배워나가는 도덕수업의 필요성을 제안한다. 구체적 방법으로 제안한 교수방법을 한 번 보자.

먼저 피아제는 "착하기 대회"를 소개한다. 대회 명칭을 보면 '이런, 이건 좀 이상하지 않나?'하는 생각이 들지 모르겠지만, 시대는 1930년대이고, 초등교육 단계에서의 도덕발달을 피아제는 다루고 있다. 이 착하기 대회는 1912년도에 헤이그에서 열린 도덕교육회의에서 처음 소개된 내용인데, 피아제는 이 착하기 대회에 상당한 감명을 받은 것으로 보인다.

"착하기 대회에서 아이들은 매일 아침 그날 하루 동안 할 수 있는 선행 (善行)이 무엇일까를 생각하고, 저녁이 되면 자기가 했던 노력의 결과를 이해하고 주변에서 자신이 하고 싶었던 착한 일을 생각한다. 이 결과들은 승리 아니면 실패인데, 어쨌거나 수업 중에 마련해 둔 상자 안에 있는 종이에 선행을 기록하는 것이다. 이 익명의 종이에 적힌 내용들은 도덕 시간에 읽혀지게 된다."(피아제, "교육론" p.53)

아이들이 사고하고 시행했던 선행들을 적어내고 함께 공유한다. 이 방법은 교사가 아이들에게 선행의 내용을 임의로 혹은 일방적으로 지시하지 않고 학생들이 스스로 탐구하고 행하게 만든다. 대회가 있다는 사실에 의해 아동들 사이에 상호성이 창출되고 공동 추구의 강력한 요구가 발생하게 된다. 그리고 학생들이 행한 후에 적어 낸 선행들에 대해서 연간 수상자를 선출한다. 그리고 이 선출방식도 아이들 자신이 결정한다. 즉 아이들의 '자기통치'가 구현되고 '상호 존중'의 도덕성이 내재화되게 된다. 따라서 매우 성공적인 사례인 것이다. 참고로 필자 개인적인 의견으로는 이 착하기 대회 방식 안에 연간 수상자를 선출하

는 행사는 스키너가 제안한 간헐적 강화방식의 요소로도 해석이 가능할 것 같다.[12]

피아제가 제안한 또 다른 도덕교육방법은 여러 활동 혹은 운동이다. 가장 대표적인 사례는 바로 "스카우트 운동"이다. 필자도 초등학교 다닐 때 보이 스카우트를 잠시 한 적이 있는 것 같다(뭔가 학교 운동장에서 텐트도 치고 그랬던 듯싶다). 피아제는 스카우트 운동을 매우 적극적으로 소개, 아니 강조한다고 표현해야 할 것 같다.

"성격을 형성하는 데 있어서 명예와 타인에 대한 봉사, 그리고 육체적 건강과 정신적 건강 사이의 균형에 호소하는 것이 거기서 통용되는 계율들이다. 스카우트 운동의 고유성은 앞에서 언급한 두 가지 도덕 사이에서 가장 유연한 균형을 실현했다는 점이다. 상급생들에 대한 하급생들의 존경과 지도자에 대한 상급생들의 존경이 무엇보다도, 보이(걸) 스카우트의 수칙들이

---

12 다음의 스키너가 언급한 사례는 피아제가 제시한 착하기 대회와 유사하다. 단, 보상 유무의 차이가 존재한다.
"저소득층 지역의 초등학교에서 한 선생님은 숙제를 안 하고 말을 안 듣는 학생들로 인해서 어려움을 겪고 있었는데 과감하게 행동주의적 접근을 시도한 사례를 이야기해 드리겠습니다. 월요일 오전, 선생님은 조그만 트랜지스터 라디오(1970년대에는 최첨단 기계이다)를 들고 교실에 왔습니다. "이번주 금요일에 추첨을 할 건데, 당첨되면 이 라디오를 줄게." 학생들이 추첨지(ticket)는 어떻게 얻을 수 있을까 하는 궁금한 표정이 되었습니다. "간단해. 선생님이 내주는 숙제를 잘 해 올 때마다 조그만 이 추첨카드를 줄테니 본인의 이름을 적어서 이 박스 안에 넣으면 돼. 알겠지? 금요일에 이 박스를 잘 흔들어서 이번 주의 라디오 당첨자를 정할 거야." 학생들은 열심히 숙제와 과제를 해왔습니다. 선생님은 매주 월요일 '다른 종류의 상품'을 들고 교실에 왔습니다. 학생들은 어느 사이엔가 열심히 수업내용을 따라오고 있었고 많이 배우고 있었습니다. 어떤 사람들은 보상을 통해서 학습을 유인하는 것은 뇌물과 같다고 비판하기도 합니다. 그러나 이는 뇌물이 아닙니다. 뇌물은 부정한 행위를 요구하는 대가입니다. 학생들의 학습을 권장하기 위한 선물추첨은 윽박지르거나 벌을 주는 방식 등으로 억지로 공부하게 하는 방법보다 현명한 방법입니다."(스키너, 일본 강연문. p.4)

죽은 문자에 머물지 않고 지속적으로 의무의 가치를 획득하고 있는지를 설명해 주고 있다. 일방적 도덕은 처음부터 상호 존중이 일방적 존중을 결정적으로 넘어설 때까지 상호 존중에 의해 다스려져야 한다는 것을 이해하고 있었다. 그래서 스카우트 지도자의 이상은 명령하는 자가 아닌 훈련하는 자여야 한다. 훈련 교사는 설교자도, 감시자도 아니며 어른—아이여야 하고, 자신 안에 소년의 영혼을 간직하고 있어야 한다. 훈련 교사는 자신이 돌보게 될 대원들과 같은 차원에 자신을 두어야 한다."(피아제, "교육론" p.55)

광범위한 형제애와 협동 집단 활동으로서의 스카우트 운동을 통해서 아이들은 자율적인 협력, 그리고 이타주의의 교육을 조직화된 놀이 제도와 연결해 주는 것으로도 볼 수 있다고 피아제는 강조한다. 그런데 문장을 잘 보면, 앞에서 언급한 두 가지 도덕, 즉 권위에 의해 외재적으로 주어지는 도덕의 교육과 자율적 상호관계 속에서 내재화되고 발전되는 도덕의 교육 사이에서 가장 성공적인 실천방식을 보여 준다고 평가하고 있다. 즉, 피아제가 보기에는 현실 도덕교육에서 가장 효과적인 도덕교육 구현의 방법을 스카우트 운동이 담고 있는 것이다.

마지막으로 능동적이며 자기통치적 성격을 가진 활동 교육으로 피아제는 여러 공립학교에서 학급 내에서 입법, 행정, 사법 기관과 학교 협동조합과 같은 경제적 기구를 축소한 사회적 상황을 모방한 놀이도 또 다른 시민 도덕교육의 사례로 제시한다. 얼마 전 유튜브에서 관심을 끌었던 '세금 내는 아이들'이 갑자기 생각났는데, 피아제는 단순한 경제 활동만을 이야기하지 않고 일종의 공동체 활동을 강조한다.

"학급의 운영, 작업 조정, 학교 도서관과 박물관의 관리, 학교 신문과 서클의 조직, 학생 간의 다툼에 대한 중재 재판소 운영, 저축금고 등 이러한 경험을 통한 능동적인 학교생활은 가장 훌륭한 수업보다도 시민의 의무로 학생들을 이끌어가도록 많은 일을 할 수 있다."(피아제, "교육론" p.63)

그리고 마지막 사례를 하나 더 제시하자면 피아제는 JRC 운동을 제안한다. 청소년 적십자 운동이다. 정말 오래전 이야기 같다. 요즘도 청소년 적십자 운동이 초·중등학교에서 이루어지고 있는지는 잘 모르겠다. 인터넷에서 뉴스를 찾아보니, 한국 청소년 적십자 운동을 수행한 故 서영훈 전 적십자 총재에 대한 기사(정확히는 기고 글)가 눈에 띄었다.

"평안남도 덕천 산골에서 태어나 해방 후 단신으로 월남해 어려운 생활을 하시면서도 인도주의와 민족 주체성을 내면에서 성장시켰던 서영훈 총재님… (중략) …5·18 광주민주화운동 당시 위험을 무릅쓰고 서울에서 앰뷸런스를 타고 직접 현장으로 달려가 혈액과 산소 공급을 위해 진두지휘하시면서 광주적십자병원에 입원한 부상자 진료에 최선을 다해 달라고 직원들을 격려하는 등 생명 존중을 실천하셨다. 빈소를 찾은 반기문 전 유엔사무총장은 "1962년 제가 적십자 대표로 존 F. 케네디 미국 대통령을 만나러 미국에 갔을 때 서 전 총재가 청소년부장이셨다. 친아버지처럼 지도해 주셨다."며 "적십자 덕에 유엔사무총장까지 할 수 있었다."고 말한 뒤 손수건을 꺼내 눈물을 훔쳤다."[13]

---

13 문화일보 2022년 2월 4일. 전원균 대한적십자사동우회장(시인). 그립습니다: 서영훈(1923~2017). 생명 존중 실천 인도주의 큰 별… 수많은 업적 남기고 청빈의 삶.

한국의 현실은 어떨까? 피아제가 우수한 도덕교육 사례로서 강조한 스카우트 운동, JRC 등이 잘 활성화되고 있을까 궁금했다. 초등학교의 경우 스카우트 운동이 그동안 코로나19로 인해서 사실상 다른 활동과 마찬가지로 거의 시행되지 않았다고 한다. 그리고 개인주의라는 시대적 분위기와 함께 소위 한물 간 활동으로 취급받고 있지 않나 싶다. 현장 초등학교 선생님에게 여쭤보니 선생님들에게는 스카우트 활동이 일종의 기피업무로 인식되고 있다고 한다. 피아제가 스카우트 활동을 극찬할 당시는 스카우트가 시작한 지 20여 년이 된 1930년대로서 활동의 초창기로 볼 수 있는데, 당시에는 매우 성공적인 운동이었던 것으로 보인다.

한국에서는 스카우트 연맹 창립 100주년 기념식이 2022년도에 개최된 것으로 보아 1922년도 일제강점기에 시작된 것을 알 수 있다. 일제강점기 당시 조선소년군 창설이 한국의 스카우트 운동의 시발점이 되었다고 한다(한국일보, 2022). 청소년들에게 독립정신을 고취하고 야외활동을 통한 강한 정신과 육체, 올바른 인성을 배양하기 위해서 출발하였다고 한다. 21세기에는 스카우트, JRC 운동을 대체할 좋은 도덕교육 활동으로 무엇이 있을까?

🔵 피아제가 강조한 교수법- 체험, 질문, 그리고 발견법

피아제는 아무래도 전조작기와 구체적 조작기의 교육에 관심이 많았다. 앞의 도덕교육 사례를 보면 유치원과 초등학교 단계에서 주로 적용될 방법으로 보인다. 물론 보이 스카우트나 청소년 적십자 운동은 중·고등학교 시기에 수행해도 될 것이다. 그리고 피아제는 시민교육과 관련해서는 아이들이 다양한 모의활동을 하는 것도 격려한다. 특히 피아제가 주장한 과학교육 방법은 구성주의적 시각에 근거한 발견적, 체험적 학습방법이다.

"스스로가 많은 시행착오를 통해, 그러나 자기 자신의 지적 방법을 통해 해법을 추구하고 발견하는 능동적인 실험가가 될 때까지 새로운 문제들을 발견하게 하여 학생에게 경험 자체의 발명을 촉진하는 것이 필요하다. 외적 여건들로서 사실들을 단순히 읽는 대신 관계들의 자발적인 조직과 추론적 과정의 건설 그 자체를 이루는 것이 필요하다."(피아제, "교육론" p.207)

그리고 발견적 학습법, 아동의 구성과정에서의 교사의 역할에 대해서 피아제는 다음과 같이 언급한다.

"새로운 학생마다 쇄신된 대화술로 문제를 의식하게 하고, 스스로 흘깃 보게 된 **모든 것을 검증하려는 욕구를 야기하는 것이 교사의 노련함**이다. 그때에 아동은 사실들의 단순한 독서에서 보다 더욱 좋은 결과에 이르게 될 것이다 … (중략) … 아동들 개개인의 곁에서 모든 현실적 활동이 표명하고 있는 지적 구축의 놀라운 힘을 자기 것으로 만드는 일에 '추진자' 역할을 하고 난 후 토론의 '사회자'로서 교사의 역할이 중심이 되는 것은 바로 이 지점이다."(피아제, "교육론" p.208)

그렇다면 이러한 발견법은 중학교나 고등학교 시기에도 적합한 것인가? 피아제의 발달단계 연구결과에 의하면 중고등학교 시기는 형식적 조작기이다. 추상적인 명제를 설정하고 토론하고 추론하면서 문제를 해결할 수 있는 시기이다. 굳이 이 시기까지 이렇게 스무고개 방식으로 물리적 현상이나 화학적 현상을 발견하도록 유도하는 것은 시간낭비일 수도 있다.

피아제는 20세기 초반의 듀이와 여러 학자들과 마찬가지로 초등학교 중심의 교육방법을 주로 논의한다. 이러한 교수법(발견학습, 질문법 수업)을 중·고등학교까지 교육현장에서 단선적으로 확장하는 것을 과연 피아제가 원했을까?

피아제는 중요한 것은 아동이 형성했던 구조 혹은 구성에 상응하는 방법이 필요하다는 것이라고 본다.

"어떤 경우에 있어, 교수(instruction)에 의해 전수되는 것은 아동이 잘 동화하는데, 왜냐하면 그것이 실제로 아동 자신의 어떤 자발적인 구성을 확장시키기 때문이다. 그런 경우, 아동의 발달은 촉진된다. 그러나 다른 경우에는 교수의 혜택이 아동의 자발적인 구성에 적합하지 않기 때문에 마치 정밀 과학을 가르칠 때 종종 일어나는 것처럼 저해되거나 편향된다. 따라서 나는 비고츠키가 본 것처럼 학교 수준에서조차 새로운 개념들이 어른들의 설교적 중재를 통하여 항상 획득된다고는 믿지 않는다.[14] 훨씬 더 생산적인 교수 형태가 있다. 만일 어떤 사람이 자신이 이미 형성했던 구조에 상응하는 방법으로 문제를 제시하고 자신의 흥미를 고무시키려 한다면, 소위 능동적 학교들은, 그것들이 본래에는 자발적이지 않더라도, 아동의 편에서 자발적인 정교함을 불러일으키는 상황들을 창조하기 위해 노력하고 있다."(피아제, Comments p.11. Richmond(1994)에서 재인용)

---

14 10장에서 다룰 비고츠키의 이론인 '근접발달영역'을 비판한 (혹은 한계를 언급한) 내용이다. 비고츠키 챕터를 읽고 난 후에 다시 한 번 피아제의 이 언급을 살펴보면 두 학자의 의견 차이를 잘 파악할 수 있을 것이다.

발견학습법만이 능사는 아닌데 중요한 건 아동들이 현재까지 구축해 온 구성을 확장시키는 전수(傳受)적 교수(instruction)가 아동의 지적 발달을 촉진할 수가 있다는 것이다. 물론 더 좋은 교수법은 학생들이 그동안 형성했던 구조에 맞추어서 문제를 제시하고 흥미를 고무시키면서 아동의 편에서 자발적인 정교함을 불러일으키는 상황을 만드는 것이다. 이 두 번째 방법 역시 교사의 역할 - 문제 제시, 흥미 유발, 아동 참여상황 창조 - 이 필요하다. 교사는 그냥 손 놓고 있는 것은 아니다. 다만 아동 발달에서 제한성이 있음을 피아제는 언급한다.

한편 형식적 조작기의 청소년들은 발견 없이(발견적 학습법이 필요 없이) 곧장 논리적으로 학습하는 것이 가능하게 되는 지능의 발달단계로 들어선다.

"형식적 조작기의 청소년들은 발명(발견) 없이 이해하는 능력이 정착한다는 점을 파악해서 교육하는 것이 효과적이라고 할 수 있습니다. 이 시기가 되면 기성의 제재(題材)를 부여할 수 있다는 것입니다. 그리고 이 기성의 제재의 유효한 활용은, 비판하는 능력을 그 제재에 따라서 개발하는 것입니다."(피아제, "일본 강연집" p.125)

군이 형식적 조작기에 발견학습법을 무리해서 사용할 필요는 없다. 기존의 정보, 소위 논의할 재료들을 제공하고 그에 대해서 직접적으로 사고하고 비판하게 하는 능력을 키우는 교육방식도 가능하다. 물론 실험을 하고 체험하는 것이 형식적 조작기에서도 불가능한 것은 아니지만, 효과적으로 교육하기 위해서 학생들의 인지발달에 따른 접근이 필요하다는 것이다. 동시에 피아제는 여전히 구성주의적 시각을 강조한다. 즉, 학생들은 스스로 사고하고 논의하며 상호관계 속에서 역지사지의 자세를 배워나가므로 형식적 조작기에서도 사회성의 정착이 중요하다고 언급한다.

🔵 스키너와 피아제의 공통점: 일본 방문, 그리고 체벌 반대

앞의 5장에서 소개된 스키너는 1979년도에 일본 게이오 대학으로부터 명예박사학위를 받았다. 이미 하버드 대학의 박사학위가 있는데 굳이 박사학위가 또 필요할까 하는 생각이 들지만, 여하간 스키너는 당시에 일본의 대학으로부터 초대받아 방문하였고 일본 심리학회에서 특강을 하였다. 일본에서 수행한 특강의 제목은 '처벌 없는 사회(Non-Punitive Society)'였다. 방문 당시 스키너의 나이는 75살이었다.

피아제는 인헬더와 함께 1970년도에 일본을 방문하여 특강을 하였다. 스키너와 달리 일본 대학의 초빙에 의한 방문은 아니었다. 일본 유아교육회라는 사립유치원 교원 모임의 초청을 수락하고 방문하였다. 일본에 방문했을 때 피아제 나이는 74살이었다. 스키너보다 9년 먼저 방문을 했지만 피아제는 스키너보다 8살이 더 많은 학자였고 비슷한 연배인 70대 중반에 방문한 것이다.

스키너와 피아제는 접근법이 다른 큰 흐름을 대표하는 심리학 연구자이다. 스키너는 행동주의의 거장이며 피아제는 구성주의의 거장이다. 스키너는 환경의 중요성을 강조하며 피아제는 인간의 내적 발달을 강조한다. '스키너 환경주의 vs. 피아제 발달주의'라고 표현할 수 있다. 물론 스키너라고 해서 인간의 내면(동기나 흥미 등)을 완전히 배척한 것도 아니며 피아제 역시 환경의 영향을 무시한 것도 아니다. 다만 두 연구자의 초점과 시각, 강조되는 중요 포인트에서 차이가 있다는 것이다.

그런데 이러한 정반대편의 시각과 접근법을 가진 이 두 연구자에게 공통점이 존재한다. 일본에 모두 70대 중반의 노구를 이끌고 방문하여 특강을 했다는 점이고 특강과 인터뷰에서 학생에 대한 처벌이나 엄중한 훈육에 대해서 부정적인 입장을 제시했다는 점이다. 스키너의 경우 일본 강연 제목을 보면 알 수 있듯이 사회 전반의 처벌적 체제에 대한 비판을 한다. 그리고 학생에 대한 체벌에 대한 부정적 입장을 강연 내용에서 명확하게 언급한다. 스키너와 피아제가 일본에 방문하여 체벌에 대한 반대를 표명한 내용을 보면 다음과 같다.

"교사는 학생이 문제를 일으키면 신체적인 처벌이 아니더라도 학생에 대한 비난이나 혼내기 등에 유혹되기 쉽습니다. 처벌이나 혼내기는 사라지면 효과가 사라집니다. 한편 교사는 대부분 학생들이 말을 잘 들으면 그냥 두는 것으로 충분하다고 생각하게 됩니다. 그러나 학생들에 대한 긍정적 강화를 통해서 학생들의 긍정적 행동을 적극적으로 유도해야 합니다."(스키너, "일본 방문 강연록(Non-Punitive Society)" p.4)

"어린이를 꾸짖을 때 모두를 어린이의 책임으로 하는 버릇이 어른들에게는 있는 것 같은데, 동물의 성장과정을 심리학적으로 연구해 보면 어디까지가 어린이들의 잘못이고 어디까지가 그렇지 않은가가 확실히 이해됩니다."(피아제, "일본 강연집" p.128)

피아제의 말이 약간 모호하게 들릴지도 모르겠다. 피아제가 말한 위의 문장의 앞에는 다음과 같은 피아제의 언급이 있다. "일본에서는 어린이가 어릴 때에는 비교적 응석부리며 자유롭게 길러지고 후에 급속하게 **엄한 버릇들이기로** 바뀐다는데요··· **글쎄요···"**

피아제는 의견을 빙 둘러서 우회적으로 표현하였다. 어린이의 잘 못된 행동의 책임은 어린이에게 있는 것이 아니라 어른들에게 있다는 것이다. 어른들이 혼나야지 왜 어린이를 꾸짖느냐는 것이다. 피아제는 코메니우스[15]의 교육철학을 극찬하는데 피아제가 1957년에 발표하고 강조한 코메니우스의 학생 체벌 반대와 관련된 내용은 다음과 같다.

"학생들을 막대기로 때리는 것은 아무런 덕성도 지니지 못한다··· (중략) ··· 정원사들은 예민한 어린 나무들을 더욱 섬세하게 다룬다. 음악가는 기타 나 하프, 바이올린이 음이 맞지 않는다고 주먹이나 막대기로 치지 않는 다."(피아제, "교육론" p.235. 코메니우스의 글을 재인용)

피아제가 일본에 방문할 당시에는 수술을 받은 직후여서 몸이 많이 불편하였다고 한다. 그럼에도 불구하고 70대 중반의 나이에 불편한 몸을 이끌고 일본에 방문하였다. 훨씬 젊은 시절에 일본의 대학과 학회로부터 많은 초빙을 받아왔지만 한사코 방문을 거절해 오다가 일본 현장의 유치원 교사단체의 단 한통의 조심스러운 초청장에 즉각 승낙하고 방문했다고 한다.

1970년 6월 일본에 방문한 피아제는 교토에서 1,600여 명의 유아교사 앞에서 아동발달이론에 대해서 특별 강의를 하였다. 유아교사에게

---

15 체코의 철학자, 신학자, 교육자이다. 1592~1670년. 피아제는 교육론(요한 아모 스 코메니우스 교육학의 현재성)에서 300년 전의 그의 이론을 현대에도 재음미 해야 한다고 주장한다.

자신의 연구에 대한 이야기를 직접 들려주고 싶어서 방문한 것이었다. 피아제의 방일 강연집 서문에 인용된 피아제가 직접 밝힌 일본 방문 수락 이유는 다음과 같이 적혀 있다.

"유아교육에 대한 사랑과 어쩌면 학자의 하위에 놓이기 쉬운 현장의 유아교육자들의 존엄의 확립을 위한 방문이었습니다."

오징어게임 하기에 너무나 작은

학급규모 효과 연구: 소규모에 관심을

학급규모가 10명이면

두 팀을 만들어서 농구는 할 수 있다.

그러나 축구경기를 하려면

22명이 필요하다.

축구 한번 제대로 못해 보고

학교 체육시간을 보내는 것만큼

아쉬운 학교생활은 없다.

- 소규모 학교의 애환 중 하나 -

🌐 그 시절을 기억하시나요?
학급규모 60명에 오징어게임이 운동장에 가득한 시절

어르신들이 소위 학교시절의 '라떼' 이야기를 할 때 많이 하는 이야기 중 하나는 학급규모(학급당 학생 수)이다. "라떼에는 우리 반 애들이 70명이었어!" "라떼에는 60명 중반이었어!" "도대체 그때에는 선생님들이 그 많은 학생들을 어떻게 가르쳤나 몰라."

폭발적인 인구 증가로 필자도 초등학교 시절에 2부제(오전/오후반)를 경험하기도 했다. 어느 기간은 오전반이어서 8시 반까지 학교에 가서 12시 전후로 수업이 끝나고 만화방 등 동네를 방황했던 기억이 난다. 어느 기간은 오후반이어서 12~1시쯤에(정확한 시간은 기억이 가물가물하다.) 학교에 가서 수업을 하고 4~5시에 귀가를 했다. 심지어 어느 분은 자기가 다니던 초등학교에서는 3부제까지 했다고 한다. "아니, 3부제가 가능한가요?"라고 놀라서 물었더니, "3부제는 오후 4시~5시쯤 학교에 가서 8시쯤에 수업이 끝났어요. 물론 아주 드문 경우였고 곧 2부제로 돌아갔어요." 아마 당시 수업을 한 선생님들은 피곤이라는 단어를 몸에 지니고 계셨을 것 같다. 많은 선생님들이 학생들을 위해서 고생을 많이 하셨다.

한 학부생이 당시에 2부제를 운영한 이유가 학급규모를 줄이기 위해서 한 거 아니냐고 물어본 적이 있었다. 그렇긴 한데 학급규모를 60명에서 30명으로 줄이기 위해서 오전반 오후반을 운영한 것이 아니었다. 그렇게 오전 오후 2부제를 운영해도 학급규모는 60명대였다. 즉 60년대와 70년대에 인구가 폭발적으로 늘어난 시기에는 초등학교에서 2부제를 안 했다면 학급규모가 120명이 넘었을 것이다. 통계청 자료에 의하면 1959년도부터 1971년도까지 13년간 매년 100만 명 정도가 태어났다. 1972년도부터 1974년도까지는 90만 명대가 태어났고, 1975년생 이후부터는 연간 출생아 수가 90만 명대가 무너졌다. 그리고 매년 출생아 수가 줄어들어서 2022년도에는 24만 명밖에 태어나지 않는 초저출산시대가 도래하였다. 100만 명이 매년 태어나던 1959년~1974년에 태어난 학생들이 학교를 다니던 시기에는 초등학교에서 2부제를 안 할 수가 없었을 것이다(주로 저학년에서만 2부제를 시행했다).

그래도 당시에는 학교에서 즐거웠던 기억이 많다. 쉬는 시간과 점심시간에는 운동장에 학생들이 꽉 차서 먼지 휘날리는 것도 개의치 않고 먼지 속에서 뛰어놀았다. 필자가 초등학생 시절에는 "오징어게임" 드라마의 마지막 장면에 등장하는 바로 그 '오징어게임'을 하기 위해서 운동장에 오징어 모양을 그릴 공간이 없을 정도로 한때 오겜이 선풍적으로 유행하기도 했다(필자가 다니던 학교에서는 그 게임이름을 '오징어가이상'이라고 불렀다. 지역마다 이름이 다를 것이다. 주변 교수님들에게 물어보니 '오징어 달구지', 혹은 그냥 '오징어' 등 다양하게 불린 것 같다).

최근 선생님들의 학급규모에 대한 생각은 어떨까? 요즘 선생님들은 그때보다 더 교육여건이 어려워졌고 특히 학생들도 예전 같지 않아서 학급규모가 작아도 수업하기가 더 힘들어졌다고 말한다. 정년퇴임하신 선생님들도 현재 선생님들의 어려움에 동의하는 것 같다. 다루기 힘든 학생이 많아지고 있고 그에 따라 학급규모 감축에 대한 요구는 한국뿐만 아니라 전 세계의 공통적인 현상으로 봐야 할 것 같다. 왜냐하면 세계에서 가장 인기 좋은 교육정책은 학급규모 감축 정책이기 때문이다. 최근 한국에서는 학급규모 20명 상한제를 시행하자는 주장도 제기되고 있다(연합뉴스, 2022).

🌑 OECD 교육지표
: 고등학교 단계에서 학급규모를 산출하지 않는 이유는?

OECD에서는 매년 교육지표 국제비교 통계자료집을 산출해서 공표한다. 매년 가을 9월쯤에 발표하는데, 많은 국가(의 교육부처)들이 가장 관심있게 지켜보는 초미의 관심사인 데이터가 학급규모 비교 데이터이다. OECD 교육지표는 통상 2년 전 자료를 수록한다. 예를 들면 2020년도에 발간되는 지표집에는 2018년도 데이터가 수록되는 것이다. 참고로 회계자료는 정리하는 데 시간이 더 걸리는 관계로 3년 전 데이터가 수록된다. 2020년도 OECD 교육지표에 수록된 학생 1인당 교육재정 등의 회계를 이용한 재정 자료는 2017년도 자료가 수록된다. 관련 학급규모 국제 비교 자료를 살펴보도록 하자.

2011년도 OECD 교육지표 자료집을 보니 평균 학급규모가 한국은 초등학교의 경우 28.6명이다. OECD 평균 학급규모는 21.4명이다. 중학교는 한국이 35.1명이고 OECD 평균은 23.7명이다. 한국은 최하위 국가였다. 즉, 2010년 전후에 학급규모만 놓고 보면 교육여건이 가장 좋지 않은 국가였다.

그러나 한국은 점차적으로 최하위 국가로부터 벗어난다. 2014년도부터는 OECD에서 학급규모 값을 소수점 이하로 발표하지 않고 정수로 발표하기 시작하는데,[1] 이 시기에 초등학교는 최하위를 벗어났고 중학교에서만 일본과 공동으로 학급규모가 33명으로 최하위였다. 그리고 2021년도에는 가뿐하게 초·중학교에서 모두 최하위에서 벗어났다.

---

[1] 사실 학급규모 − 학급당 학생 수를 소수점으로 계산하는 것이 이상할 수도 있다. 사람을 소수점으로 나누어서 학급에 배치할 수는 없다.

OECD 평균과의 차이를 보면 2011년도에 초등학교 7명, 중학교 11명에서 2021년도에는 2명, 3명으로 평균에 거의 근접하고 있다. 초저출산으로 인한 연간 출생아 수 감소로 인해서 아마 2025년 전후에는 OECD 평균을 거뜬히 따라잡을 수 있을 것으로 보인다.

그런데 2022년도 가을에 OECD에서는 학급규모 지표를 발표하지 않았다. 궁금해서 한국교육개발원의 OECD 교육지표 발간을 담당하는 박사님에게 전화를 걸어 여쭤보니 OECD 내부 회의에서 학급규모 값이 연간 단위로 보면 변화가 거의 없기 때문에 2년마다 발표하기로 정했다고 한다. 즉, 2021, 2023, 2025년 등 격년으로 학급규모 비교 자료가 공표된다고 한다. 〈표 8-1〉을 보면 2011년부터 2021년도까지 10년 동안 OECD 학급규모 평균이 초등학교에서는 21명으로 동일하다. 중학교도 OECD 평균 학급규모가 23~24명으로 큰 변화가 없다. 따라서 이러한 격년 발표로 정한 것이다. 그러나 한국만 출생아 수 감소와 교원 수 증가[2]로 학급규모가 축소되어왔다.

그리고 이 표를 보면 또 하나 궁금한 점이 있을 것이다. 잘 보면 고등학교 자료는 제공되지 않고 있다. 필자가 일부러 귀찮아서 제시하지 않은 것이 아니다. OECD 교육지표에서는 고등학교 단계의 학급규모를 비교해서 제시하지 않는데, OECD(2021)에서 친절하게 다음과 같이 그 이유를 설명해 주고 있다.

---

2 한국교육개발원의 교육통계연보를 보면 2011년도에는 초등학교 교사 정원이 15만 1천 명에서 2021년도에는 15만 6천여 명으로 증가하였다. 물론 향후 학생 수 감소로 인해서 교사 정원이 증가하지 않고 오히려 감소할 가능성도 있다.

▶▶ 표 8-1 **학급규모 현황 국제비교**

구분	2011년		2014년		2021년	
	초등학교	중학교	초등학교	중학교	초등학교	중학교
한국	28.6명 (최하위)	35.1명 (최하위)	25명 (최하위는 칠레 30명. 일본은 28명. 영국은 한국과 동일한 25명)	33명 (일본도 33명으로 공동 최하위)	23명 (최하위는 칠레 31명, 일본 27명, 호주/프랑스/ 터키는 한국과 동일한 23명)	26명 (최하위는 코스타리 카 33명, 일본 32명)
1위 국가	룩셈부르크 15.6명	아이슬란드/ 룩셈부르크 공동1위 19.5명	룩셈부르크 16명	에스토니아 16명	코스타리카 16명	라트비아 16명
OECD 평균	21.4명	23.7명	21명	24명	21명	23명
한국과 OECD 평균의 차이	7.2명	11.4명	4명	9명	2명	3명

출처: 교육부, 한국교육개발원 발간 각 해당 연도 OECD 교육지표 자료집.

　"학급규모에 대한 지표는 초등교육과 전기중등교육3에 국한하여 제공한다. 고등학교 이상의 교육단계에서는 학생들이 교과 영역에 따라 여러 다른 학급으로 나누어져 (수업을 듣기 때문에), 학급규모를 정의하거나 상호

3　OECD에서는 중학교 단계를 전기중등교육이라고 일컫는다. 고등학교 단계를 후기중등교육이라고 표현한다. 그 이유는 국가마다 중학교와 고등학교 단계 운영에서 차이가 존재하기 때문이다. 예를 들어 미국의 일부 지역은 중등교육을 묶어서 운영하기도 한다. 이 경우 중학교 단계를 전기중등교육으로 구분하는 것이다. 핀란드는 종합학교 체제로 초중학교가 함께 운영된다. 이 경우 중학교 단계를 종합학교에서 떼어내어 통계 작성을 해서 OECD에 제공한다.

▶ 표 8-2 교사 1인당 학생 수 현황 국제 비교

구분	2011년			2021년		
	초등	중학교	고등학교	초등	중학교	고등학교
한국	22.5명	19.9명	18.2명	17명	13명	11명
1위 국가	폴란드 10.2명	포르투갈 7.6명	포루투갈 7.7명	그리스/ 룩셈부르크 9명	그리스 8명	리투아니아 /포루투갈/ 룩셈부르크 9명
OECD 평균	16.0명	13.5명	13.5명	15명	13명	13명
차이	6.5명	6.4명	4.7명	2명	0명	-2명

출처: 교육부, 한국교육개발원 발간 각 해당 년도 OECD 교육지표 자료집.

비교하기가 어렵기 때문이다."(p.394)

　한국에서 고교학점제 논의가 많이 이루어지고 있다(2025년도에 전면 적용될 예정이라고 한다). OECD 대부분의 국가에서 고등학교 단계부터는 마치 대학처럼 선택과목을 이수해서 듣는 학점제 방식으로 수업이 진행된다. 따라서 평균적인 학급규모를 산출하는 것이 그다지 적절한 비교통계 자료가 되기에는 어려움이 있다는 것이다. 고등학교 단계에서는 학급규모보다는 교사 1인당 학생 수 지표로 교육여건을 비교한다. 그렇다면 초·중·고등학교의 교사 1인당 학생 수 비교 자료도 살펴보도록 하자.

　2011년도부터 2021년도까지 교사 1인당 학생 수에서 OECD 평균은 사실상 변화는 거의 없다. 초등학교만 1명이 줄었으나 중학교와 고등학교는 거의 13명 그대로인 것으로 볼 수 있다. 그래서 교사 1인당 학생 수 현황 자료 역시 학급규모와 마찬가지로 2022년도에는 발표되지 않았고 2023년도, 2025년도 등 격년으로 발표된다. 한국만 큰 변화가 있었음을 알 수 있는데, 학급규모보다 교사 1인당 학생 수 감소가 더 크다. 초등학교는 학급규모와 동일하게 교사 1인당 학생 수가 OECD 평균보다 2명이 더 많다. 그러나 중학교는 OECD평균수준에 도달했고, 고등학교는 OECD 평균을 넘어서서 2명이 더 감축된 상황이다.

🔵 왜 학급규모와 교사 1인당 학생 수의 차이가 생길까?

여기서 우리는 한 가지 추론을 해 볼 수 있다. 고등학교 단계에서 고교학점제 시행을 논의하고 있는데, 현재의 한국의 교육여건에서 고교학점제를 수행할 수 있을까? 앞에서 OECD 대부분의 국가들이 고등학교 단계에서 고교학점제를 한다고 언급했다. 그렇기 때문에 고등학교 단계에서는 학급규모 통계는 산출하지 않고 교사 1인당 학생 수만 산출해서 교육여건을 비교하고 있다. 그렇다면 한국의 고등학교 단계에서 현재의 교사 1인당 학생 수를 보면 OECD 평균보다 더 좋아진 상황이기 때문에 당연히 고교학점제를 수행할 수 있는 여건을 '현재' 갖추고 있다고 볼 수 있다. 즉, 추가적으로 교사를 증원하지 않아도 고교학점제를 시행할 수 있다는 판단이 가능하다.

그런데 궁금한 점이 하나 더 있을 수 있다. 학급규모와 교사 1인당 학생 수의 차이는 왜 발생할까? 그리고 한국의 경우 학급규모에서 OECD 평균의 차이가 더 크게 나타나고 있을까? 이는 교사의 수업시수와 관련이 있다. 앞의 두 표를 보면 학교급이 올라가면 학급규모는 커지는 경향이 있는데, 역으로 교사 1인당 학생 수는 감소한다. 이는 교사 1인당 담당하는 수업시간 수가 감소하기 때문이다. 초등학교는 학급담

▶▶ 표 8-3 초등학교와 중학교의 학급규모와 교사 1인당 학생 수 차이와 연간 수업시수의 차이 비교

구분	초등학교				중학교				초중비교	
	학급 규모 (a)	교사1 인당 학생수 (b)	차이 (c=a-b)	총 연간 수업 시수 (k)	학급 규모 (d)	교사 1인당 학생수 (e)	차이 (f=d-e)	총 연간 수업 시수 (j)	초중 학교 차이의 차이 (f-c)	초중 연간 수업 시수 차이 (k-j)
한국	23	17	6	680	26	13	13	513	7	167
프랑스	23	19	4	900	25	14	11	720	7	180
호주	23	15	8	878	22	12	10	828	2	50
일본	27	16	11	747	32	13	19	615	8	132
핀란드	20	14	6	673	19	9	10	589	4	84
OECD	21	15	6	791	23	13	10	723	4	68

임제로 운영되며 초등교사의 연간 수업시수는 중학교나 고등학교보다 많다. 그리고 과목별로 운영되는 중고등학교의 경우 연간 수업시수는 초등학교보다 적은데 교사를 일정 정도 과목별로 운영하는 과정에서 교사 1인당 담당하는 수업시수가 줄어들고 그에 따라 교사 1인당 학생 수는 감소하게 된다. 이 과정에서 정확하게 학급규모와 교사 1인당 학생 수를 일치시킬 수가 없고 편차가 생기게 된다.

〈표 8-3〉을 보면 초등학교 단계에서 학급규모와 교사 1인당 학생 수의 차이는 6명이다. 그리고 중학교는 10명으로 크게 나타난다. 한국은 13명으로 약간 더 차이가 크게 나온다. 이는 연간 수업시간과도 관계가 있다. 한국은 수업시수가 초등은 핀란드 다음으로 적게 나타나며 중학교는 가장 적은 국가로 나타난다. 따라서 상대적으로 한국의 교사는 수업 외 시간이 일정 정도 많이 있다. 그런데 그 수업 외 시간에 행정업무를 많이 하는 경향이 있음으로 인해 교재연구, 수업준비를 할 시

▶▶▶ 그림 8-1 초등학교와 중학교 간의 학급규모와 교사1인당 학생 수 차이와 연간 수업시수 차이의 상관관계

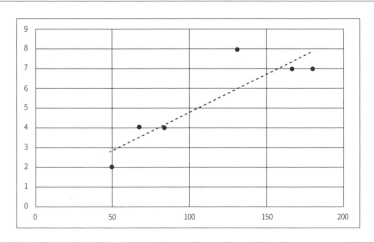

(x축은 연간 수업시수 차이, y축은 교사 1인당 학생 수와 학급규모의 차이)

간이 부족하다는 지적이 있다. 그러나 이에 대해서는 구체적인 국제비교 조사가 이루어져야 할 것으로 보인다. 다른 많은 국가들에서도 교사의 행정업무 부담 경감 요구가 존재한다.

〈표 8-3〉에서 차이를 살펴보았다. [그림 8-1]을 보면 학급규모와 교사 1인당 학생 수의 초등학교와 중학교 간의 차이가 커지면 학교급의 연간 수업시수의 차이도 커지는 경향을 보인다. 그러나 각 국가의 총 교육시수 등 여러 요인들이 이러한 차이를 만들어낸다고 볼 수 있다.

🔵 학급규모 축소 효과는 있다? 없다?
단순하고 치열한 연구결과 합산 논쟁

그런데 학급규모 축소의 효과는 있는 것일까? 누구나 당연히 학급규모를 축소해야 교육의 질이 높아지고 학생들의 성취도가 높아질 것이라고 생각한다. 그래서 정부 정책가들과 국민들에게도 학급규모 축소는 가장 인기 있는 교육정책이다. 그런데 이러한 당연한 인식으로 인해 학급규모 감축 효과에 대한 치열한 논쟁이 있었으리라는 생각을 하기에 어려울 것이다. 그러나 90년대 이후에 학급규모 감축 효과 유무에 대해서 치열한 논쟁이 있어 왔다.

그 논쟁을 던진 학자는 로체스터 대학의 경제학과 교수였던 에릭 해뉴섹(Eric Hanushek)이다. 필자가 개인적으로 잘 알고 지내는 건국대학교 경제학과 김진영 교수의 지도교수이시기도 하다. 해뉴섹 교수는 현재 미국 스탠퍼드 대학 후버 연구소의 연구위원으로 근무하면서 지속적인 연구를 수행하고 있다.[4] 해뉴섹(1987)의 연구로 시작된 교육투입요소의 효과성 논쟁은 90년대부터 2000년대에 교육학계를 뜨겁게 달구었다.[5]

논쟁은 학급규모와 상관이 높은 교사 1인당 학생 수 변수가 학업성취도에 미치는 영향에 대한 선행논문에 대한 분석에서 시작되었다. 분석방법은 매우 간단했다. 기존 논문들에서 제시된 통계분석 결과를 일일이 세어 본 것이다. 해뉴섹(1987; 1997)은 이를 약간 멋진 말로 투표 세어 보기 방법(Vote-counting method)이라고 명명했는데, 사실 아주 간단한 산술 집계 방법에 불과하다. 기존의 33개의 논문들을 분석하여 그 중 147개의 분석 계수를 종합한 결과 교사 1인당 학생 수 변수 중 89개

---

4 Hanushek 교수의 홈페이지: http://hanushek.stanford.edu/publications/academic
5 사회학 연구인 콜먼 보고서(1966)에 의해서 이미 학교효과성 논쟁이 시작되었으나 기존 연구들을 종합적으로 문헌분석을 수행하여 경제학계과 교육학계에 다시 한 번 파급을 일으킨 연구로서 교육생산성과 관련한 교육경제학 연구에서 가장 많이 인용되는 논문으로 볼 수 있다.

는 통계적으로 유의하지 않은 것으로 드러났으며, 오직 9개만의 계수가 유의하게 나왔다고 주장하며 학급규모 축소의 효과가 없다는 주장을 한 것이다.

그리고 1997년도에 해뉴섹은 다시 59개의 선행 논문들에서 377개의 측정계수를 하나씩 세고 집계해서 역시 통계적으로 유의하게 나오는 계수가 많지 않다는 주장을 한다. 학급규모와 교사 1인당 학생 수는 정확하게 일치하지는 않지만 일정 정도 상관관계가 있다. 앞에서 본 바와 같이 교사 1인당 학생 수는 학급규모가 작아지면 함께 작아지게 된다.

〈표 8-4〉는 해뉴섹(1997)이 제시한 학교투입변수계수들의 통계적 유의성과 유의성 여부에 따른 비율에 따라서 집계한 결과들이다. 당시에 교사교육, 교사경력, 재정관련 변수 등도 포함했지만 논쟁의 중심은

▶ 표 8-4 학교투입변수 계수의 통계적 유의성 비율: 해뉴섹(1997)

재원	측정 계수의 수	통계적 유의		통계적으로 비유의		
		긍정적(+)	부정적(-)	긍정적(+)	부정적(-)	알 수 없음
학급관련재원						
학생교사비율	277	15%	13%	27%	25%	20%
교사교육	171	9%	5%	33%	27%	26%
교사경력	207	29%	5%	30%	24%	12%
재정관련변수						
교사임금	119	20%	7%	25%	20%	28%
학생1인당 교육비 지출	163	27%	7%	34%	19%	13%
교사성적	41	37%	10%	27%	15%	12%
행정적 투자	75	12%	5%	23%	28%	32%
시설	91	9%	5%	23%	19%	44%

주: 학생 교사 비율은 교사 1인당 학생 수이고 작아지면 성취도에 미치는 효과가 높아지는 것임을 감안하여 역으로 보정해서 산출한 비율임. 긍정적이라는 말은 성취도 향상에 긍정적이라는 의미로 해석하면 됨.
출처: Hanushek(1997).

학생교사비율 즉 교사 1인당 학생 수 변수였다. 이 변수를 학급규모의 대리변수로 언급하고 학급규모 축소 효과는 사실상 없는 것이 아니냐고 주장한다. 표에서 교사 1인당 학생 수가 학생들의 성취도에 미치는 영향을 보면 통계적으로 비유의한 비율이 27%＋25%＝52%로 절반이 넘게 나타나고 있다. 긍정적으로 통계적으로 유의한 비율은 15%밖에 안 되고 부정적인 경우도 13%나 된다.

교사 1인당 학생 수 외의 여타 학교와 교사 관련변수를 보면 그나마 교사경력이 통계적으로 유의하게 학업성취도에 긍정적인 영향을 주는 비율이 29%이며 비록 비유의하더라도 긍정적인 계수의 비율이 30%에 이르고 있다. 일단 통계적 유의성은 앞의 2장에서도 아주 간략히 설명을 했는데, 더 극단적으로 다르게 나올 확률이 매우 작아서 분석결과에서 나타나는 차이를 실제 모집단의 차이로 인정하자는 것으로 해석하면 된다. 유의하지 않다는 것은 새롭게 표집하면 현재의 결과와 다르게 나올 경우가 높아서 현재 분석결과에 나오는 차이가 사라질 수도 있다는 것을 의미한다.

전반적으로 통계적으로 유의하지 않더라도 투입변수들이 성취도에 긍정적인 영향력을 주는 계수의 비율은 50%를 넘는 경우가 많다. 그러나 해뉴섹(1997)은 통계적으로 유의하게 부정적인 영향을 미치는 계수들도 존재하며 유의하지 않게 나오는 계수들이 대부분 절반이 넘기 때문에 학교투입변수들이 체계적인 영향력이 없고 학급규모 축소 효과에 대한 신화적 믿음은 버려야 한다고 주장한다.

이에 대해 교육학계의 여러 비판도 있었다. 헤지 외(Hedge, et al., 1994)의 경우 각 연구들의 유의확률(p-value)들을 종합하여 유의성을 분석하는 메타분석방법을 통해서 교사 1인당 학생 수가 학업에 미치는 효과가 있다는 주장을 하고 있다. 이러한 학급규모와 학교 투입변수들이 학업성취도에 긍정적인 영향을 주는지에 대한 해뉴섹과 헤지 간의 논쟁은 "교육연구자(Educational Researcher, 1994)", "교육연구리뷰(Review of Educational Research, 1996)", "교육평가와 정책분석(Educational Evaluation and Policy Analysis, 1997)" 등의 미국의 학술지에서 지속적으로 이루어져 왔다. 학급규모 감축의 효과성 논쟁은 학술지에서 단골손님이 된 것이다.

그러나 문헌종합분석 연구에 기반을 둔 이러한 논쟁은 무엇보다도 방법론에서, 그리고 그 연구물들의 질적 수준에 대한 세밀한 분석이 없이 이루어졌다는 데 한계가 있다(Ferguson and Ladd, 1996; Krueger, 2002; Murnane and Levy, 1996). 무엇보다도 해뉴섹(1986; 1997)의 연구자료의 문제점, 특히 단순 집계방식의 문제점에 대해서 프린스턴 대학의 경제학과 교수인 앨런 크루거(Alan Krueger, 2002)가 꼼꼼하게 다시 세어보고 비판을 수행한다.

크루거(2002)는 해뉴섹이 자신의 연구가 하나씩 세어보기(vote-counting)에 근거한 적합한 문헌분석이라고 주장하고 있으나 실제로는 한 논문의 결론을 하나씩 종합한 것이 아니라 기존 문헌들에서 제시된 모든 등식을 다 합산함으로 인해서 몇몇 소수의 연구논문에서 제시된 등식을 많이 포괄하여 균등한 문헌종합이 아니라는 문제를 내포하고 있음을 찾아낸다.

예를 들면, 해뉴섹(1987; 1997)의 문헌분석에 포함된 링크와 뮬리건(Link and Mulligan, 1986; 1991)의 두 논문은 해뉴섹이 제시한 측정 계수에서 17%를 차지하고 있다(Krueger, 2002). 그리고 문헌분석은 대부분 학급당 학생 수 대신에 학생-교사 비율을 그 대리변수로 사용함으로

한 논문에서 추출된 계수의 수	논문 수	총 계수 합	논문 비율	계수 비율
1	17	17	28.8%	6.1%
2-3	13	28	22.0%	10.1%
4-7	20	109	33.9%	39.4
8-24	9	123	15.3%	44.4%
총합	59	277	100%	100%

출처: Krueger(2002).

써 통계학적으로 측정 오류(measurement error)에 따른 편향(bias)을 발생시키는 연구물들에 기반하고 있다는 데 문제가 있다.[6] 사실 학급규모와 교사 1인당 학생 수의 변화는 상관이 높지만 정확히 일치하지는 않는 문제가 있긴 하다. OECD 교육지표를 보면 국가 수준의 자료이긴 하지만 학급규모의 변화와 교사 1인당 학생 수 변화가 정반대 방향으로 움직이는 경우도 있다.

그런데 경제학의 최고 저널로 평가받는, "미국경제리뷰(American Economic Review)"에 실린 섬머스와 울프(Summers and Wolfe, 1977)의 연구는 여러 학년을 대상으로 한 회귀분석모델들을 제시했지만, 오직 하나의 측정 수로서 해뉴섹의 문헌종합에서 합산되었다. 이처럼 해뉴섹의 문헌분석은 주관적인 선택의 오류와 문헌자료들의 질적인 측면을 고려하지 않았다는 문제를 안고 있다. 〈표 8-5〉는 크루거가 다시 분석한 해뉴섹의 측정계수 출처 현황이다.

해뉴섹(1997)의 측정계수 출처 현황을 보면 9개의 논문에서 무려

---

6 설명변수의 측정오류(measurement error)에 의한 계수의 편의(bias) 발생과 관련해서는 Wooldridge(1999), Introductory Econometrics, 남준우 & 이한식(2004), 계량경제학, 이병락 역(2003), 계량경제학 등을 참조.

▶▶ 표 8-6 가중치의 변화에 따른 학생-교수 비율의 통계적 유의성 비율의 변화

	Hanushek's weight (1)	논문에 동일한 가중치 (2)	저널영향력에 따른 가중치 (3)	회귀분석조정 가중치 (4)
정적, 통계적으로 유의	14.8%	25.5%	34.5%	33.5%
정적, 통계적으로 무의미	26.7%	27.1%	21.2%	27.3%
부적, 통계적으로 유의	13.4%	10.3%	6.9%	8.0%
부적, 통계적으로 무의미	25.3%	23.1%	25.4%	21.5%
통계적으로 무의미한 계수. 방향 모름	19.9%	14.0%	12.0%	9.6%
비율(정적/부적)	1.07	1.57	1.72	2.06
P-value	0.500	0.059	0.034	0.009

(1)은 앞에서 제시된 해뉴섹이 제시한 연구결과. (2)는 각 연구논문에 동일한 가중치를 부여. 즉 한 연구물에서 2개의 계수를 뽑아냈고 또 다른 연구논문에서 한 개를 뽑아내서 사용했으면 2개의 계수를 뽑아낸 연구물은 1/2로 해서 각 논문마다 동등하게 가중치를 부여함. (3) Journal Impact를 고려한 가중치. (4) 회귀분석을 통한 가중치.
출처: Krueger(2002).

123개의 계수가 추출되어서 종합되었음을 알 수가 있다. 17개의 논문에서는 1개의 계수만이 추출되어서 종합되었기 때문에 결과적으로 9개의 논문이 실질적인 논문 수에서 차지하는 비율은 15.3%이지만 계수로 합산된 투표 세어 보기(Vote-counting)에서는 44.4%라는 상당수의 비중을 차지하게 된다. 즉 결과적으로 해뉴섹의 분석은 단순한 집계합산이 아니라 일정 논문들에 가중치를 부여한 가중 집계합산임이라는 문제점을 안고 있었다.

학급규모의 대리변수인 학생－교사 비율(교사 1인당 학생 수) 변수만을 단순하게 합산한 투표 세어 보기 방법이 아니라 논문에 동일한 가중치, 저널 영향력, 회귀분석 조정 가중치를 통해서 크루거가 재분석한 결과를 보면 오히려 통계적으로 유의하게 성취도에 미치는 영향력이

커짐을 알게 된다. 〈표 8-6〉은 크루거가 제시한 가중치 변화에 따른 교사 1인당 학생 수의 통계적 유의성의 집계결과의 변화이다. 크루거도 학급규모 대신에 사용한 교사 1인당 학생 수의 측정오류 문제는 논외로 함을 알 수 있다.

〈표 8-6〉을 보면 학급규모의 대리변수인 교사 1인당 학생 수 변수가 학업성취도에 미치는 영향력이 일정 정도 존재함을 알 수 있다. 비록 통계적으로 유의하지 않더라도 정적인 계수의 비율은 모두 60%를 넘게 된다. 우리가 만약 정책적 판단을 해야 한다면, 결론적으로는 우세한 결과물들에 의존할 수밖에 없다. 즉, 성취도에 부정적 영향을 준다는 연구가 적기 때문에 학급규모를 감축하는 것이 필요할 수 있다는 것이다.

헤지 외(1994; 1997)의 메타분석의 경우도 학계에서는 동의가 완벽히 이루어지지 않은 연구방법으로서 한계를 지니고 있다(Levin, 1988; Mosteller, 1995). 헤지 외(1994; 1997)의 메타분석에서 사용된 문헌 역시 크루거(2002)가 해뉴섹의 연구들을 분석 비판한 구체적인 질적 측면에서의 문제점에 오히려 더 노출되어 있다고 볼 수 있다. 예를 들어 헤지 외(1994; 1997)의 경우 학계의 검증(peer review)이 되지 않은 ERIC의 연구물 등을 모두 종합함으로써 기존 선행연구물들의 기본적인 통계방법론의 질적 측면의 검토가 미비한 약점을 가지고 있다.

여하간 이러한 연구물 합산 방법에 대한 논쟁은 어느 한 편이 자신의 잘못을 특별히 인정하지 않고 그냥 서로의 주장만이 제기된 상태로 지금까지 이어져 오고 있다. 이런 상황을 보면 자신의 잘못을 인정하지 않는다는 측면에서 학자들이 현실을 왜곡할 수도 있겠다는 생각이 든다.

앞에서 해뉴섹의 단순집계 문헌연구를 세밀하게 분석하여 연구한 크루거는 2019년도에 안타깝게도 58세라는 이른 나이에 사망하였다. 크루거는 2021년도에 노벨경제학상을 수여한 데이비드 카드(David Card)와 함께 학교교육의 노동시장에서의 효과 논문 등을 발표하면서 교육경제학에서 많은 기여를 한 교수이다. 데이비드 카드는 앨런 크루거가 살아 있었다면 함께 노벨경제학상을 받았을 것이라고 언급하며, 그가 먼저 세상을 떠난 것을 아쉬워했다.

● 저학년일수록 학급규모가 작아야 하는 이유는?

학급규모축소가 학업성취도 향상에 기여했는지를 놓고 치열한 논쟁이 벌어지는 와중에 스탠포드 대학 경영학과 교수인 라지에(Lazear, 2001)는 이론적(수학적) 모형으로 왜 학급규모축소 효과가 일부 연구에서는 나타나고 일부 연구에서는 나타나지 않는지를 해석하고자 하였다.

라지에(2001)는 학생들이 '학습에 집중하고 다른 학생들의 학업에 방해를 주지 않을 확률'을 $p(0 \leq p \leq 1)$로 상정한다. 그에 따라 학급당 학생 수 n에 따른 학업의 효과는 p^n이 된다. 유초등의 저학년 학생들처럼 학습에 있어서 고학년이나 중고등학교 학생들에 비해 상대적으로 집중하지 못하고 옆 학생들의 학업을 방해할 확률이 높아서 p의 값이 작아지고 그에 따라 p^n의 값이 작아지는 경우에는, n, 즉 학급당 학생 수를 많이 삭감시켜야 학업효과가 생긴다고 말한다.

예를 들어 학급규모가 10명이면 p의 십제곱, 즉 $p \times p \times p \times p \times p \times p \times p \times p \times p \times p(p$가 10개다)가 학급규모의 교육적 효과이다. 학생들이 모두 선생님의 말을 집중해서 잘 듣는다면 $p = 1$로 설정된다. 그런데 어느 한 친구가 옆 친구와 장난치면서 선생님 말에 절반만 집중하면 그 한 학생의 p는 0.5가 된다. 그렇다면 $1 \times 1 \times 1 \times 1 \times 1 \times 1 \times 1 \times 1 \times 1 \times 0.5 = 0.5$가 학급 효과가 된다. 즉, 학급규모가 10명밖에 안 되어도 학급효과가 0.5로 줄어들게 된다는 것이다. 그런데 이러한 학생이 만약 두 명이나 된다면 1(의 8제곱) $\times 0.5 \times 0.5 = 0.25$가 된다. 학생 두 명이 장난을 치고 학업에 집중하지 않으면 학급운영이 엉망이 되고 학생들의 학습효과가 0.25, 즉 1/4로 줄어들게 된다.

대학교에서 만약 100명이 수업을 듣는 경우는 p 한 명이 전체 학생에게 주는 효과는 미미하기 때문에 정확하게 p의 백제곱으로 산술적으로 설정하지 않을 수도 있다. 예를 들어 $p^{80} + p^{20}$일 수도 있다. 그러나 단순하게 그냥 p의 백제곱이라고 가정하자. 대부분의 대학생들은 유치원이나 초등학생처럼 옆 친구랑 장난치고 방해하지 않는다고 가정하면, 즉 p가 모두 1이라고 가정하면 대규모 강의를 해도 수업효과인 1의 백제곱은 그냥 1이기 때문에 수업효과는 100% 혹은 1이 된다. 따라서 유치원이나 초등학교 등 저학년 학교급과 비교하면 대학교의 경우 대형강의를 해도 학습효과 측면에서 큰 문제가 없다. 물론 아무 말 없이 조용히 잠을 자는 대학생이 있으면 그 학생은 0으로 해서 계산할 때 분리해야 한다.

고등학교에서 과거에 교사들이 정말 말을 잘 듣지 않는 학생의 경우는 떠들지 말고 잠을 자는 것을 유도하기도 하는데, 이는 가급적 p의 n제곱에서 1명을 그냥 줄이는 방법이라고 볼 수도 있다. 물론 옆에서 친구가 엎드려 자고 있으면 신경쓰일 수는 있긴 하겠지만 공부하는 데 집중하면 큰 문제는 없을 것이다.

이러한 단순 공식에 의하면 학업에 집중할 확률이 상대적으로 낮은 유초등 저학년의 학급규모가 작아야 학업효과를 증진시킬 수 있으며 고학년이나 대학생들의 경우는 학급규모가 상대적으로 커도 학업효과에서 문제가 없을 수 있다. 이는 기존의 실증연구와 일치하는 연구들이다. 저학년이나 취약계층 학생들이 모여 있는 경우 학급규모가 작아야 학업성취도 향상을 이루는 데 긍정적이다. 최근 프랑스의 경우도 취약지구를 교육우선지역으로 선정해서 지원하고 있는데 해당 지역의 유치원과 초등학교 저학년은 학급규모를 15명 정도로 감축시켜 학습효과를 높이기 위해서 노력하고 있다(이광현, 2021).

강남/신도시 등 땅값이 비싼 지역이 학급규모가 더 클 수밖에 없는 이유는?

그리고 라지에(2001)는 적정 학급규모에 대한 경제학적 이익 등식을 다음과 같이 상정한다.

$$교육의 \ 사회경제적 \ 이익(혹은 \ 효과) = Z \times V \times P^{z/m} - W \times m$$

V = 학습가치(value of learning)
W = 교사 한 명의 월급 혹은 학급 1개 신설을 위한 토지구입비와 학교건물신축(혹은 증축)비
m = 교사, 혹은 학급 수
Z = 학교의 학생 수(학급당 학생 수는 따라서 Z/m)
p = 학생이 학업에 집중할 확률

사실 이 공식을 잘 들여다보면 교육의 효과는 학생이 학업에 집중할 확률, 학교규모, 사회가 학교교육에 중요하다고 판단하는 가치에 의

해서 결정됨을 알 수 있다. 그리고 교사 임금과 학교 신설 비용(토지구입비와 건축비) 등의 비용을 차감하면 된다는 것을 수학적 공식으로 표현한 것이다. 이 공식에서 '사회경제적 효과를 최대화하기' 위해 여차저차 미분하고 계산해서 공식을 풀어보면 결론은 다음과 같다(복잡한 수학공식은 그냥 모두 생략함).

- 학교 신설 비용(토지구입비, 학교신축비)이 증가하는 지역은 학급규모는 커야 함
- 교육에 대해 사회가 여기는 가치가 커지게 되면 학급규모는 작아야 함
- 학업집중확률(p)이 1에 가까운 지역은 학급규모가 상대적으로 커야 함

공식에 의하면 가장 적정한(optimal) 교육재정투자가 이루어진다면 땅값이 비싼 지역은 학급규모가 클 수밖에 없다는 것이다. 역으로 땅값이 저렴한 농촌이나 지방소도시는 학급규모가 작아지게 된다는 것이다. 따라서 억지로 땅값이 비싼 지역에 학급규모를 축소시키기 위해서 교육재정을 과도하게 투입하면 사회적 비용이 너무 커지는 문제가 생기고 적정한 교육투자가 이루어지지 않는다는 것이다. 그리고 사회적으로 교육에 대해서 관심이 높고 학급규모 축소에 대해서 요구가 높아지면 해당 사회의 학급규모는 당연히 작을 것이다.

이 공식이 시사하는 바는 따라서, 토지가격이 비싸서 학교 신설 비용이 많이 드는 지역, 즉 신도시나 여타 고소득층이 사는 지역은 학급규모를 타 지역에 비해 크게 줄이지 않는 것이 효율적이라는 것을 의미한다. 그리고 교육에 관심이 더욱 많고 가정환경이 좋은 집안의 아이들

▶ 표 8-7 2021년도 지역별 학교급별 학급규모, 교원 1인당 학생수

	학급규모			교원 1인당 학생 수		
	초등학교	중학교	고등학교	초등학교	중학교	고등학교
대도시	21.7	25.0	22.4	14.2	12.2	9.3
중소도시	24.0	27.9	23.9	15.8	13.2	10.1
읍면지역	17.4	21.7	20.4	10.7	9.0	8.1
도서벽지	8.2	14.3	15.4	5.1	5.1	5.5
전체	21.5	25.5	22.7	13.9	11.8	9.4

출처: 교육부, 한국교육개발원(2021). 국공립학교 기준.

이 학업에 집중할 확률 p가 1에 가깝다고 상정한다면, 상대적으로 그렇지 않은 저소득층이 밀집해있는 지역의 학급당 학생 수를 중점적으로 줄이는 것이 교육의 전체 사회경제적 효과를 극대화시킬 수 있게 한다.

구체적으로 통계 데이터를 살펴보자. 〈표 8–7〉을 보면 중소도시, 대도시, 읍면, 도서벽지 순으로 학급규모의 평균값이 작아진다.

중소도시는 신도시가 많기 때문에 학급규모가 대도시보다 크게 나타난다. 이러한 차이는 라지에(2001)의 공식에 의하면 일정 정도 적정한 것으로 볼 수 있다. 즉, 강남구 등 토지가격이 비싼 지역(그리고 p가 1에 가까운 지역)은 현실적으로 넓은 대지를 확보해서 학급규모를 줄이는 것은 지나치게 과도한 교육재정에 대한 비효율적인 투자이다.

필자가 교육개발원 통계센터 자료를 들여다보니 2022년도 4월 1일자 기준으로 중학교에서 학급규모가 큰 학교 100개의 위치를 보면 서울, 인천, 경기가 94개교이다. 그리고 2개교는 대구, 2개교는 충남의 신도시에 위치해 있다. 그렇지 않아도 수도권 일극화로 인한 국토의 불균형발전이 심각한 상황에서 만약 학급규모를 20명으로 강제적으로 줄이자고 하면 대부분 수도권과 지역 신도시 등에 많은 교육재정이 투자될 것이다. 읍면지역과 도서벽지에 대한 투자는 거의 이루어지지 않을

것이다.

최근에 일부에서 제기되고 있는 학급규모를 강제적으로 20명 상한선을 두자는 정책은 교육재정의 효과적인 투자를 통해서 교육의 효과를 극대화하는 것일까? 그렇지 않을 것이다. 수도권과 대도시 위주로 교육재정투자가 이루어짐으로 인해서 수도권, 대도시 vs. 읍면지역 농산어촌 간의 교육격차는 더욱 벌어질 것이다.

🌀 학급규모가 축소되어도 교수방법이 동일하다면?

우리는 학급규모가 축소되면 개별화 교육이 잘 될 것으로 본다. 그리고 성적이 자동적으로 오를 것이라고 생각한다. 그러나 반드시 그렇지는 않다. 베츠와 쉬콜닉(Betts and Shkolnik, 1997)의 실증 분석 결과 학급규모 감축으로 일정 정도 교사들이 학생개인지도에 수업시간을 '약간만' 더 할애하는 것으로 나타났다. 실제 수업방식에서는 새로운 수업자료의 활용이 특별히 증가하지 않았으며, 기존과 같이 반복 학습, 훈육, 시험 등에 주로 시간을 할애하고 있는 것으로 나타났다. 이는 교사들이 위험기피(risk averse) 성향을 보여주는 사례[7]로서 수업방식의 변화를 추구하지 않고 동일한 교수학습방식을 유지함으로 인해 학급규모 감축의 효과가 사라지게 만드는 것으로 볼 수 있다. 이러한 연구 결과는 기존에 해뉴섹이나 크루거가 분석한 학급규모의 효과에서 여전히 학급규모 감축 효과에 대한 부정적인 연구물들이 일부 존재하는 현실적인 이유를 설명해 준다.

이러한 상황은 머네인과 레비(Murnane and Levy, 1996)의 현장방문

---

7 McNeil(1983)의 방어적 수업(Defensive teaching)과 유사한 의미를 갖는다.

연구에서도 나타났다. 두 연구자는 학급규모를 크게 13~15명으로 감축시킨 텍사스 주의 15개 학교에 방문하여 교사들의 수업을 관찰해 보았다. 학급규모가 크게 감축되어도 대부분의 교사들이 기존의 수업방식대로 칠판 앞에 서서 전통적인 강의식·주입식 수업방식을 유지하고 새로운 수업교재와 수업방식을 도입하지 않고 있었다. 학생 개별지도도 특별히 더 하지 않았다. 즉, 20명대에서 15명으로 학급규모를 크게 감축해도 자동적으로 개별화 수업의 증진과 학생들의 학업성취도 등으로 이어지지는 않는다는 것이다. 결국 학급규모 감축과 함께 교사의 수업방식의 변화가 동반되어야 학급규모 감축의 교육적 효과가 존재함을 보여 준다. 하지만 13~15명의 학급규모 자체가 어쩌면 교육적인 효과를 내지 못하는 적정하지 않은 규모일 수도 있다.

🔵 소규모 학급의 문제에는 왜 큰 관심을 안 가질까?

미국의 교육학자이자 심리학자인 시카고 대학교의 필립 잭슨(Philip Jackson)은 유명한 "학급에서의 생활(Life in Classroom)"이란 저서에서 초등교육의 학급규모와 관련한 연구를 수행한 결과 일반적으로 20~25명이 적정한 학급규모인 것으로 제시하고 있다. 25명을 넘기면 학급운영에서 다소간 어려움이 발생하며 20명 미만이면 오히려 다양한 교육활동을 하는 데 적절하지 않다고 보고 있다. 따라서 최근 한국에서 주장되는 20명 미만으로 학급규모 상한제를 설정하자는 주장은 교육적인 측면에서 오히려 문제가 있을 수도 있다. 즉, 앞의 머네인과 레비(1996)에서 참관한 13~15명의 학급규모를 운영하는 학교의 경우도 교사의 교수방법의 변화를 가져온다고 해도 학생들의 다양한 활동의 한계를 안게 될 수도 있다.

필립 잭슨의 연구에서 중요하게 고려해야 할 내용으로는 10명 이하의 학급규모는 교육적으로 매우 심각한 문제를 발생시킨다는 부분이다. 10명 이하로 학급규모가 작아지면 다양한 학생 활동에 어려움이 생기고, 학생 상호 간의 적절한 자극과 경쟁도 사라지게 된다. 동아리 활동을 다양하게 운영하기도 어렵고 학생들의 사회성 발달 등에 있어서 문제가 생긴다. 대규모 학급은 오히려 큰 문제가 안 될 수도 있으며, 소규모 학급이 교육적으로 심각한 문제를 더 가져 올 수 있다. 중고등학교의 경우는 필립 잭슨의 책에서는 언급하고 있지는 않지만, 앞에서 언급한 라지에(2001)의 이론적 논의에 의하면 25~30명 정도의 학급규모도 교육적으로는 큰 문제는 없을 것이다. 따라서 학급규모 논쟁에서 정말 심각하게 봐야 하는 문제는 10명 이하의 극소규모 학급이 될 것이다.

앞의 〈표 8-7〉을 보면 한국 도서벽지의 학급규모는 10명 이하이다. 읍면지역의 경우가 10명 전후의 학급규모로 유지되는 학교가 많을 것이다. 이러한 소규모 학급을 운영하고 있는 학교는 당연히 전체 학교규모를 보아도 소규모일 것이다. 소규모 학급과 소규모 학교의 문제에 대한 치열한 논의는 교육계에서는 다소간 부족하고 관련 대책 마련의 노력도 상대적으로 잘 보이지 않는다.

물론 지역공동체와의 연계, 귀농지원 등의 대책 등이 언론에 보도되지만, 학급규모 감축 관련 기사보다는 많이 보이지 않는다. 최근에는 소규모 학급 혹은 소규모 학교를 살리기 위해서 농산어촌 소규모 학교 살리기 농촌유학 운동을 하고 있다. 그리고 공동주택 임대사업 등을 통해서 폐교를 막기 위한 노력을 한다. 이러한 노력은 교육청만의 힘으로는 어렵다. 농촌유학 지원이나 공동주택 임대사업 등에 많은 예산이 들기 때문에 지자체가 함께 협력해서 진행하고 있다.

소규모 학급과 소규모 학교에서 어떻게 교육을 잘 수행해 나갈 것인가? 이 질문에 대해서 진지하게 답을 찾아야 한다. 그러나 학급규모 20명 상한제 논의는 학급규모의 실질적이며 심각한 문제인 소규모 학급에 대한 관심을 다른 곳으로 돌리게 만드는 잘못된 논의일 수도 있다.

나의 경험의 재구성, 실험학교의 추억

존 듀이, 진보 혁신교육을 비판하다

"교육은 경험의 계속적인 재구성으로 이해해야 한다.
교육의 과정과 목적은 하나이고 서로 다른 것이 아니다."

"음식 요리를 화학의 많은 부분과 관련짓고
목공작업과 기하학적 원리를 관련짓고
바느질로부터 수많은 지리학적 문제를 탐구하게 된다."

- John Dewey, "나의 교육신조" & "학교와 사회" 중에서 -

🌑 19세기 말의 학교 모습: 아인슈타인 이야기

상대성이론으로 유명한 천재 물리학자인 아인슈타인은 학창시절에는 모범생이었을까? 매우 유명한 일화인데, 아인슈타인은 학교생활이 즐겁지 않았다.[1] 어떻게 보면 부적응 학생의 모습을 보이기도 했다. 아인슈타인은 19세기 말에 자신이 다니던 학교의 교사와 학교생활에 대해서 다음과 같이 토로한 바가 있다.

"초등학교 교사는 하사관과 같다. 중고등학교 교사는 장교와 같다. 학생들에게 불안을 주고 제재를 가함으로써 교육하는 학교는, 나한테서 배움의 즐거움을 빼앗아 가고 말았다."

아인슈타인은 국어와 산수(수학)는 잘했는데 외국어와 역사는 영흥미가 없어서 잘하지 못했다. 더구나 그 두 과목의 경우 수업시간에 열심히 따라가려는 모습조차 보이지 않았기 때문에 교사의 수업을 잘 따라오는 성실성만을 중시하는 교사의 미움을 샀다. 한 교사는 아인슈타인에게 빈정거리는 투로 다음과 같이 말했다고 한다. "네가 우리들한테 '안녕'하고 작별 인사를 해 준다면 대단히 고맙겠는데…" 그러자 아인슈타인은 다음과 같이 항변(혹은 말대꾸)을 했다. "하지만 전 아무것도 나쁜 짓을 한 것이 없습니다."

아인슈타인은 수업시간에 나쁜 짓을 한 바가 없었다. 다만 역사, 그리고 외국어 수업을 성실히 따라가지 않았을 뿐이었다. 그러한 항의

---

1 아인슈타인 학창시절 에피소드는 다음 책을 참고하였다.
   프라우제(1996). 천재는 꼴찌였다. pp.13-14. 이은숙 옮김. 한빛

에 교사는 곧장 기다렸다는 듯이 다음과 같이 말했다. "그야 뭐 너를 퇴학시킬 뚜렷한 이유는 아무것도 없겠지. 하지만 말이다, 퇴학시키지 못할 것도 없지 않니? 수업 중에 바보처럼 멍하니 앉아 있는 네 태도가 전체의 규율을 어지럽히고 학급의 평판을 얼마나 떨어뜨리고 있는지도 모르니?"

교사가 말한 '평판'이라는 단어가 아인슈타인에게는 '자유의 파괴'처럼 들렸다. 훗날 아인슈타인은 자신의 학창시절을 떠올리면서 다음과 같이 말했다고 한다.

"학교가 제재나 조작된 권위를 내세워 교육을 실시하는 건 용서할 수 없다. 학생들의 순진함과 자신감을 빼앗고 비굴한 인간을 만들어 버리기 때문이다."

🔵 듀이: 진보주의 교육의 아이콘이 된 두 가지 이유

근현대 미국의 실용주의 교육철학자, 학생중심 진보주의 교육철학의 아버지, 민주주의 교육의 지도자 등 교육학에서 듀이에게 붙여진 수식어를 보면 알 수 있듯이 그는 교육학을 공부하는 사람이면 누구나 다 이름을 들어 본 유명한 교육철학자이다. 미국을 비롯한 많은 국가의 진보주의 학생 중심의 교육이념에는 그의 이름이 있다. 앞의 6장에서 소개된 브루너의 "교육의 과정"에 대한 논의를 위해 개최된 우즈 홀 회의에 참석한 교육계 인사 중 한 명인 피셔(컬럼비아 대학교 사범대학 학장)를 듀이의 학생중심 진보주의 철학에 대한 회의적인 시각을 가진 교육행정가로 뉴욕타임즈에서는 소개하고 있다. 이처럼 당시에도 듀이는 학생

중심의 진보주의 교육철학을 대표하는 인물이었고, 동시에 진보주의 철학에 대한 비난도 한 몸으로 다 받고 있다.

아인슈타인이 비판한 19세기말 20세기 초의 학교교육의 권위주의, 배움의 즐거움을 안겨주지 못하는 고리타분한 학교교육의 문제를 그 당시에는 누구나 인식하고 있었다. 듀이 외에도 많은 진보주의 교육사상가들이 보수적인 학교를 비판하였다. 아인슈타인 역시 학교교육에 대한 언급만 놓고 보면 진보주의 교육자로 볼 수도 있을 것이다. 앞에서 소개된 피아제도 학생중심의 진보주의적 교육사상을 가진 인물이다. "교육의 과정"을 집필한 브루너는 학습에 있어서 지식의 구조를 강조했지만, 교육의 과정에 대해서만큼은 피아제의 발견학습법을 "교육의 과정" 저서의 3장에서 강조하고 있다. 우리가 아는 유명한 교육사상가인 루소, 몬테소리 등도 모두 진보주의 교육이념을 대표하는 인물이다.

그러한 유명한 진보주의 교육철학 사상가들을 모두 제치고 진보주의 교육철학의 아이콘으로서 찬사와 비판을 모두 듀이가 떠안고 있는 것은 왜일까? 그 이유는 그의 실험학교를 통한 실천력과 호소력 있는 그의 논문과 저서 때문으로 볼 수 있다. 사실 듀이는 진보주의(Progressive)라는 표현보다는 실천주의(Pragmatic) 철학가라는 표현이 더 적합할 수가 있다. 실용주의라고도 번역되는 프래그머티즘은 '프랙티스(실천)'를 어원으로 하며 현실에서의 적극적인 실천의 의미를 가지는 것으로 해석하는 것이 타당하다는 주장도 있다.[2]

그의 교육적 실천을 보자면, 미국에서 시카고 대학에서 실험학교를 설립해서 직접 진보주의 교육이념의 실현을 위해 노력한 것으로 유명하다. 듀이는 박사학위를 취득하기 이전, 대학을 졸업한 이후에 초·

---

2 존 듀이의 경험과 교육. 엄태동 번역의 마지막 챕터 참조.

중등학교 교사생활을 한 경력도 있다. 위키백과에 의하면 그는 대학 교수가 된 이후에도 계속 American Federation of Teacher, 즉 교사노조 회원으로 평생 남아 있었다고 한다. 스스로 철학연구자이자 교육자로서 살아왔음을 보여 주는 사례이다.3

특히 "민주주의와 교육", "학교와 사회", "나의 교육신조" 등의 저서를 읽어 보면 그의 강단 있는 문장과 깊이 있는 생각, 교육에 대한 확신에 찬 어조로 학생중심의 교육운동에 대한 의지를 드러내고 있음을 느낄 수 있다. 그러한 두 요소, '실험학교를 통한 교육 실천', '학생과 교육에 대한 신념에 찬 그의 문체'는 듀이가 진보교육의 아이콘이 될 수밖에 없음을 보여 준다. 듀이의 "민주주의와 교육", "학교와 사회", "나의 교육신조" 등의 저서를 시간을 내서 읽어보면 좋겠다. 정 시간이 없다면, 최소한 듀이의 "나의 교육신조"는 반드시 읽어 볼 필요가 있다. 20페이지 분량밖에 안 되는 짧은 글이며, 읽는 데 전혀 어려움이 없는 내용이다.

🔵 듀이의 교육 신조

나의 교육 신조는 총 다섯 개의 신조로 구성되어 있다. 제1조: 교

---

3 다만 교육자로서는 경험주의 학생중심 교수방법을 본인의 대학 강의에서 보여 주지 못했다고 한다. 학생들은 듀이의 강의가 매우 따분하고 교수 중심적이었고 학생들 간의 토론을 유도하지 않는 고리타분한 단순 강의식 수업이었다고 회상한다. 아동중심의 교수법, 실천경험 중심의 교수법을 주장했지만 본인의 강의실은 전혀 학생중심, 경험실천중심과는 멀었다(윌리엄 헤이스 저. 진보주의 교육운동사. 심성보 외 옮김. 2021, 살림터). 스키너는 티칭 머신을 하버드 대학 심리학 수업에 이용하였는데, 이 점에서는 스키너가 듀이보다는 더 자신의 교육철학을 대학에서 실제 구현하는 있어서 앞서 있다고 평가할 수 있지 않을까 싶다.

육관(교육이라는 것), 제2조: 학교관(학교라는 곳), 제3조: 교과관(교육의 내용), 제4조: 교육방법관(교육방법의 본질), 제5조: 학교와 사회진보. 듀이는 이렇게 다섯 개의 신조에서 총 65개의 교육에 대한 믿음을 피력하는 항목(내용/문장)을 제시한다. 먼저 교육의 출발점에 대한 듀이의 언급을 살펴보자. 다음 내용은 "나의 교육 신조"의 제1조 3항이다.

"아동 자신의 본능과 잠재력은 모든 교육의 자료이며 출발점이다. 만약 교육자의 노력들이 아동이 독립적이고 자발적으로 수행하는 활동과 관련을 맺지 못한다면, 교육은 외부로부터의 강압으로 전락하게 된다. 그것이 모종의 외적인 결과를 가져올 수도 있겠지만, 그것을 진정으로 교육적인 것이라고 말할 수 없다."("나의 교육 신조" 3항)

외부로부터 제기되는 단순한 의미 없는 지식 암기, 무비판적 사고, 생각하지 않는 반복 훈련 등 학생의 교육에 있어서의 심리학적인, 사회학적인 접근이 배제된 강압적인 교육은 우발적이고 임의적인 교육으로 전락하게 된다고 듀이는 비판한다. 학생들의 본능과 잠재력을 출발점으로 교육을 시작해야 한다고 말한다. "나의 교육신조"에서 학교의 역할과 교육의 내용, 학교와 사회진보와 관련된 몇 문장만 더 살펴보자.

학교의 역할: "학교는 아동이 인류가 물려받은 자원을 공유하고 자신의 역량을 사회적 목적을 위해 사용하도록 양육하는 데 가장 효과적인 모든 사회기관들이 집결된 곳이다. 그러므로 교육은 삶의 과정 그 자체이지, 장래의 삶을 위한 준비가 아니다."(8항)

교육의 내용: "교육은 경험의 계속적인 재구성으로 이해해야 한다. 교육의 과정과 목적은 하나이다."(41항)

학교와 사회진보: "교육은 사회의 진보와 개혁의 근본적인 방법이다.(60항)" "이상적인 학교에서는 개인적인 이상과 제도적인 이상이 조화를 이루고 있다."(64항)

고민해 볼 내용들이 많다. 우리의 교육 현실은 듀이가 말한 교육 신조처럼 운영되고 있을까? 교육은 삶의 과정 그 자체이지 장래의 삶을 위한 준비가 아니라는 말은 무슨 의미일까? 경험의 계속적인 재구성은 현실적으로 학교교육을 통해서 어떻게 이루어지는 것일까? 도대체 재구성을 한다는 것은 무슨 의미일까?

교육은 듀이가 말한 대로 사회의 진보와 개혁의 근본적인 방법일까? 그렇게 바라보는 교육학자도 있을 것이다. 그러나 그렇지 않은 학자도 있을 것이다. 우리에게 이상적인 학교, 즉 개인적인 이상과 제도적인 이상이 조화를 이루고 있는 학교는 어떤 모습일지도 생각해 보면 좋을 듯싶다. 그러나 이를 위해서는 개인적 이상과 제도적 이상 그 자체가 무엇이 될지에 대해서도 먼저 고민을 해 봐야 한다.[4] 100년 전 저서이지만, 우리에게 많은 질문을 던지는 듀이의 "교육 신조"이다.

---

4 이광현(2023). 교육사회학(박영스토리)의 주요 이론 부분에서 보울즈와 긴티스, 부르디외, 라바리의 교육의 목적 등의 내용을 참조하면 이러한 질문을 답변하는 데 약간 도움이 될지도 모르겠다.

🔵 역사학과 지리학을 사랑한 듀이

듀이의 진보주의 교육철학에 관해서는 그의 저서 "학교와 사회"에서 제시된 주요 교과목에 대한 진보주의 교육철학의 적용방식에 관한 내용을 통해 더욱 구체적으로 확인해 볼 수 있다. 이 책에서 여러 사례가 나오지만 지리학과 역사교육에 대한 강조가 눈에 띈다. 듀이는 역사교육에 대해서 다음과 같이 언급한다.

"역사를 단순한 과거의 기록물로 간주한다면 과거는 과거일 뿐이고, 죽은 자는 자신의 주검을 묻어 둔 채 조용히 남겨져 있을 뿐이다. 역사는 사학자에게는 어떤 것이 되었든, 교육자에게는 제2의 사회학이어야 한다. 그것은 사회의 생성 과정과 조직 양태를 밝혀내는 사회에 관한 연구가 되어야 한다. 역사공부의 목적은 (단순하고 의미 없는) 지식을 쌓는 데 있는 것이 아니고, 사람들이 어떻게 무슨 이유로 이런저런 일을 했는지, 또 그들은 어떻게 무슨 이유로 성공을 이루고 실패를 했는지에 관한 생생한 영상을 만드는 일에 정보를 활용하는 데 있다."("학교와 사회", 제9장 초등교육에서의 역사교육의 목적 중에서)

이렇게 역사를 현대의 흐름에서 파악하고 현재의 사회생활에 대한 이해, 그리고 사람들이 생활하면서 자연환경을 어떻게 개척해왔는지 등 일종의 역사적 원인에 대해서 파악함으로써 현재적 의미를 파악할 수 있다. 현재 사회의 모습이 왜 이렇게 나타나게 되었는지를 이해하는 사회학과도 같다고 언급한다. 그리고 사회발전에 있어서 인간의 과학발전에 대한 역사를 공부함으로써, 역사를 통한 과학학습도 함께 해 나갈 수 있다고 언급한다. 이른바 듀이는 통합적 교육에 대한 중요한 접근 과목으로 역사를 언급하고 있다. 한편 당시에 역사 공부의 방법으로 제안된 위인전 읽기, 즉 위인들의 전기작품을 읽는 것도 좋지만, 그러한 위인들에 대한 이야기 속에서 위인들이 사회적 상황을 어떻게 극복해 나가야 하는지를 봐야 한다고 주장한다. 그렇지 않은 역사 공부는 단순히 신화, 동화, 문학작품으로 뒤덮여 버리고, 단순한 사실지식의 무의미한 암기로만 머물게 된다. 이러한 풍부한 사회학적인 측면에서 현실에 주는 의미를 공부하기 위한 역사에 대한 학습이 이루어지기 위해서는 교사의 많은 준비가 필요할 것이다.

만약 우리가 듀이가 언급한 접근법으로 한국의 역사를 공부한다면, 한국 현대사의 모습도 과거, 조선시대의 성리학, 그리고 일제 강점기의 근대화, 해방 이후의 분단 상황과 군사정권, 중앙집권주의적 행정 시스템(역사적으로 조선시대부터 일제 강점기 그리고 현대에까지 이어진 시스템) 등의 제반 사회적 상황의 시각에서 바라볼 필요가 있을 것이다. 이러한 역사 공부는 엄청난 연계성을 가진 정보(문화, 철학, 언어, 행정)의 수합이 필요하다. 그리고 그러한 수합된 정보를 이용해서 다양한 측면에서 상호작용과 인과성을 고민해야 하는 과정이 필요하다. 이러한 역사적 사고 과정을 통해서 역사적 사실 자체도 더 연계성 있게 학생들의 기억 속에 축적되게 된다.

듀이는 이러한 접근법을 통해서 학생들의 머릿속에 오래오래 남는 '체계적 지식'을 구축하고자 했다. 앞의 5장에서 소개된 지식의 구조를 강조한 브루너와 입장이 다르지 않다. 듀이는 지식의 습득 자체가 더 잘 이루어지기 위해서 이러한 구조적 이해를 위한 융합적 접근을 주장한 것이다. 바로 앞 8장의 학급규모 축소 논쟁 이야기의 마지막 부분에서 소규모 학급의 문제점을 더 강하게 지적한 필립 잭슨은 이러한 듀이의 아동중심의 진보주의 교육접근 방법은 지식을 좀 더 연계성 있게 습득하기 위한 것이라고 언급한다. 궁극적인 목적은 아동의 기억 속에 오랫동안 의미있게 남기도록 하는 지식의 습득인 것이다. 흔히 일각에서 진보주의 교육은 지식 자체를 중요하지 않게 여긴다는 주장은 잘못된 것이다.[5]

한편 듀이의 이러한 융합적 시각, 연계성에 기반한 구조적인 교육에 대한 접근의 또 다른 사례로 지리학에 대한 다음의 언급도 참조해 볼 필요가 있다.

"모든 학문의 통합은 지리학에서 찾을 수 있습니다. 인간 활동과 관계를 갖지 않는 세계는 세계라고 할 수도 없습니다. 인간의 노동과 성과는 그것이 뿌리내리고 있는 대지를 떠나서는 하나의 감상거리도 되지 못하고 어떤 이름을 붙일 수도 없습니다. 지구는 인간이 부단히 의지하고 보호받는 안식처이고 모든 인간 활동의 원재료이며, 인간화하고 이상화하는 모든 인류의 업적이 되돌아가는 고향입니다. 지구는 대평원이고, 거대 광산이며, 열과 빛과 전기 에너지의 위대한 자원이고, 대양과 하천과 산과 평야로 펼쳐진 엄청난 현장입니다. 인류가 역사적 정치적 진보를 이루어 온 것은 바로 이 지구환경에 의해 좌우되는 노작활동을 통해서 가능했던 것입니다. 현재에도 우리는 이 세계 속에서 또 세계와 더불어 수행하는 결과를 통해서 세

---

5 존 듀이, 학교와 사회, 아동과 교육과정 영문판의 필립 잭슨의 서문. Dewey, J.(1990) The School and Society & The Child and the Curriculum: An Expanded Edition with a New Introduction by Philip W. Jackson. The University of Chicago Press, LTD: London. 최초 발간연도는 "학교와 사회"는 1900년, "아동과 교육과정"은 1902년으로 책 앞부분에 명시되어 있다.

계의 의미를 해석하고 또 그 가치를 측정하고 있는 것입니다." ("학교와 사회", 제1장 학교와 사회진보 16절)

대학생의 필독서로 흔히 언급되는 제레드 다이아몬드의 저서 "총·균·쇠"를 보면 지리적 요건이 인간사에 미치는 광범위한 영향을 알 수 있다. "총·균·쇠"는 지리학적 인류문화사를 보여주는 책이다. 현실을 보면 미국은 북아메리카의 온난한 기후의 땅을 기반으로 전 세계의 1등 강대국으로 자리 잡고 있다. 캐나다의 경우 국토는 넓지만, 기후적 조건으로 인해 인구증가 등에서 어려움을 겪고 있다. 알래스카 땅을 미국에 헐값으로 판 러시아는 땅을 치며 후회하고 있다. 일본은 섬이라는 영토적 특성으로 인해서 다른 나라보다 훨씬 독립된 고유한 문화를 발전시켜 왔다.

지리학, 즉 인간의 대지에 대한 연구는 인간의 역사발전과 현재 사회구조 등을 밝히는 데 중요한 학문분야다. 듀이는 그러한 지리학에 대한 학습이 현 세계의 의미를 해석하고 가치를 측정하는 데 매우 중요하다고 언급한다. 심지어 앞에서 본 바와 같이 "모든 학문의 통합이 이루어진 분야"로 언급하고 있다. 이러한 역사학과 지리학에 대한 듀이의 특별한 언급은 우리가 교육에 어떻게 접근해야 하는지에 대한 듀이의 시각을 보여 주는 좋은 사례이다.

🔵 실천교육은 실생활교육이 아니라 과학하기(doing science)를 위한 교육 방법

듀이는 초등학교 교사와 중등학교 교사를 몇 년간 한 이후에 학업에 다시 뜻을 두고 박사학위를 취득한다. 그리고 미시간 대학의 교수로 근무하다가 1894년도에 시카고 대학으로 옮긴다. 그리고 시카고 대학에서 실험학교를 운영한다. 학교 명칭에서 알 수 있듯이, 실험을 하는 학교이다. 무슨 실험인지는 우리가 예상할 수 있듯이 학생중심의 실천주의 교육방식을 시도하는 것이었다. 몇 년간의 실험학교 운영과 시카고에서의 생활을 마친 후 이런저런 이유로 1904년에 듀이는 콜롬비아 대학으로 옮긴다.

듀이는 시카고 대학에서 시행한 몇 년간의 실험학교에서의 교수법에 대한 논의를 "학교와 사회(18990)", "아동과 교육과정(1902)"에서 언급한다. 이 두 저서는 시카고 대학에서의 실험학교의 경험을 담은 저서이다. 한편 1938년도의 저서 "경험과 교육"은 그 자신의 경험이 구현되는 현실의 진보주의 학교교육 모습에 대한 반성적 고찰이 포함되어 있다.

먼저 "학교와 사회"의 일부 내용을 보면 듀이가 말한 진보주의 교육에서 아동중심의 교육, 흥미와 현실소재를 이용한 교육이 갖고 있는 진정한 의미를 알 수 있다. 우리는 듀이의 교육철학이 아동의 흥미와 현실소재, 실용주의적인 측면에서만 접근되는 것으로 오해하는 경향이 있다. 요리를 배우고 바느질을 배워서 현실의 생활에 도움이 되는 교육을 해야 하는 것이 듀이의 철학이라고 생각하는 것이다. 그러나 이러한 실생활적인 교육에 대한 접근을 듀이는 반대한다.

"요리사, 재봉사, 목수 일을 배우는 것을 좀 더 나은 기술을 연마하는 것 정도로 인식해서는 안 된다는 것을 의미합니다. 학교에서의 활동은 자연적인 재료와 자연적 과정에 대한 과학적 통찰을 이루는 활발한 중심이 되어야 하고, 아이들이 인류의 역사적 발전을 깨우치는 출발점이 되어야 합니다… (중략) …한 가지 실례를 들겠습니다. 맨 처음에, 아이들은 가공되지 않은 원재료와 아마, 목화, 그리고 양의 몸에서 깎아온 양모 등을 받습니다. 그 다음에 아이들이 이러한 원재료를 활용하려고 한다면, 어떤 용도에 적용하면 좋을 것인지 생각하게 됩니다. 예컨대 면 섬유질과 모 섬유질을 비교해 보기도 하겠지요. 저는 목화 섬유가 송이마다 씨앗을 일일이 빼내기 어렵다는 사실을 아이들에게 듣고 나서야 양모 산업에 비해서 목화 산업의 발달이 뒤처진 이유에 대해 알게 되었습니다… (중략) …이러한 여러 탐구를 통해서 아이들은 역사적 순서대로 이어지는 발명품을 이해하게 되고 특정 산업뿐만 아니라 사회생활 방식에까지 어떠한 영향을 미쳤는지 생각하게 됩니다. 오늘날의 완성된 섬유제조기에 이르는 전 과정을 밟아보고, 여기에 관련된 자세한 과학적 내용들, 섬유에 대한 연구며 원재료가 생산되는 조건이 되는 지리적 특징, 생산 장치에 포함된 물리적 원리에 대한 연구 등에 대해서 말입니다."(pp.29-31)

재봉틀을 배우거나 뜨개질을 배워서 실용생활에 가정살림에 도움이 되게 하는 것이 실험학교의 교육 목표가 아니라는 점이다. 재봉틀과 뜨개질에 사용되는 섬유가 어떻게 발전되어 왔는지, 그리고 섬유산업 발전과 어떻게 연관이 있는지, 물리적 원리는 무엇인지 등에 대한 연구까지 포괄적인 교육으로 이어지게 해야 한다는 것을 말한다. 당시에 이러한 실질적 사례와 경험을 통한 이론적 연구에 대한 반대론도 있었을 법하다. 듀이의 "학교와 사회"에서 그 반대론이 존재했음을 시사해 주는 내용이 있다.

"학교에서의 이러한 활동은 광범하고 포괄적인 방식으로 이해해야 합니다. 그런데도 이러한 노작(occupation)활동이 그 경향상 물질적이고 공리적이고 천박하기까지 하다는 이유를 들어, 학교에서 추방해야 한다는 반대론을 종종 접하게 되는데, 그럴 때 저는 당황하여 어찌할 바를 모르겠습니다." (p.33)

너무나도 솔직한 듀이의 고백이다. 학교에서 아이들이 왜 재봉틀을 만지작거리면서 놀고 있느냐는 비판이 있었음을 알 수 있다. 그러나 듀이는 아동에게 체험을 하도록 하고 실제 세계에 접하도록 하면서 그 속에 담긴 역사적 사회적 가치들과 과학적 원리에 대해 이해시키도록 하자는 것이다. 따라서 이 모든 활동이 결실을 맺으려면 과학 전문가에게 지도를 받아야 한다는 말을 한다(p.32). 이러한 실험적 교육방법을 듀이는 시카고의 실험학교에서 도입하고 운영하고자 노력했다. 그런데 21세기 현재 학교현장에서 독립된 교과인 실과 시간에 (초등)학생들에게 바느질을 가르치는 교육현장의 교수방법을 본다면 듀이는 과연 무슨 이야기를 할까?

● 아이들의 아이디어와 흥미에서 출발하지만, 종착지는 지식의 구성

한편 듀이는 아이들의 흥미와 아이디어에서 교육을 출발하는 것이 조야하다는 비판도 접했던 것 같다. 듀이는 가장 많이 접한 비판을 다음과 같이 본인의 저서 "학교와 사회"에서 다음과 같이 솔직하게 인용한다.

"당신들은 학생의 아이디어와 충동과 흥미에서 출발한다고 합니다. 그런 것들은 모두가 너무 조야하고, 무질서하고, 산만하고, 다듬어지거나 정화되지 못한 것인데, 아동이 어떻게 필요한 통제력과 교양과 지식을 획득하게 된다는 것입니까?"(p.49)

이에 대해서 듀이는 학교에서 교사가 아동의 활동을 지도하여, 그것이 어떤 길을 따라 작동되도록 할 수 있으며, 그럼으로써 통제력과 인내심을 얻고 또 "수많은 지식을 습득하는 기회를 갖게 된다."라고 말한다(p.51). 아이들의 흥미와 관심에서 시작되는 교육이 교사의 지도 없이 이루어져서는 안 된다. 종착지는 학생들이 수많은 지식을 자기 것으로 체화해 내고 습득하게 만드는 것임을 듀이는 명확하게 밝힌다.

듀이는 아동의 본능적 욕구 혹은 흥미를 4종류로 나눌 수 있다고 말하며 이에 기반한 체계적 학습지도를 언급한다(pp.55~57). 첫째는 아동의 사회적 본능으로, 대화나 친밀한 교제에 대한 흥미와 요구이다. 다음은 언어적 본능이다. 아이들은 사회적 표현으로 자신의 경험과 관심을 이야기하고 표현한다. 세 번째로는 제작 본능, 구성적 충동이 있다. 뭔가 해 보려는 충동은 놀이나 행동에서 나타나게 된다. 이러한 구성적 충동은 언어적 본능(무엇인가를 말로 표현하고자 하는 본능)과 연계되면서 추상적 탐구 본능으로 발달하는 경향이 있다. 다음으로는 표현적 혹은 예술적 충동이 있다. 의사소통과 구성적 본능에서 발달된 것인데, 더욱 세련되게 완전하게 드러나는 것으로 볼 수 있다. 듀이는 이러한 본능에 사회적 동기를 부여하면 훌륭한 예술적 창작 행위를 이끌어낼 수 있다고 말한다.

예를 들어 아이들이 만약 활과 화살을 만들고 사냥놀이를 하는 모습을 보면 무시하지 말고 원시시대의 돌화살촉과 같은 무기를 보여 주고 관심을 지속시키고 발전시키게 만드는 것이 필요하다. 그리고 해당 물질들의 강도와 모양, 조직에 대해서 탐구하면서 광물학을 공부하게 한다. 석재를 조사하고 어느 석재가 가장 적합한지에 대해서 알아내기까지 하며 철시기대의 무기와 그것을 용광로를 통해 제작하는 과정, 연소의 원리, 통풍과 연료의 본질에 대한 과학적 내용 등을 학습하게 하는 것이다. 그리고 실제 아이들이 구리와 같은 재료를 가져와서 실험을 하고 녹여 부어서 몇몇 물건도 만들어내는 것까지 교육시키는 과정을 가진다(p.61). 이와 같은 방식으로 아이들의 (활과 화살에 대한) 흥미를 (광물학, 연소의 원리, 실험제작 등의) 과학적 행동으로까지 이끌어 가려면 교사에게는 많은 과학 내용 지식이 필요할 것이다. 현재 한국의 초등학교에서도 이렇게 아이들의 관심사에 대해서 역사적으로 그리고 과학적으로 잘 안내하기 위한 준비가 늘 되어 있을 것인가가 중요하다.

🌀 경험과 교육: 듀이의 혁신 진보 학교에 대한 비판

듀이뿐만 아니라 피아제, 브루너 등의 발견학습 등을 강조한 많은 교육연구자들도 아동중심의 진보적 교육을 주창한다. 학교 교육은 서서히 점진적으로 변화해 갔다. 한국의 경우도 아동 중심의 민주적 교육과정을 지향하는 혁신학교 운동이 전개되어오기도 했다. 듀이가 주창한 진보적 학교교육은 문제가 없었을까? 1938년도에 발표한 "경험과 교육"에는 진보교육에 대한 일종의 각성과 반성을 요구하는 내용이 담겨있다. 우리가 아동중심 진보교육이라고 할 때에는 아이들이 스스로 자기 규율을 만들어 내는 것을 지향한다. 교사를 무시하는 방종을 의미하는 것이 아니다. 진보적 학교에서 과거의 전통적인 권위가 사라진다면 새로운 유형의 권위가 있어야 한다.

"외적인 통제를 부정한다고 할 때, 그렇다면 경험 속에 들어 있는 통제의 요소들이 무엇인지를 찾는 일이 당장 문제로 대두된다. 외적인 권위를 거부한다고 해서 모든 권위를 배격해야 하는 것은 아니다. 오히려 좀 더 효과적인 권위의 원천을 찾을 필요가 있다. 우리가 극단적인 '이것이냐, 저것이냐(진보냐 보수냐)'라는 식의 철학을 받아들이지 않는 이상 전통적인 교육이 성숙한 성인들에게나 어울리는 지식과 방법, 행위의 규칙 등을 어린 세대에게 부과했다고 해서, 성인들의 지식과 기술 등이 미성숙한 아이들의 경험에 대하여 그 경험이 성장해 나가야 하는 방향을 지시하는 가치를 조금도 지니지 못한다는 결론은 따라 나오지 않는다… (중략) …새 교육(진보교육)은 전통적인 교육보다도 성인에 의한 지도를 더욱 필요로 한다."(p.10).

진보적 교육방식이 교사나 성인들이 기존의 지식과 기술을 학생들에게 지도하면 무조건 안 된다는 것이 아니다. 어쩌면 더 다양한 방향에 대해서 함께 논의하고 지도할 필요가 있다. 전통적인 교육방식을 극단적으로 부정적으로만 보는 시각은 버릴 필요가 있다. 한편 "경험과 교육"의 11쪽에는 다음과 같은 듀이의 언급이 있다.

"진보교육의 일반적인 원리들만 가지고는 교육과 관련된 현실적이거나 실천적인 행위들, 그리고 학교의 관리 등의 면에서 진보적인 학교들이 직면하고 있는 문제들 가운데 어느 것도 해결하지 못한다는 점이다."(p.11)

이건 도대체 무슨 말일까? 이 문장에서는 듀이가 구체적인 문제를 정확하게 제시하지 않았지만, '학교의 관리'라는 표현이 등장한다. 그리고 현실적, 실천적 행위 등은 무엇일까? 뭔가 진보교육을 추구하는 학교의 경영에서 문제가 있음을 보여 준다. 그 문제 중 몇 가지 사례는 "경험과 교육"의 4장 '사회적 통제'에서 암시된다. 예의범절의 문제도 그중 한 예가 된다.

> "진보적인 몇몇 학교들을 방문한 사람들은 그 학교의 학생들에게 예의범절이 결여되어 있다는 사실을 발견하고는 충격을 받는다… (중략) … 가령 학생들이 서로 부딪치거나 방문객들과 부딪치고도 미안하다는 말 한마디 없이 자신들의 일을 계속해 나가기에 바쁜 것이다. 어떤 사람은 이러한 경우를 긍정적으로 평가하면서 학교 공부에 대한 지적이거나 정서적인 관심을 결여하고 있으면서도 단순히 외적인 격식만을 차리는 것보다는 낫다고 말할지도 모른다. 그러나 이 역시도 (진보)교육이 실패한 사례임에는 분명하다. 학생들은 삶에 있어서 가장 중요한 교훈 가운데 하나인 상호 간의 조절과 적응이라는 교훈을 배우지 못하고 있는 것이다. 교육이 어느 한 방향으로만 진행되고 있는 것이다."(p.69)

"경험과 교육"의 4장에서 듀이가 제시한 실패한 진보교육의 예시이다. 당시에 진보교육이 아동중심을 주창하면서 학교규율과 상대방에 대한 예의범절 등에 대한 문화를 만들지 못함으로써 또 다른 잘못된 방향으로 교육이 이루어지고 있음을 언급하고 있다. 진보적 학교에 방문한 사람들의 충격에 대해서 뭐라 변명할 여지가 없는 문제행동을 야기하고 있음을 보여 준다. 이러한 듀이의 언급을 보면 진보교육 주창자가 아니라 보수적 교육을 주창하고 있는 것이 아닐까 하고 생각하는 사람도 있을지 모르겠다. 그러나 듀이는 다음과 같이 확실하게 강조하고 있다.

"예의범절의 내용적인 측면이 상이하다고 하더라도, 예의범절에 관한 규정, 예를 들어 다른 사람을 맞이하면서 인사하는 적절한 방식과 관련된 예의범절의 규정을 지니고 있지 않은 집단은 어떠한 시기, 어떠한 지역에서도 찾아볼 수 없다."(p.68)

21세기 한국의 학교에서 학생들이 교사에게 함부로 대들거나 하는 일을 듀이가 본다면 역시 충격적인 사건일 것이다. 시대를 막론하고 기본적으로 지켜야 할 예의범절이 있다. 상호 간에 존중과 인사, 손님에 대한 안내 등 기본적인 사회의 원활한 운영을 위한 예절교육은 필요하다. 한편 학생중심의 교육에서는 학생은 왕이고 교사는 단순한 안내자에 불과한 것일까? 진보교육에서의 교사의 역할은 무엇인가? 듀이는 "교사는 학생들에 대한 통제자, 감독관, 명령권자라는 종전의 지위 대신에 학생의 집단 활동을 이끄는 지도자" 역할을 해야 한다고 말한다(p.68). 특히 학생들은 당연히 개별적 존재로서 자유를 존중받아야 하지만, 아이들보다 성숙한 존재인 교사는 그러한 자유를 지니지 않는다고 보는 것은 너무나도 불합리해서 논박할 가치조차 없는 생각이다. 학생의 자유와 권리도 중요하지만 교사의 자유와 권리는 그보다 한 단계 더 중요하다고 말한다. 교사의 적극적이고 주도적인 역할이 필요하다.

"학교 공동체의 활동방향을 모색하는 일과 관련하여 교사가 적극적이고 주도적인 역할을 하지 못하도록 막는 것은 하나의 극단을 피하려다가 그것과는 정반대의 다른 극단에 빠져 버리는 또 하나의 잘못을 범하게 된

다."(p.67)

듀이는 6장에서 다음과 같이 교사가 방관적 행동을 해서는 안 되며 교사의 적극적인 역할이 필요하다는 것을 강조하기도 한다.

"학생이 지력을 행사하는 일과 관련하여 교사가 제공하는 안내는 자유를 제약하는 것이 아니라 자유를 누리는 데 도움이 된다. 간혹 교사는 학생들에게 그들이 무엇을 해야 하는지를 제안하는 일조차 꺼리는 경향이 있다. 나는 아이들이 갖가지 사물들과 자료들에 둘러싸여 있고, 교사는 혹시나 아이들의 자유를 침해하는 것이 아닌가 싶어서, 그러한 자료들을 가지고 무엇을 해야 하는지조차도 제안하지 않은 채, 아이들을 내버려두는 경우가 있다고 들은 적이 있다… (중략) …좀 더 경험이 많고 폭넓은 시야를 지닌 사람(교사)의 제안이 이러저러한 출처에서 우연히 나온 제안보다도 타당하지 못한 경우란 있을 수 없다."(p.86)

물론 교사가 학생들의 교육활동을 일방적으로만 몰고 나가면서 자유로운 토론을 제한하거나 사고를 충분히 못하게 하면 문제가 있을 수도 있다. 그러나 그렇다고 해서 교사가 완전히 손을 놓고 뒷전으로 물러서 있는 것은 이러한 문제를 피하는 방법이 아니다. 교사는 학생들에게 무엇인가를 주는 데 있어서도 거리낌이 있어서는 안 된다고 듀이는 주장한다.

교사는 학생보다 더 많은 경험을 한 성인이다. 그리고 많은 체계적 지식을 갖고 있다. 학생들에게 많은 정보와 방향을 제시해 줄 수도 있다. 다만 과거 아인슈타인이 학창시절에 만났던, 학생들을 무시하거나 권위주의적으로 대하는 교사가 되면 안 된다는 것이다. 학생들이 사고할 수 있는 다양한 지식을 제공해야 하고 안내해야 하며 지도해야 한다. 학생들이 스스로 찾아 나가는 과정에서 발생하는 편향과 오류에 대해서는 적극적으로 지도해야 한다.

⬤ 듀이가 원조: 나선형 교육과정

앞의 6장의 브루너의 "교육의 과정"에서 제안된 '나선형 교육과정'은 한국의 국정교과서의 교사용 지도서에 주요 학습원리 중 하나로 제시된다. 그만큼 교육과정에서 통용되는 유명한 교수학습의 이론적 개념이다. 교육학을 공부하는 경우 모두 이 브루너가 "교육의 과정"에서 나선형 교육과정을 제안했다고 알고 있다. 그러나 이 나선형 교육과정은 브루너가 먼저 제창한 것이 아니다. 듀이가 원조 격이라고 볼 수 있다. 듀이의 저서 "경험과 교육"의 제7장 '교과 내용의 진보적 조직'을 보면 나선형 과정이 다음과 같이 제시된다.

"획득된 새로운 사실들과 아이디어들은 더 나아가는 경험의 토대가 되며 그 경험 속에서 새로운 문제가 제시된다. 이 과정은 연속적인 나선형이다."(p.99)

(원문: The new facts and new ideas thus obtained become the ground for further experiences in which new problems are presented. *The process is a continuous spiral.* 원서 p.79)

브루너의 "교육의 과정"은 참고문헌이 제시되고 있지 않기 때문에 제반 내용의 출처를 알기는 어렵다. 다만 브루너의 서문(preface)을 보면 나선형 교육과정이 제시된 "교육의 구조"의 제3장 '학습의 준비성'은 브루너와 인헬더(피아제 학파의 2인자)를 포함한 총 7명이 초안을 작성한 것으로 되어 있다. 그리고 서문의 맨 마지막에 브루너가 밝힌 바에 의하면 하버드 대학의 비교교육학자였던 로버트 울리흐(Ulrich)가 편찬한 "3천년의 교육지혜(Three Thousand Years of Educational Wisdom)"로부터 많은 도움을 받았다고 적고 있다.

여하간 듀이가 언급한 나선형 과정은 브루너가 멋지게 정리하고 제안하여서 유명한 나선형 교육과정 이론으로 발전되었다. 물론 듀이가 그렇다고 시기질투는 하지는 않을 것이다. 오히려 자신의 주장이 크게 확산된 것에 기뻐하고 있을 것이다. 결과적으로 보면 듀이의 영향력은 브루너의 "교육의 구조"에도 미치고 있음을 알 수 있다.

🌀 존 듀이의 실험학교의 현재

시카고 대학에서 존 듀이가 실험적으로 시도한 당시 참신했던 교육방법은 현재 어떻게 이어지고 있을까? 일단 실험학교의 당대의 상황부터 살펴보자. 1896년도에 시카고 대학에서 시도한 실험학교는 15명에서 출발했다. 초등학교에서 시작한 실험학교는 학생이 증가함에 따라서 중등학교로 확대되었다. 그리고 유치원 과정도 추가하게 된다. 문제는 학교 운영비였다. 듀이는 "학교와 사회" 제4장 '실험학교의 운영 실태'에서 관련 문제를 언급한다. 학비가 일반 학교에 비해서 두 배나 되고 절반 정도는 기부금으로 운영하고 있는데, 추가적으로 학비를 올리기는 어렵다고 말한다. 그리고 시카고 대학의 부설학교인 만큼 대학에서 재정 지원을 지속하기를 바라고 있었다.

"금년 운영비는 대략 12,000달러가 될 것 같다. 이 금액 중 5,500달러는
수업료에서 나올 것이고 5,000달러는 학교에 관심을 갖고 있는 친구로부터
(일종의 기부금) 나올 것이다. 나머지 1,500달러는 추가로 확보해야 한
다."(p.104)

당시 시카고 대학 총장이었던 하퍼(W. R. Harper)와 듀이 간에는 이
견이 존재했다.[6] 하퍼 총장은 예산문제로 인해서 학급당 학생 수를 확
대하고 학비를 올릴 것을 듀이에게 제안했다. 당시 실험학교의 교사 1
인당 학생 수는 9명 정도였다. 매우 좋은 교육여건임을 알 수 있다. 그
러나 그만큼 재정소요가 많이 이루어진다. 그래서 그 두 제안 중에 두
번째 제안인 학비를 올리는 것에는 듀이가 동의한다. 그러나 듀이는 첫
번째 제안인 학급규모를 늘리는 것에는 반대한다. 그에 따라서 여전히
실험학교 운영예산의 문제는 남게 되었다. 하퍼 총장은 당시에 사비로
100달러를 기부하기도 하면서 시카고 대학에서의 재정지원을 유지하기
위해서 노력할 수밖에 없었다. 그러나 결과적으로 대학은 더 이상 재정
지원을 유지하기에 어려워진다. 특히 이 과정에서 학생들의 증가로 인
해서 중등학교를 설립했어야 했고 초등학교 학급을 증가시킬 수밖에
없었다.

이때 미국의 또 다른 진보주의 교육사상가인 프랜시스 파커가 시
카고에 등장하였다. 프랜시스 파커는 자신의 종합적 언어교육을 위한

---

6 이하 존 듀이 학교와 사회, 아동과 교육과정 영문판의 필립 잭슨의 서문 15쪽
이하 참조.

초등교육단계의 시범학교(demonstration school)를 추구하였다. 그리고 시카고 대학에서는 프랜시스 파커를 지원하게 된다. 당시 브레인 (Braine)이란 독지가가 건물 신축비를 후원하였는데, 프랜시스 파커가 운영하던 시범학교를 시카고 대학으로 옮길 것을 요구하였으며 그 요구를 시카고 대학의 하퍼 총장이 받아들이게 된다. 그래서 프랜시스 파커의 주도로 시범학교와 실험학교가 통합되게 된다. 통합된 이후에도 명칭은 실험학교로 유지되었으나 듀이가 원하는 학교와는 다른 모습을 띠게 된다.

한편 시카고 대학에서는 실험학교를 졸업한 학생들이 진학할 고등학교를 두 개의 학교로 구분하여 설립하는데, 대학진학을 위한 학술적 과정인 인문계 고등학교와 직업훈련에 초점을 둔 직업계 고등학교로 구분하였다. 이러한 구분은 듀이의 입장에서는 받아들일 수 없는 제도였다.[7] 듀이는 이러한 상황에서 본인이 고안한 교수법을 구현할 실험학교 운영을 포기할 수밖에 없었다. 1904년, 실험학교를 운영한 지 8년이 지난 후에 컬럼비아 대학으로 옮기게 된다.

우리가 실험을 하는 이유는 실험을 통해 어떤 이론이나 방법이 효과가 있음을 확인하고 다른 곳으로도 해당 실험내용을 확산시키기 위한 것이다. 교육에서 좋은 교수법이 실험연구를 통해서 학생들의 발달에 긍정적이라고 확인된다면 당연히 다른 일반학교에 적용해야 한다. 그렇지 않다면 실험을 할 이유는 없다. 듀이는 당시 실험학교를 통해서 아동의 흥미와 경험의 재구성을 위한 교육을 시행하였다. 교과를 가급적 통합적으로 운영하고, 여러 실험과 노작활동을 통해서 역사와 과학

---

7 미국은 현재 종합고등학교 체계이다. 고등학교 단계에서의 계열 구분은 고등학교 내에서 하고 있다.

이론을 발견해나가고 체화시켜나가게 하려고 노력했다. 그러나 당시의 실험적 교육은 말 그대로 체계적이지는 못했다. 듀이 스스로도 "학교와 사회"에 그러한 고백을 많이 언급한다.

"과학 공부는 배열하고 체계화하기 어려웠다."(p.113)

"연령과 성취도 면에서 각기 다른 아이들을 가능하면 섞었는데, 그 이유는 상호작용을 통해서 안정감을 얻는 심리적 장점이 있을 것이고, 나이 든 아이가 어린아이를 배려하는 데서 어떤 책임감을 갖게 만드는 도덕적 장점이 있을 것이라 믿었기 때문이다. 그런데 시간이 지남에 따라 그 방법을 그만두고 그들의 공통된 역량을 고려하여 그 아이들끼리 그룹을 만들어주는 것이 필요하게 되었다. 우리는 경직된 사다리 체제로 된 학년이 구분된 학교를 만들지 않기 위해서 여전히 다양한 아이들을 혼합하는 이념을 적용하려고 시도하는 중이다."(p.115)

"한편 행정적으로도 학업에 대한 사회적 요구가 주요 분과학문들에 집중함에 따라 과학, 역사, 가사, 수공훈련, 음악, 미술, 체육 등의 (교과목) 분할을 인정하게 되었다… (중략) …아동은 각 분야의 전문 교사와 만남으로써 숙련도와 지식 면에서 혜택을 받고 각 교사들은 그 반대 방식으로 공동의 사고에 기여하게 된다."(p.116)

듀이는 자신이 꿈꿨던 (교과)통합교육, 그리고 무학년과 능력 통합 학급운영, 실질적 현실사례를 통한 이론 학습의 체계성 등 혁신적인 방안에 따른 실험학교 운영과정에서 여러 한계를 만나게 된다. 그래서 앞에서 언급된 바와 같이 교과를 구분해서 수업을 진행하게 되고 이질적 능력 편성 대신 일정 정도 동질적 능력집단 편성 혹은 학년 구분에 따른 교육을 진행할 수밖에 없었다.

지금 보아도 혁신적 아이디어로 언급되는 교과통합교육, 무학년제는 학급당 학생 수가 10명이 채 안 되는 듀이의 실험학교에서도 쉽지 않았다. 필립 잭슨에 의하면 실험학교는 야외에 정원과 넓은 운동장이 갖추어져 있었고 과학 등을 위한 실험실에는 매우 우수한 설비가 구비되어 있었다. 교사들은 수업계획을 적극적으로 고안하고 열띤 토론과 성찰(reflection)을 통해 수업을 개선하기 위해서 많은 노력을 진행하였다. 그리고 실험학교에 다니던 학생들은 대부분 시카고 대학 교수의 자녀들이었다. 따라서 학생들이 상대적으로 상류층 집안의 자제였고 학교생활에 적극적이었을 것으로 쉽게 추측해볼 수 있다. 참고로 듀이 본인의 자녀들도 바로 이 실험학교에 다녔다고 한다.

그렇지만 실험학교는 실험으로 끝날 수밖에 없었다. 듀이의 실험학교와 같은 여건, 즉 당시 상류층인 시카고 대학 교수들의 자녀들 위주로 구성된 10명 내외의 학급규모와 충분한 학교운영예산 등은 현재 대부분의 공립학교에서 구현하기 어렵다. 시카고 대학의 실험학교는 현재까지 운영되고 있는데 사립대인 시카고 대학 산하의 사립 유·초·중등학교이며 연간 학비(2022/23년 기준)는 반일제 유치원은 26,172달러, 유치원 종일제~초등학교(5학년)는 36,384달러, 중학교(6~8학년)는 38,850달러, 고등학교(9~12학년)는 40,488달러나 된다.[8] 듀이가 설립한 실험학교는 일종의 귀족 명문학교로 발전한 것이다. 120년 전에 실험학교 운영을 시

8 시카고 대학 실험학교 홈페이지.
　https://www.ucls.uchicago.edu/admissions/tuition−and−financial−aid

작했을 때 한국 돈으로 (1달러당 1,300원으로 환율을 산정하면) 연간 5천만 원 가까이나 되는 학비를 부과하는 명문 사립학교로 귀결될 것이라고 듀이는 상상이나 했을까? 세상은, 특히 교육 분야는 의도치 않은 방향 대로 너무 자주 흘러간다.

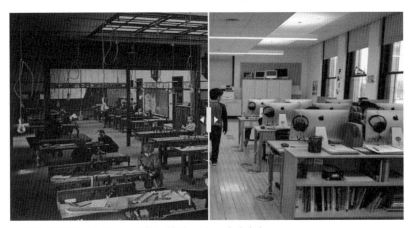

듀이의 실험학교의 과거 그리고 현재 모습: 격세지감
출처: 시카고대학 부설 실험학교 홈페이지

열하나 열다섯 vs. 십일 십오

비고츠키, 언어와 문화, 그리고 근접발달영역과 가르침

"학습은 문화적으로 조직된
심리적 기능을 발달시키는 과정에서
필수적이고 보편적인 것이다.

학습의 기본적 형태는
근접발달영역을 창출하는 것,
훌륭한 학습은 발달에 앞서는 것이다."

- L. S. Vygotsky, "Mind in Society" 중에서 -

🔵 비고츠키 초콜릿을 판다면

일찍 단명한 바람에 비고츠키는 심리학계의 모차르트로 간혹 비교되곤 한다. 모차르트는 35세에, 비고츠키는 37세의 젊은 나이에 사망하고 짧은 시기에 많은 업적을 남겼기 때문이다. 비고츠키가 심리학계의 모차르트로 비교된다는 내용을 본 순간, 과거에 갔던 오스트리아 출장이 떠올랐다. 필자가 2005년도에 오스트리아 빈으로 OECD 교육지표 회의 참석을 위해서 출장을 간 적이 있었다. 관광상품을 파는 매장에 들렀다가 모차르트 초콜릿이 엄청나게 진열되어 있는 것을 보고 당황했었다. '모차르트가 이 초콜릿을 좋아했던 것일까?' 모차르트와 초콜릿의 연관성을 고민하다가 여러 개를 사 온 기억이 났다.

그때 모차르트와 초콜릿의 연관성(정말 모차르트가 초콜릿 애호가였는지 등)이 궁금해서 인터넷으로 알아보았는데, 여하간 모차르트가 오스트리아 출생이라는 사실 외에는 찾을 수 없었다. 모차르트와의 특별한 연관성은 없지만 오스트리아의 경제적 부 창출을 위해서 일종의 관광 먹거리 혹은 기념상품으로 개발된 것으로 볼 수 있다. 그러나 비고츠키 초콜릿을 러시아 모스크바에서 관광상품으로 판매한다는 이야기는 듣지 못했다. 만약 비고츠키가 활동한 러시아 모스크바나 그가 태어난 고향인 민스트 북동쪽의 오르스하(Orsha) 시에서 비고츠키 초콜릿을 판다면 필자는 그 초콜릿을 구매할 의향이 있다. 그는 교육학에서 가르침(Instruction or Teaching)의 역할에 대해 멋진 이론적 개념을 만든 학자로서 높게 평가될 수 있기 때문이다. 또한 문화심리학과 언어학에도 많은 영향을 미친 20세기 초반의 선도적 연구자이다.

🌐 "사회 속의 정신" 영어 책 구입 계기

유럽 학자 중에서 미국의 교육학에 영향을 준 학자들은 많다. 그중 대표적인 인물이 피아제이지만, 피아제처럼 60년대 이후에 영미권에 소개되고 교육학과 심리학계에 상당한 영향을 준 또 한 명의 학자가 비고츠키이다. 피아제 이론은 앞 장에서 이야기한 바대로 브루너의 "교육의 과정" 이후에 영문 번역서가 발간되면서 아동발달이론과 관련하여 학계에 많은 영향을 준다. 비고츠키의 글들도 60년대 이후에 영문 번역서가 발간되면서 영미권 학계에 영향을 준다.

비고츠키의 영어 번역 논문이 최초로 소개된 시점은 '사고와 말하기(Though and Speech)'라는 제목의 25쪽 분량의 논문이 미국에 1939년도에 "언어심리학: 핵심 논문 요약서"에 한 챕터로 포함되어 발간된 시기로 볼 수 있다(Saporta ed, 1939; 1961). 그러나 그 이후 1962년도에 "사고와 언어(Thought and Language)"의 영문번역서가 영어권 국가에 비고츠키 연구를 본격적으로 소개한 책으로 볼 수 있다. 그리고 1978년도에 "사고와 언어"의 일부 내용이 다소간 압축되어 있는 챕터와 근접발달영역이론이 소개된 '학습과 발달의 상호이론' 챕터가 포함된 "사회 속의 정신(Mind in Society)"이라는 제목의 책이 미국에서 번역되어 발간된다. 비고츠키의 주요 논문들이 번역된 "사회 속의 정신"을 통해서 가장 압축적으로 제시되고 있는 비고츠키의 이론, 특히 '근접발달영역이론'을 접할 수 있다.

필자도 비고츠키의 영문 번역서 두 권("사고와 언어", "사회 속의 정신")을 모두 갖고 있다. 미국 유학 생활 당시 박사학위 논문 심사위원 중 한 분이셨던 개리 사익(Gary Sykes) 교수와 동기 이론을 이야기하다가 "Do you know Vygotsky? His Zone of Proximal Development Theory?"라는 질문을 받은 적이 있었다. 심각한 질문은 아니었고, 이런 저런 이야기를 나누다가 나온 질문이었는데, 학부 전공이 교육학이 아니었고 교육재정과 교육정책평가 연구에만 집중하던 필자는 얼핏 비고츠키 이름은 들어봤지만 그의 근접발달영역이론은 들어보지 못했었다.

필자의 침묵으로부터 모른다는 표정을 읽은 개리 사익 교수가 뭐라고 설명을 해 주었는데, 알아듣지를 못했었다. 그냥 비고츠키의 책을 사서 읽어봐야겠다는 생각을 하고 인터넷을 통해서 영문 원서 "사고와 언어", 그리고 "사회 속의 정신" 두 권을 주문했다. 졸업 이후 한국에 두 권을 갖고 왔지만, 필자의 연구실에서 거의 20년 가까이 눈길을 끌지 못한 채 외로이 책장에 꽂혀 있었다. 그러다가 이번에 드디어 읽어보게 되었다. 마침 번역본이 있는 관계로 번역본과 영문 원서를 함께 살펴보았다. 그런데 이상하게도 세부적인 내용에서 약간 차이가 존재했는데, 한국어 번역본은 러시아 원서를 영어 번역본과 일본어 번역본을 참고해서 번역했다고 한다. 그래서 일단 필자가 갖고 있는 영어 원서 중 교육학에서 논의되는 근접발달이론이 포함되어 있고 상대적으로 읽기가 쉬운 "사회 속의 정신"을 소개하도록 한다.

🔵 언어와 사고, 그리고 아동발달

비고츠키의 이론을 잘 소개하고 있는 "사회 속의 정신"은 1994년도에 한국어로 번역되었고 그 이후 2009년도에 다시 번역이 이루어졌다. 필자는 절판된 1994년도의 번역서를 읽어 보면서 언어가 사고에 대해 중요한 기능을 가진다는 점을, 그의 이론을 떠나 번역어를 통해서 새삼 느끼게 되었다. 특히 상징적, 추상적, 학술적 사고에서는 더욱 그렇다.

이 책의 첫 번째 챕터 '아동 발달에서의 도구와 상징'에서 '발화와 도구 사용 간의 관계'라는 소제목이 있는데, 발화는 Speech를 번역한 한자어(발화-發話)이다.[1] 그리고 3장 '기억과 사고의 숙달' 챕터에서는 수의적 주의라는 단어가 나오는데 수의적은 Voluntary를 번역한 한자어(수의적-隨意的)이다. 다행히도 괄호를 치고 영문을 포함시켰기에 이해를 할 수 있었지만, 한글 번역본을 읽으면서 곧장 개념적으로 쉽게 책 내용에 대한 학습이 이루어지지는 않았다. 그래서 읽으면서 발화는 스피치, 수의적 주의는 자발적 주의로 곧장 전환을 하면서 읽었다. 예를 들자면 다음과 같이 읽은 것이다.

"아동의 발화는 목표달성에 있어 행위의 역할만큼 중요하다. 아동들은 단지 그들이 하고 있는 것에 대해 말하는 것이 아니다. 그들의 발화와 행위는 직접적인 문제 해결로 향하는 동일한 복잡한 심리기능의 부분이다."(p.46)

이 문장에서 발화는 그냥 곧장 스피치로 바꿔 읽었다. 즉, 다음과 같이 머릿속으로 읽은 것이다.

---

1 국어교육과 박종훈 교수님에 의하면 국어교육에서는 대개 speech를 맥락에 따라 '말', '말하기', '연설' 등으로 다양하게 번역한다. 비고츠키의 경우는 '말하기'에 가장 가까운 것으로 볼 수 있다. '발화'는 'utterance'의 번역어로 주로 사용된다. 2009년도 번역서는 '말하기'로 번역되고 있어서 박종훈 교수님의 의견이 정확한 것으로 볼 수 있다.

"아동의 스피치는 목표달성에 있어 행위의 역할만큼 중요하다. 아동들은 단지 그들이 하고 있는 것에 대해 말하는 것이 아니다. 그들의 스피치와 행위는 직접적인 문제 해결로 향하는 동일한 복잡한 심리기능의 부분이다."

이렇게 읽으니까 머릿속에서 쉽게 이해되었다. 발화라는 단어는 특히 불붙이기(發火)라는 의미로 필자의 뇌 속에 더 각인되어 있는 관계로 사고의 흐름을 방해한 번역어였다. 다음의 문장도 발화를 스피치로 그냥 읽어내린 경우이다.

"자기중심적 스피치의 산출을 증가시키기 위한 한 방법은 아동이 과제 해결을 위해 도구를 직접 사용할 수 없도록 과제를 복잡하게 하는 것이다. 그러한 도전에 직면했을 때 아동들은 노력뿐만 아니라 정서적 언어 사용이 증가한다. 그들은 새로운 계획을 말로 탐색하고 그들의 스피치는 자기중심적 스피치와 사회화된 스피치 간의 밀접한 관계를 나타낸다. (아동 옆에 있던) 실험자가 방을 나가거나 아동들의 도움 요청에 대답하지 못할 때 아동들은 사회적 스피치 기회가 박탈될 때 자기중심적 스피치를 주로 하게 된다."(p.48)

이렇게 머릿속으로 이해가 안 되는 번역어를 그냥 영어로 필자가 읽어간 내용을 간략히 설명하고자 한다. 먼저 비고츠키의 "사회 속의 정신"에서는 언어가 아동발달에서 갖는 중요성에 대한 논의를 시작한다. 피아제는 아동들이 자기중심적 말을 하는 것에 큰 의미를 두지 않고 애니미즘적 사고와 자기중심적 사고에 머무르고 있음을 발달단계적 특성으로서 논의한다. 이는 앞의 피아제를 소개한 챕터에서 살펴보았다. 그러나 비고츠키의 경우, 아동들의 언어사용에 대한 연구를 통해 사회적 말하기와 자기중심적 말하기의 상호 연관성, 그리고 사회적 말하기와 연계되는 점을 강조한다. 여기에서 아동발달에 대한 피아제와 비고츠키의 관점의 차이를 발견할 수 있다. 피아제가 자연발달적 생물학적 특성을 강조하는 것과는 달리 비고츠키는 자연발달적 측면도 어느 정도 수긍하지만 더 중요하게는 인간발달과 사고에서의 언어의 중요성과 그 언어행위의 사회 문화적 측면을 강조한다.

앞에서 필자가 '발화'를 '스피치'로 그냥 교체해서 읽은 문장의 내용은 사회적 말하기와 자기중심적 말하기의 상호 연계성에 대한 연구 결과의 소개이다. 아동은 모르면 어른들에게 질문을 한다. 그런데 어른이 대답하지 않으면 자기중심적 말하기로 회귀한다. 이때 스스로 문제를 해결해 나가기 위해서 다른 사람들과의 관계 속에서 그동안 사용해 왔던 대화의 사회적 내용을 이용해서 자신을 지도하는 행동 방법을 개발할 때 사회적 태도가 형성된다. 즉 사회적 말하기의 내면화 과정을 통해서 실천하는 지능의 사회화가 이루어진다고 비고츠키는 주장한다.

교육적으로 보면 평상시에 아동들의 사회적 대화가 중요함을 알 수 있다. 평상시의 여러 상황에서 성인과 주변 친구들과의 대화와 그 대화 내용은 아동이 스스로 사회적 태도를 형성하고 자기 스스로 문제를 해결해 나가는 데 도움을 줄 가능성을 높인다. 교육에서 아이들의 다양한 질문들에 대한 선생님의 친절한 설명은 아이들이 향후 혼자서 문제를 해결해야 할 상황에서 내면적 지침이 될 수 있다. 비고츠키의 발달단계에서의 사회적 문화적 언어의 중요성에 대한 필자의 다소간 환원주의적 해석으로는,

"모든 교육은 언어로 이루어지며 따라서 언어를 통한 사회문화적 대화는 교육행위의 핵심이다."

환원주의적 해석이기 때문에 100% 맞지는 않을 수 있다. 왜냐하면 모방학습과 관찰학습, 즉 보고 따라 배우기라는 다소간 언어 행위가 주요 교수법이 아닌 교육방법도 있기 때문이다(물론 시범을 보여 주거나 할 때 언어적 설명이 동반되면 더 효과적이다). 다만 언어행위는 그 자체로서 교육이라는 점을 강조하고자 이렇게 일단 표현했다. 학교 현장에서 교사의 말 한마디 한마디는 매우 조심스럽게 이루어져야 하며 교사의 화법은 매우 중요하다는 점을 강조하고자 한다. 더불어 상징과 기호로서 구어와 더불어 글(혹은 문어, written language)도 당연히 매우 중요하다.

그렇다면 코로나19 이후로 온라인 교육이 이러한 사회적 대화를 풍성하게 만들었을까 하는 질문을 던져 볼 수 있다. 만약 온라인 수업을 통해서 충분한 사회적 대화가 대면 수업과 유사하게 이루어졌다면 교육이 어느 정도 이루어졌다고 볼 수 있다. 그런데 온라인 교육은 실시간 온라인 교육(예를 들어 줌을 이용한 교육)이 있고 녹화된 방송을 보는 방식의 교육이 있다. 후자는 사회적 대화가 이루어지기가 아무래도 힘들다. 상대적으로 전자와 같은 실시간 화상 교육에서는 어느 정도 사회적 대화, 즉 교사와 학생 간의 질의응답이나 간략한 발표와 토론이 이루어질 수는 있다. 그러나 대면 수업만큼 상호토론이 활성화되기는 어려울 수 있다. 만약 대면 수업처럼 활발한 사회적 대화가 이루어질 수 있는 플랫폼의 구축과 네트워크의 속도 증진 등 기술적 요건이 완벽히 갖추어진다면 아동발달 측면에서 사회적 대화를 충분히 확보할 수 있기 때문에 장기적으로는 비대면 수업이 대면 수업을 대체할 수도 있을 것이다. 그러나 그렇지 않은 상태에서 온라인 수업이 이루어진다면 수업과정에서 사회적 대화의 부족으로 인해 아동발달에서 상당 정도 퇴보를 겪을 수밖에 없음을 예측할 수 있다.

한편, 언어와 사고의 관계를 잘 살펴보면 아동은 초기에는 행위를 한 이후에 말하기를 통해서 자신이 수행한 일을 설명한다. 예를 들어 유아가 그림을 그리고 있을 때 무엇을 그릴 것인지를 물어보면 대답을 잘 못한다. 그림을 모두 그린 후에 "제가 무엇을 그렸어요." 하고 아이들은 말한다.

이러한 유아 시기의 명명화 과정은 언어를 통한 사고가 행위 이후, 즉 후차적으로 나타남을 보여 준다. 그러나 인지능력이 발달하면, 예를 들면 초등학교 단계에서는 언어가 계획적 기능을 갖게 된다. 비고츠키에 의하면 무엇을 할 것인지에 대한 계획을 언어로 표현하게 하는 말하기 교육을 하면 아동들의 언어가 활동의 출발점으로 역할을 하면서 사고와 언어의 관계가 발전하게 된다.

"아동들의 미래 행위 계획 시 이전 경험을 뛰어넘는 것을 허용하는 방식으로 언어 사용을 학습하면 그러한 활동의 구조는 변화되거나 재조성될 수 있다… (중략) …스피치의 정서적이고 의사소통적인 기능들이 계획 기능의 부가에 의해 확장되어지는 일련의 단계들로 스피치적 지적 활동을 그려 본다. 그 결과, 아동은 시간을 확장하여 복잡한 조작들에 참여하는 능력들을 획득하게 된다."(p.49)

계획 기능이 부가되면서 언어적으로 지적인 활동이 이루어지게 되고 시간을 확장하고 예측적 활동을 하게 된다는 것이다. 언어행위는 다른 영장류들에게도 존재할 수 있다. 그러나 문제 해결도구로서의 '미래를 보는 관점이 더해진 계획적 활동'과 이어지는 언어행위는 인간을 다른 동물과 구별되게 만든다. 특히 타인과의 사회적 접촉 수단으로서의 언어는 인간 발달에 큰 역할을 한다. 인간은 사회적 동물이지만 사회적 동물로서 고차원적인 언어 행위는 인류가 세계를 지배하는 영장류가 되게 만든 것이다. 특히 언어 안에 포함되는 시간개념을 확장하여 복잡한 조작들에 참여하는 능력을 획득한 것은 인간의 결정적인 특징이다. 인간은 계획하고 미래에 새로운 사회를 만들어내는 것이다. 참고로 하버드 대학 심리학과 길버트 교수는 인간이 다른 영장류와 구분되는 능력, 예를 들어 "오직 인간만이 (   )을 하는 동물이다."의 괄호에 채울 수 있는 내용은 [미래 예측]이라고 언급한 바 있다(Gilbert, 2006). 비고츠키는 언어와 사고에서 이처럼 인간이 언어행위와 함께 미래를 보는 관점을 강조하는 측면에서 선지적인 측면이 있다고 볼 수 있다.

비고츠키는 이와 같이 언어의 교육적 측면, 아동발달적 측면을 강조한다. 참고로 언어학에서 언어와 사고와의 관계성에 대한 논쟁이 있는데, 언어가 사고를 규정한다는 입장(Sapir-Whorf의 언어상대성 가설)과 본능에 기인한다는 입장(Chomsky, Pinker)으로 크게 나뉜다. 워프(Whorf)의 저서로 매우 유명한 "언어, 사고 그리고 실재(Language, Thought and Reality)"는 한국어로도 번역되어 있는데, 에스키모의 다양한 눈(snow)에 대한 언어가 눈과 관련한 다양한 사고를 하게 만든다는 여러 사례연구 내용이 소개된다. 이에 대한 비판도 있지만 언어와 사고에 대한 교육관련 사례는 좀 있다가 살펴보도록 한다. 피아제의 경우는 언어능력이 가지는 타고난 본능의 시각(촘스키나 스티븐 핀커와 유사한 입장)에 가깝다고 볼 수 있다.

비고츠키는 워프와 핑커 두 학자의 중간적 위치에 있다고 볼 수 있다. 비고츠키의 경우는 언어와 사고의 상호작용적 측면에 대해서 주목을 했으며 그 기원적 측면에 대해서는 본능적, 발달적 측면을 무시하지는 않는다. 다만 이러한 학자 간의 지나친 구분짓기는 우리에게 편향적 시선을 심어 줄 수 있기에 해당 이론을 정확하게 이해하는 데는 방해가 될 수도 있다. 다만 확실한 점은 비고츠키는 사회적 대화, 그리고 언어의 문화적 측면과 언어가 발달에 영향을 준다는 점을 강조한다는 것을 상기할 필요가 있다.

● 근접발달영역: 발달과 학습, 그리고 가르침의 역할

비고츠키의 이론이 교육학계의 주목을 받은 것은 앞에서 언급한 언어와 사고발달의 상호관계 측면, 그리고 사회문화 속에서의 인간발달에 있어서 갖는 교육적 의미와 더불어 '근접발달영역'이라는 개념을 제시했기 때문이다. 근접발달영역은 "사회 속의 마음" 6장의 '학습과 발달의 상호작용'에서 제시된다. 비고츠키는 "사회 속의 마음"의 1장에서 3장까지는 인간의 발달에 대한 언어의 역할, 사회문화의 중요성, 도구와 신호를 이용한 고등 사고, 기억에 대한 연구들을 정리한다.

4장에서는 내면화 논의를 통해서 문화적 사회적 행동형태가 학습되는 것을 보여 준다. 그리고 외적이거나 의사 소통의 측면들은 내적으로 전환되며, 사회적 기원을 두고 역사적으로 발달된 활동들의 내면화는 인간 심리학의 독특한 특징을 가진다고 언급한다. 5장에서는 연구방법에 대한 논의를 한다. 정리하자면 1~5장까지는 언어, 도구, 신호 등의 사회적 문화적 상황에 따른 인간의 발달단계에서의 역할을 논의한다. 앞에서 언급한 바대로 이러한 논의들은 언어학에 기여하는 부분이기도 하다.

6장은 명확하게 가르침(Teaching)에 대한 심리학적 분석을 논의한다. 이를 위해서 학습과 발달 간의 관계가 규명되어야 한다고 본다. 학습과 발달 간의 관계에서 비고츠키는 세 이론적 시각을 먼저 논의한다. 기존 논의를 세 흐름으로 구분한 후 본인의 이론을 제시한다. 비고츠키에 의하면 먼저 발달우선주의 시각이 있다. 이 시각에 의하면 학습은 아동의 발달을 넘어서지 않는다. 이는 아동발달 과정이 학습과 독립적으로 별도로 진행된다는 시각이다. 이 이론적 시각은 어느 연구자가 대표할까? 당연히 피아제이다. 발달은 항상 학습의 선행조건이며 따라서 교육 − 가르침도 발달의 범위 내에서 이루어지는 것으로 고안되어야 한다. 앞의 피아제 챕터에서 언급한 발달주의적 교육시각을 다시 확인해 보면 된다.

두 번째 이론적 시각은 '학습=발달'이라는 시각이다. 즉 학습과 발달이 동일하다는 시각인데, 미국 심리학의 개척자인 윌리엄 제임스가 교사들을 대상으로 한 심리학 강의에서 언급된 내용이 인용된다. "교육이란 획득된 수행 습관과 행동 경향의 조직 이상으로 더 잘 기술될 수 없다." 그리고 행동주의 심리학의 연구도 유사한 시각을 가진다고 본다. 예를 들어 스키너가 개발한 티칭 머신을 통한 학습은 곧 발달로 이어진다. 아이들의 발달은 학습을 통해서 동시에 일어난다. 성숙과 학습은 함께 가는 것이다. 따라서 이 시각은 피아제보다는 교육의 중요성을 더 강조하는 측면이 존재한다. 왜냐하면 교육을 통한 학습이 없이는 동일한 단계로의 발달이 이루어지지 않기 때문이다. 이와 같은 윌리엄 제임스나 스키너의 시각은 피아제보다는 적극적인 교사의 역할을 시사해 준다는 면에서 교육학자의 입장에서 보자면 더 긍정적일 수 있다.

세 번째 시각은 코프카(Koffka)의 시각이다. 코프카는 심리학의 초창기의 흐름인 독일의 형태 심리학을 연구한 학자들 중 한 명으로, 아동의 발달과 시각에 대한 연구를 주로 수행하였다. 코프카에 의하면 나이가 들어 성숙함에 따라 신경체계의 발달이 이루어지는 과정이 존재하며, 학습 그 자체가 또 다른 발달과정이다. 코프카는 이 과정에서 학습과 발달이 상호 작용을 하는 것으로 본다. 다만 이 과정에서 학습이 발달에 특수하지 않은 보편적 영향을 미치는 점이 있다고 본다. 즉, 한 과제를 해결하면서 발견된 일반적 원리들이 다른 다양한 과제로 전이가 되는 것을 가능하게 만드는 지적 순서가 있다고 주장한다. 아동이 어떤 조작을 수행하는 것을 학습하면 그 조작 이상으로 적용범위가 넓어져서 여러 원리들을 동화해 흡수하고 학습해 나갈 수 있다는 것이다. 학습의 보편적 확산 효과가 있다는 것이다. 이는 하나를 알면 열을 알게 된다는 말과 유사한 의미를 갖는데, 학습 원리의 확장 효과가 있다는 것이다.

사실 최근의 여러 연구들에서는 이 시각이 다소간 맞지 않는 것으로 밝혀진 바가 있다. 언어 역량과 수리 역량이 반드시 서로 전이되지는 것은 아니다. 즉, 수학을 잘 한다고 국어를 잘하는 것은 아니다. 체육 분야에서 달리기를 잘한다고 턱걸이를 잘하는 것은 아니다. 그러나 유사성이 존재하면 전이는 부분적으로 이어질 수는 있다. 달리기를 잘하면 다리 근육의 발달로 동일한 근육을 사용하는 멀리뛰기 종목을 잘할 수 있을 가능성이 높다. 학습의 전이 문제와 관련해서 손다이크의 오래전 연구는 물론 최신 뇌과학 연구를 통해 코프카의 이론은 일단 실효성은 없다는 것이 널리 알려졌다. 그럼에도 불구하고 코프카의 시각은 교육을 통한 학습이 발달을 증대시킨다는 시각을 담고 있어서 교육학적 고민을 담고 있다는 점은 인정할 필요는 있다.[2]

비고츠키는 이러한 세 시각과 다른 접근을 제시한다. 발달과 발달 사이에 교육의 개념을 제시한다. 기본적으로 아동은 인식론적으로나 생리적으로 발달단계를 갖지만 동시에 '더 나아갈 수 있는 발달 영역'을 측정하는 것이 필요하다고 본다. 예를 들어 10살인 두 아동 A와 B가 있는데 오전에 아이큐 검사나 여타 능력검사를 해 보니, 두 아이 모두 8살의 역량수준을 가진 것으로 판정되었다고 가정해 보자. 이러한 현재의 능력검사는 딱 그 시점에서 아동이 스스로 독립적으로 문제를 해결할 수 있는 '오로지 횡단적 측면에서의 능력만'을 보여 준다. 그런데 능력검사를 본 이후 오후 시간에 A 아동은 교사의 도움과 가르침에 의해 10살 역량으로 능력검사를 풀 수 있게 된 것으로 확인되었다고 가정하자. B 아동은 교사의 도움과 가르침에 의해 11살 역량으로 능력검사를 풀 수 있게 된 것으로 확인되었다고 보자.

자, 그렇다면 이 두 아이의 실질적인 발달은 횡단적 측면에서 일시적 상태의 역량검사점수로는 정확히 측정된 것은 아니다. 이 두 아이가 교사의 도움과 가르침으로 성장할 수 있는 역량 범위를 측정하거나 실제로 이끄는 것이 아동의 발달에서 중요한 문제가 된다. 비고츠키는 여기에서 바로 가르침의 영역이 발달에서 가지는 중요성을 언급한다. A 학생의 10살과 8살, B 학생의 11살과 8살 간의 차이가 바로 근접발달영역이라는 것이다. 비고츠키는 다음과 같이 근접발달영역을 언급한다.

---

2 비고츠키의 책에서 인용되는 독일의 심리학자들은 모두 당대에 유명하고 중요한 연구를 수행했던 학자들이다. 볼프강 쾰러는 유인원 연구, 코프카는 아동발달연구로 유명하며 독일의 주요 형태심리학자들이다.

"근접발달영역은 실제적 발달 수준과 잠재적 발달 수준의 거리이다. 독자적으로 문제를 해결함으로써 결정되는 실제적 발달 수준과 성인의 안내 혹은 더 능력 있는 또래들과 협동하여 문제를 해결함으로써 결정되는 잠재적 발달 수준(Level of potential development) 간의 거리가 근접발달영역이다."(p.130)

학생이 수학문제에 어려움을 겪고 있다면 교사가 시범을 보여주면서 푸는 과정을 보여 주고 설명해 줄 수 있다. 그리고 학생은 교사의 시범을 관찰하고 생각하면서 그 문제를 해결하기 위해서 교사와 함께 노력하고 성장하게 된다. 현재의 지능검사나 여타 능력검사는 학생의 발달을 위한 방향과 범위를 보여 주지 못한다. 게다가 역량측정이 이루어지는 해당 (현재적) 시점만을 바라보게 유도함으로써 아동의 능력을 고착화하고 정체되게 만드는 교사의 인지적 편향 혹은 고정관념을 갖게 만드는 문제가 있다. 비고츠키는 학습과 발달의 관계에서의 이러한 고정관념을 경고한 것으로 볼 수 있다. 아동이 교사의 도움으로 더 나아가는 근접발달영역을 찾아내려는 자세가 바로 교육에서 중요한 것이다. 특히 비고츠키는 학교교육 현장에서의 다음과 같은 문제를 지적한다.

"지적장애 아동을 가르칠 때 오류가 분명하게 나타났다. 지적장애 아동은 추상적 사고에 익숙하지 않다는 것이 연구를 통해서 밝혀졌다. 이로부터 특수학교 교수법은 지적장애 아동의 수업이 무엇인가를 보고 따라하는 구체적인 방법에 기초를 둬야 한다는 그럴듯한 결론을 내렸다. 그러나 이처럼 (추상적 사고 교육을 배제한) 보고 따라하는 교육방법은 심각한 혼란을 겪었다. 지적장애 아동의 타고난 장애를 극복하는 데 도움을 주지 못했을 뿐 아니라, 구체적 사고에만 익숙해지도록 하고 일부나마 갖고 있던 추상적 사고의 기본을 억제함으로써 오히려 장애가 심화되도록 만들었다. 지적장애 아동은 그냥 내버려 두었을 때는 정교화된 형태의 추상적 사고를 성취할 수 없기 때문에 학교는 그들의 발달에서 부족한 부분을 발달시키기 위해 모든 노력을 쏟아야 한다… (중략) …이와 유사하게 정상적인 아동으의 경우도 이미 도달한 발달 수준을 지향하는 학습은 아동의 전체적 발달 관점에서 비효과적이다. 새로운 단계를 목표로 하지 않는, 오히려 그 과정 뒤에 있는 (뒤처진) 사다리이다."(pp.133−134)

하루하루 아동은 성장한다. 아니 하루하루도 아니다. 매 시간, 아니 1분, 1초, 불교적 용어로 보면 찰나보다 더 짧은 시간 단위로 아동은 성장한다. 어쩌면 찰나나 현재가 없을 수도 있다. 현재라고 인식하는 그 시점은 바로 지나간다. 아동은 한시라도 그 자리에 머물러 있지 않는다. 발달은 지속적으로 일어나고 있다. 따라서 우리는 아동의 현재적 시점이라는 고정적 관념을 벗어나야 한다. 문제는 측정도구가 현재적 시점이라는 가정하에서 아동들의 역량을 측정한다는 것이다. 교사의 도움을 받아서 문제해결을 위해 노력하는 과정을 통해서 역량이 얼마나 더 증진하게 될지에 대한 근접발달영역을 살펴보는 것이 중요하다.

비고츠키는 발달과정은 학습과정 뒤에 오는 것이라고 말한다. "아동(발달)은 그 순간에서 막 시작되는 것이다."(p.135) 비고츠키는 학습과정과 내적 발달과정을 동일시하려는 것이 아니라 통합체로 확립하려고 한다. 이는 하나가 다른 것으로 전환되는 것을 전제로 한다. 현실에서의 아동의 발달과 변화는 환경 속에서 사람들과 동료들과 협동해서 상

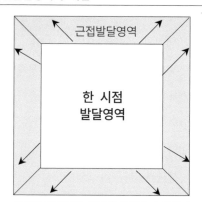

화살표 방향으로 발달이 확장되기 위해서
는 교사의 가르침이 필요하다.

호작용을 할 때 조작될 수 있는 다양한 내적 발달 과정들을 불러일으키
는 것으로 제안한다. 그러한 학습 영역이 근접발달영역이기도 하다. 그
동안 학습에만 초점을 맞추는 것이 아니라 교육의 시각에서, 가르침의
역할의 시각에서 학습과 발달을 바라보는 개념을 제시한 것이다.

비고츠키의 또 다른 책 "언어와 사고"에서는 근접발달영역을 설명
해 주는 한 가지 연구 사례가 제시된다(사고와 언어, pp.146~148). 비고츠
키의 제자이자 함께 연구를 수행하는 Zhozephina Shif의 연구내용이
다.[3] 7살 학생들을 대상으로 일련의 과정(시작−지속−마무리)이 제시된
그림들을 보여 주면서 '왜냐하면…' 혹은 '그럼에도 불구하고…'가 포함

---

3 "사고와 언어(영어 원서)"의 맨 뒤편 편집자의 주석에 비고츠키의 학생
(student)이며 협력연구자로 소개된다. 이 실험은 1939년도에 발표된 오래된 연
구지만 지금 봐도 매우 잘 설계되었다. 다만 비고츠키가 정확하게 설명하지 못
한 부분도 존재한다. 예를 들어 실험에 참가한 학생들 인원 수 등의 데이터가
좀 더 잘 소개되었으면 하는 아쉬움이 있다.

▶ 표 10-1 비고츠키가 예시로 든 실험 연구 상황: 언어, 사고, 교육

구분		과학적 사고와 개념을 배우게 하는 소재	즉자적인 주변의 일상적 소재
교육적 의도	언어기법	과학적 소재	일상적 소재
인과관계를 사고하게 하며 과학적 개념을 유도	왜냐하면, 어떤 이유 때문에	아이는 자전거에서 떨어졌다. 왜냐하면 _____	그 소년은 영화를 보러 갔다. 왜냐하면 _____
즉자적인 사고를 유도. 상대적으로 과학적 사고나 인과성에 대한 사고는 유도하지 않음	어떤 상황에도 불구하고, 그럼에도 불구하고	아이는 자전거에서 떨어졌다. 그럼에도 불구하고 _____	_____ 상황에도 불구하고, 그 소년은 영화를 보러 갔다,

주: 비고츠키가 제시한 연구 사례를 필자가 정리하여 구성한 표

된 문장 내용을 마저 채우게 하는 테스트를 시행하였다. "왜냐하면"이 포함된 문장을 채우는 것은 인과관계, 즉 과학적 개념과 사고를 요구한다. "그럼에도 불구하고"가 포함된 문장을 채우는 것은 상대적으로 과학적 개념과 사고를 요구하지는 않는다.

이때 테스트를 위해서 보여 주는 그림 내용은 2학년 사회, 4학년 사회 수업 내용으로 이루어진 일련의 과학적 개념 소재와 일상생활의 소재들을 이용하였다. 과학적 개념이 담긴 소재는 과학적 사고를 유도하는 교육적 기능을 갖는다. 일상생활 소재는 상대적으로 교육적 측면의 의미는 적다고 볼 수 있다. 이러한 실험에서의 설정과 관련된 내용을 정리하면 〈표 10−1〉과 같다.

자전거에서 떨어진 상황을 보여 주는 것은 여러 가지 과학적 사고를 통해 분석해야 하는 그림 장면으로써 제시된다. 한편 영화를 보러간 것을 보여주는 그림 장면은 그냥 일상적 소재이다. 한편 어떤 소재를 사용하건 간에 이유를 묻게 되면 원인에 대한 사고를 요구하게 되기때문에 교육적 의도가 담긴다. 과학적 상황에 기반한 장면을 보여 준다

▶ 표 10-2 문장 구성 완료를 정확하게 한 비율

	2학년	4학년
'왜냐하면'이 포함된 문장		
과학적 소재	79.7%	81.8%
일상적 소재	59.0%	81.3%
'그럼에도 불구하고'가 포함된 문장		
과학적 소재	21.3%	79.5%
일상적 소재	16.2%	65.5%

출처: 비고츠키, 언어와 사고(영문 원서) p.147

고 해도 그럼에도 불구하고 뭘 했는지를 그냥 서술하게 하면 일상적 사고에 근거한 언어서술만 하게 될 것이다. 이러한 학생들의 언어와 사고의 관계에 대한 실험결과는 다음 〈표 10-2〉와 같이 나타났다.

이 표에서 2학년의 결과를 보자. 교사가 교육적으로 인과관계를 물을 때에는 일상적 소재를 사용해도 문장구성을 정확하게 한 비율이 16.2%에서 59%로 42.8%p나 증가한다. 과학적 소재를 이용할 경우에도 21.3%에서 79.7%로 문장의 정확한 완성률이 58.4%p나 증가한다. 바로 이 차이가 근접발달영역인 것이다. 일상적 소재보다 과학적 소재를 활용하고 교사가 교육적 목적을 담은 언어화법에 따른 지도를 하면 16.2%에서 79.7%로 문장의 정확한 완성률의 증가치가 63.5%p로 최대치가 된다. 근접발달영역의 최대치가 바로 이 차이가 된다. 교사가 계획적으로 과학적 소재와 교육적 목적에 따른 언어(화법)를 이용한 교육을 시행하면 학생들의 과학적 개념과 사고의 발달은 일상적 개념과 사고의 발달을 훨씬 앞서서 나가게 된다. 근접발달영역이 크게 확장되게 되고 그 기존의 발달영역을 훨씬 넘어서 학생들은 전진하게 된다. 교사들의 수업에서의 화법의 중요성을 보여 주는 예시이다. 학생들로 하여금 과학적 사고를 하게 만들고 인과관계를 분석하도록 안내해야 하고 때로는 시범을 보여 주어서 학생들이 교사로부터 많은 배움을 얻어나 가도록 해야 함을 의미한다.

🌑 하나, 둘, 셋, 넷, 다섯, 여섯 vs. 일, 이, 삼, 사, 오, 육

언어의 문화적 측면과 사고와 관련된 비고츠키의 연구와 이론은 문화심리학 혹은 언어심리학에 영향을 주었고 여러 연구를 통해서 비고츠키의 문화에 대한 강조가 입증된다는 주장도 있다.[4] 예를 들어 나라마다 수와 관련한 문자와 언어를 발달시켜 왔는데 관련 언어, 문자 체계가 사고를 제한하는 연구도 비고츠키의 언어와 사고의 관계의 중요성에 대한 시각을 입증시켜 준다고 본다.

영어의 경우 숫자가 10을 넘어가면 11부터 19까지는 상당한 비체계성을 보여준다. 즉 eleven, twelve, thirteen, fourteen 등으로 일컫는데, 이는 우리도 예전에 영어공부를 하면서 느꼈겠지만, 영어로 수 세기를 공부할 때 10을 넘어가면서 상당히 어려움을 느끼게 된다. 13의 경우 한국식으로 숫자를 세자면 ten three라고 해야 할 것 같은데, ten의 의미를 갖는 teen이 뒤에 붙으면서 thirteen이라고 부른다. three도 아니고 thir로 변한다. 왜 이렇게 되었는지에 대해서는 문화적 언어 현상이라서 미시적 원인을 찾기는 쉽지 않을 것이다. 일단 학생들의 입장에서는 수를 일컫는 언어가 이렇게 문화적으로 전승되어 왔기 때문에 외워야 하는데, 11부터 영어의 수명칭의 불규칙성으로 인해서 쉽게 외워지지 않고 인지적으로 혼동이 일어난다. 게다가 10단위의 수도 불규

---

4 문화심리학자인 리처드 니스벳 교수도 그의 저서 "생각의 지도"에서 비고츠키를 문화심리학 분야의 최초의 연구자 중 한 명으로 언급한다.

칙하다. 20, 30, 40, 50, 60에 ty를 붙이는데, twoty가 아니라 twenty, threety가 아니라 thirty이다.

이로 인해서 미국의 초·중등학생들의 경우 수 감각이 현저히 낮아지게 된다는 연구가 실험연구를 통해서 80년대에 발표되기 시작되었다. 대표적인 학자가 밀러와 그의 동료 연구자들의 1987년도와 1995년도 연구이다(Miller & Stigler, 1987; Miller et al, 1995).

케빈 밀러(K. F. Miller)는 미국 학생과 중국 학생들을 대상으로 숫자세기를 실험한 결과 10을 넘어가는 순간 미국학생들의 수 세기 오류가 급격하게 증가하는 것을 발견했다. 단, 이 두 연구는 4, 5, 6세, 3, 4, 5세 즉, 유치원 단계에서 초등학교 1학년 혹은 1학년 입학 직전 정도의 연령대에 해당한다.

일단 연령대별로 가장 높은 수에 도달한 평균적 수준을 보면 [그림 10-2]와 같다. 중국 학생과 미국 학생 모두 3세 때에는 차이가 없다. 그런데 4세 때와 5세 때 수 세기를 배우면서 점차 간격이 벌어진다. 왜냐하면 10 이상의 수를 셀 때 앞에서 언급한 영어의 불규칙성이 존재하기 때문이다. 이 그림에서 위아래 양방향 화살표는 중국 학생과 미국 학생의 4세 때와 5세 때에서의 수 세기 능력의 차이를 보여준다.

여기서 한 번 생각해 보자. 비고츠키의 입장에서는 [그림 10-2]의 위아래로 양방향을 향하고 있는 화살표가 나타내는 차이를 무엇이라고 표현할까? 답은 바로 근접발달영역이 될 것이다. 비고츠키가 이 표를 보면 아마도 이렇게 주장할 것이다.

"만약 영어가 10단위 이상에서, 즉 11~19까지 명료한 체계로 구성되어 있고, 교사의 체계적 수 읽기 지도가 이루어진다면, 미국 아이들의 수 읽기

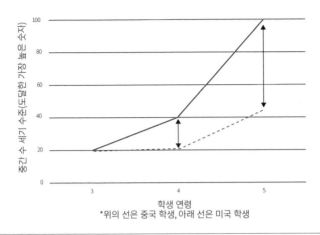

출처: Miller et al(1995)

능력의 발달 수준을 중국 학생들 수준까지 끌어올릴 수 있을 것입니다. 근
접발달영역이 충분히 존재합니다."

그렇다면 만약 피아제가 이 그림을 보면 어떤 이야기를 할까? 피아
제는 4세와 5세에서의 급격한 중국 아이들의 상승 곡선에 주목할 것이
다. 또한 미국의 4~5세 아동들의 일정 정도의 상승에 주목할 것이다.
이러한 연령에 따른 상승추세는 아동의 생물학적 발달에 기반을 둔 것
이라고 해석할 것이다. 그리고 이렇게 말할 것으로 필자는 추측한다.

"중국 학생들의 3~4세의 기울기와 4~5세의 기울기 차이를 보십시오. 5
세가 되자 급격하게 증가하지 않습니까? 아동들은 일정 정도의 발달단계에
이르면 스스로 깨우치게 됩니다. 교사는 그러한 발견을 통한 지식의 재구
성을 위해서 다양한 내용을 제공해야 합니다."

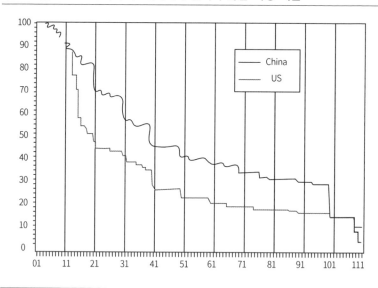

주: x축은 세어 나가는 수를 의미하며 y축은 수 세기에서 정답을 맞힌 비율이다. 위가 중국 학생, 아래가 미국 학생.
출처: Miller et al. (1995)

그러면 비고츠키는 다음과 같이 피아제의 의견에 반박할 것 같다.

"피아제 교수님, 잘 보십시오. 그런데 미국 아동들은 4세에도 3세 수준으로 거의 정체되어 있잖아요. 5세로 올라가는 기울기가 중국 아동들이 3세에서 4세로 갈 때의 기울기와 비슷해요. 미국 아동들이 1년 뒤처져 있잖아요. 미국 아동들의 영양과 발달 상태를 보면 문제가 없는데 왜 뒤처지나요? 교육에서 언어와 사고가 중요한데, 영어가 중국어보다 수 세기에서 불투명한 체계를 갖고 있기 때문에 근접발달영역에서 교육을 통해 끌어올리지 못하고 있는 것으로 봐야 하지 않을까요?"

그럼 또 피아제는 반박할 것이다. 중국의 3~5세 아이들이 갑자기 6~8세 수준으로는 올라가지는 못하는 한계적 측면을 봐야 한다고 주장할 것이다. 참고로 비고츠키와 피아제 두 학자는 모두 1896년도에 태어난 소위 '동갑내기'이다.[5] 비고츠키가 단명하지 않았다면 두 학자는 여러 번 함께 토론하는 기회를 가졌을 것이고 그 토론이 아동발달 연구에 더 많은 기여를 하지 않았을까 하는 생각을 해 본다.

그리고 [그림 10-3]을 보면 더 정확하게 중국과 미국 아동의 수 세기 경향을 더 잘 파악할 수 있다. 다만 연령을 구분하지 않은 점은 좀 아쉽긴 하다. 미국 아동들은 11부터 틀린 학생이 우르르 나오기 시작해서 20까지 정확하게 수 세기를 틀리지 않고 한 비율이 50%밖에 안 된다. 중국 아동들은 21에서 급격하게 떨어지지만 70% 정도 수준으로 나온다. 그런데 잘 보면 미국 아동들이 14부터는 틀리는 비율의 기울기가 줄어든다.

teen으로 끝나는 흐름에 익숙해진 아이들이 일정 정도 있다는 것을 의미한다. 그런데 100까지 숫자를 틀리지 않고 잘 세어 나간 미국 아이들과 중국 아이들은 대략 14% 정도로 두 국가 모두 유사하다. 어느 나라건 잘하는 상위권 아이들의 비율은 유사한 것 같긴 하다. 이 역시 상위계층의 교육열을 보여 준다는 해석이 가능한데 역시 문화적 요인이다.

그런데 영어의 11~19의 비체계적(언어학에서는 불투명성이라고 말하기도 한다) 표현과 더불어 또 하나의 인지적 문제를 야기하는 요인이 존

---

5 역사적으로 보면 동갑내기 라이벌들이 좀 있다. 애플의 창업자 스티브 잡스와 마이크로소프트의 빌 게이츠는 1955년 동갑내기 라이벌이며, 피겨스케이팅과 관련해서는 한국의 김연아와 아사다 마오가 1990년생 동갑내기이다.

재한다. 음절(한글 표기로 쉽게 생각해 본다면 글자)의 문제이다. 영어의 수를 세기 위해서는, 그냥 단순하게 한글로 적어 보면 원, 투, 쓰리, 포, 파이브, 식스, 세븐, 에잇, 나인, 텐으로 대략 17개의 음절을 발음해야 한다. 물론 언어학적으로 보면 17개가 아닐 수도 있지만 편의상 이렇게 살펴보도록 하자. 이러한 수 읽기 발음이 한 음절이 아니게 되면 구구단을 외울 때도 불편하다. 한국의 경우 구구단을 외울 때 예를 들자면 $7 \times 7 = 49$을 칠칠 사십구, 이렇게 다섯 음절이면 된다. 그런데 영어로는 세븐세븐 포티나인으로 한국식 발음으로 보자면 8음절이 된다. $7 \times 7 = 49$, 한국어로는 칠칠 사십구로 발음시간이 짧지만 영어로는 세븐세븐 포티나인으로 약간 더 길게 발음해야 하며 수리적 사고에서 약간의 시간이 더 요구된다고 볼 수 있다.

영어로 구구단을 외울 때 불편하긴 해도 그나마 10개 음절 이내라서 다행이긴 하다. 인지과학에서는 2초 안에 읽는 분량의 글 읽기나 수 읽기 등을 짧은 시간 안에 기억할 수 있다고 본다. 2초면 10개의 음절로 구성된 수를 빠르게 읽어낼 수 있다. 그런데 발음하게 되는 분량이 길어지면, 즉 수를 읽는 언어의 음절량이 길어지면 단기기억을 이용해서 수를 계산하기가 매우 어려워진다.

예를 들면, 필자의 연구실 전화번호는 051-500-7293인데, 옆 사람에게 2초 내에 한자어 발음으로 빠르게 공오일-오공공-칠이구삼을 불러줄 수 있다. 10초 후에 옆 사람에게 써 보라고 하면 머릿속에 공오일-오공공-칠이구삼이라는 언어를 담고 있다가 적어낼 수 있다. 그런데 영어로 말해 줄 테니 10초 동안 기억했다가 적어보라고 하면 적을 수 있을까? 제로파이브원파이브제로제로세븐투나인쓰리. 한 10초 후에 적어보라고 하면 적지 못할 가능성이 높다. 2초 동안 발음할 수 있는 분량을 넘어서면 대략 2초 이전의 정보가 작업기억 용량 속에 담기지 못한다. 사실 미국에서는 전화번호를 불러주거나 할 때에는 제로를 'o (오)'로 간략히 발음해 준다. 오파이브원파이브오오세븐투나인쓰리. 그래도 2초 안에 읽기 어렵다. 따라서 이렇게 영어처럼 긴 음절로 수를 표현하는 언어는 유·초등학교 학생들의 학습에 어려움을 줄 수가 있다.

우리나라의 경우도 고유어 수 읽기는 음절이 길어져서 어려움이 있다. 수 세기가 한자어 방식과 고유어 방식으로 이중 명명체계가 존재한다. 한자어로는 일, 이, 삼, 사, 오, 육 … 이십일, 이십이, 이십삼 등으로 쉽게 수를 셀 수 있다. 그런데 모두 알다시피 고유어로 수를 세는 건 약간 버겁다. 하나, 둘, 셋, 넷, 다섯, 여섯 … 스물하나, 스물둘, 스물셋 … 글자 수를 보면 알겠지만 한자어보다 많다. 우리가 1부터 10까지 수 세기를 한자어로 하면 글자, 즉 음절이 열 개만 필요하다. 일, 이, 삼, 사, 오, 육, 칠, 팔, 구, 십. 그러나 고유어로 읽으려면 하나, 둘, 셋, 넷, 다섯, 여섯, 일곱, 여덟, 아홉, 열. 총 16개의 음절을 발음해야 한다. 그래서 모두 경험해 보았겠지만, 규칙에 다소 어긋나더라도 한, 둘, 셋, 넷, 다, 여, 일곱, 여덟, 아홉, 열로 편의성을 높이기 위해 약간 축약해서 발음하기도 한다. 하지만 일곱, 여덟, 아홉은 축약하기가 어렵다. 여하간 고유어로 수를 읽으려면 대략 60%의 에너지가 추가적 음절 발음으로 인해서 더 소모된다.

그런데 열아홉까지는 참을 만한데, 스물을 훨씬 넘어가면 약간 괴로워진다. 10단위를 읽는 고유어 수 세기는 열과 쉰을 제외하고는 두 음절로 되어 있고 불규칙성을 보여 준다. 서른, 마흔, 예순, 일흔, 여든 등등. 그래도 우리는 한국인으로서 시간을 들여서 고유어로 수 읽기를 다 배우긴 한다. 하지만 고유어에 대한 사랑은 구구단을 외우거나 수학을 할 때 과감히 포기하고 한자어로 수를 읽게 된다.

고유어의 이러한 이중적 수 읽기 표현의 문제는 동아대학교 심리학과의 송명자가 1986년, 1987년도에 미국 학술대회와 학술지에서 발표한 바가 있다. 1988년도에 송명자와 긴스버그가 함께 국제 심리학회지에 게재한 논문에는 밀러가 발표한 미국과 중국학생과 비교할 수 있는 자료가 있다. [그림 10-4]가 그 비교 자료이다. [그림 10-4]를 잘 보면 고유어로 수를 읽는 방식으로는 미국과 중국 아이들보다는 수 세기 평균 정확도가 낮게 나타나지만, 한자어로 읽는 방식으로는 6세 무렵에는 미국 아이들을 따라잡는다. 한국 아이들은 3세와 4세 때에 고유어로 수 읽기를 함께 배우면서 다소간 수 세기에서 오류를 범할 가능성이 높다. 혹은 요즘은 어떤지 모르겠지만, 유아교육 단계에서 체계적으로 수 세기를 가르치고 있지 않기 때문일 수도 있다. 유아교육 단계에서 놀이식 유아교육도 좋지만, 체계적인 수 공부를 시켜야 할 것으로 보인다.

송명자는 다만 고유어 수 읽기 방식을 영어로 informal(비형식/비격식), 한자어 읽기 방식을 formal(형식/격식)로 표현해서 약간 아쉽긴 하다. 그러나 일상 용어, 예를 들면 몇 살이니? 열 살요, 이렇게 일상적으로는 고유어 수 표현을 사용하는 것이 일반적이기 때문에 고유어 수 읽기 방식이 비격식이 아니라 격식이라는 주장도 있을 수 있다.

그러나 일종의 공식적 교육으로 볼 수 있는 학교교육에서 수학 공부를 하면 일 더하기 오는 육, 이렇게 한자어 읽기 방식을 사용하니까 격식적 수 체계라고 일컫는 것도 틀린 말은 아니다. 그리고 고유어 수 세기(10단위 등)가 불규칙적인 표현이 많기 때문에 비격식이라고 말해도

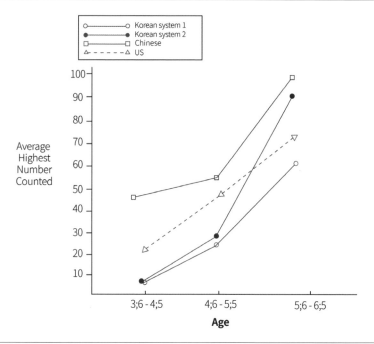

주: 동그라미로 된 것은 한국의 고유어 수 세기, 검정색으로 채워진 동그라미는 한국의 한자어 수 세기에 따른 결과. 출처: 송명자와 긴스버그(1988)
출처: 중국자료는 Miller & Stigler(1987), 미국자료는 Siegler & Robisnon(1982))

큰 문제는 없을 것 같다.

송명자의 1980년도 논문에서 제시된 표 하나를 더 살펴보자. 〈표 10-3〉은 초등학생들에게 10개의 덧셈, 뺄셈 문제를 비격식, 격식 수 체계로 질문했을 때 맞힌 평균 정답 수이다. 학년이 올라가면 만점인 10점에 가까워지지만, 확실히 비격식으로 읽어주면 오답률이 높아진다. 고유어 수 세기는 좀 어렵긴 할 것이다. 초등학교에서 수학을 가르칠 때 격식적 수 체계(한자어 읽기 방식)로 가르치고 있기 때문에 갑자기 "아홉 빼기 다섯은?" 하고 물으면 헷갈릴 수 있을 것이다.

▶▶ 표 10-3 한국의 비격식적 및 격식적 수 체계에 의한 더하기와 빼기

학년	N	더하기		빼기	
		비격식	격식	비격식	격식
1	40	3.15(2.29)	6.20(2.50)	4.13(2.73)	6.23(2.67)
2	44	4.64(2.21)	8.00(2.67)	4.64(2.65)	7.25(3.72)
3	44	7.07(2.77)	8.70(2.44)	7.59(2.84)	9.12(2.38)
4	41	6.68(2.57)	9.34(1.20)	7.41(2.43)	9.59(0.74)
5	47	6.64(2.48)	9.66(1.20)	7.70(1.91)	9.51(1.30)
6	40	9.20(1.44)	9.90(0.30)	9.68(0.70)	9.93(0.27)
전체	256	6.23(2.98)	8.66(2.28)	6.86(2.98)	8.62(2.57)

출처: 송명자(1997). 인간발달연구. 학지사. p.272. 원출처는 1980년 교육학연구에 게재된 논문임. 비격식은 하나/둘/셋/넷/다섯 등 고유어 읽기, 격식은 일/이/삼/사/오 등 한자 어 수 읽기 방식

그렇다면 일상적 수 읽기는 어떻게 해야 할까? 어쩔 수 없다. 똑같이 가르쳐야 하는데, 국어나, 사회 시간 등에서 "개별적 사례에 따라 관습적으로 실현되는 것으로 보고"(김광해, 1998) 일정 정도는 관습적으로 그렇게 써 왔으니까 외우고 습득하라고 가르쳐야 하지 않을까 싶다. "너 몇 살이니?"라는 어른의 질문에 대한 대답으로 "다섯 살이에요."를 "오 세에요."로 가르칠 수는 없을 것이다.[6]

그나마 국제수학성취도평가에서 한국은 괜찮은 성적을 거두고 있어서 다행인데, 중하위 성적을 보여 주고 있는 미국은 이 문제에 대해서 심각하게 고민해야 하는 것은 아닐까? 앞에서 인용된 밀러 교수는 1995년도 논문의 결론에 이렇게 적고 있다.

---

6 그러나 이에 대해서는 논쟁이 있을 수 있다. 수학교육과 김판수 교수님의 말에 의하면 요즘 부산지역의 학생들은 "하나도 없다."를 "일도 없다."라고 말한다. 어쩌면 "오 세에요." 혹은 "칠 세에요."라고 대답해도 문제가 없지 않을 수 있다는 주장도 가능하지 않을까? 수 세기에서 격식, 비격식적 표현의 변화가능성은 충분하다.

"미국은 어린 학생들의 산술적 역량을 키우기 위해서는 아이들에게 쉽게 다가갈 수 있는 10단위 숫자 명명법을 개발하기 위한 노력을 기울여야 한다."(p.59)

드앤(Dehaene, 1997)의 저서인 "넘버 센스(Number Sense)"에 의하면 웨일즈(UK의 한 국가이다)의 고유어 수 읽기 언어가 영어와 프랑스어보다 더 어려워서 간략하게 만들려고 시도했다가 실패한 적이 있다고 한다. 웨일즈에서 새롭게 만든 수 읽기법은 쉽고 체계적이었지만 수라는 것이 100까지 쭉 늘어놓으면 아무리 간단한 규칙으로 보기 쉽게 만들어져 있어도 너무 길고 어려워 보인다. 새로 만든 수사(修辭)를 보는 순간 귀찮고 어렵게 느껴지는 역설적 상황 때문에 웨일즈의 시도는 실패하고 말았다. 아무리 쉬운 것도 양이 많아 보이면 기존에 이미 익숙해진 것을 그냥 사용하고 싶어지기 마련이다. 따라서 밀러 교수의 제안은 받아들여지기 요원할 것이다.

한국의 경우 고유어 수 명명과 한자어식 수 명명의 이중적 수사 체계를 학생들이 잘 학습할 수 있도록 교육과정, 교과서 및 교과 학습에 대한 지도에 도움을 주기 위한 사례연구 조사 논문도 있다(강윤지, 2022). 송명자 교수는 1990년도의 논문에서 이중 수 명명체계가 어쩌면 우리 아이들의 두뇌훈련에 도움이 될 수도 있다는 언급을 하고 있다. 마치 이중언어교육이 두뇌 발달(정확히는 두뇌의 이중언어를 담당하는 부분)에 도움이 될 수 있는 것처럼. 우리가 때로는 이해에 앞서서 그냥 외워야 하는 사실적 지식도 상당히 있다. 그게 바로 관습적 언어표현이다.

참, 〈표 10-3〉과 관련해서 다음의 질문을 한다는 것을 잊었다. 앞의 〈표 10-3〉을 비고츠키가 본다면 한국의 이중적 수 체계와 관련해서 한국의 수학교육과 관련해서 뭐라고 조언할까?

제게 직접 말해주세요
카네기 멜론 학파의 직접적인, 섬세한 가르침
(Direct, Deliberate Instruction)

"더 창의적으로
문제를 해결하기 위해서는
더욱 원시적인
도구가 필요할 것이다."

　　- David Klahr & Herbert Simon(2001), '과학적 발견 연구들' -

🌑 두 가지 극단적 사례

(1) 교사는 교과서를 들고 칠판에 $2 \times 2 = 4$, $2 \times 3 = 6$, 쭉 구구단을 적고 아이들이 암송하도록 했다. 교사의 설명은 매우 제한되어 있었다. 분수의 곱셈은 "분모끼리 곱하고 분자끼리 곱하면 된다. 그렇게 그냥 풀면 된다."라고 신비한 공식을 전달했다. 과학 시간에는 "공이 멀리 굴러가는 데에는 가속도라는 게 있다. 가속도가 붙으면 멀리 굴러간다."라고 설명하고, 가속도의 원리 등에 대해서 상세히 설명하지 않는다. 생각 없이 무턱대고 외우기, 단순 반복 훈련만 강조된다. 영어로는 Rote Learning(기계적 암기), Drill and Kill(죽을 정도로 단순 반복 훈련) 방식의 교육/교수법의 사례이다. 과거 19~20세기 초·중반까지 학교교실에서는 이와 같은 교수법이 지배적이었다.

(2) 교사가 학생들에게 사과 10개를 나누어주고 2×5와 5×2를 만들어보라고 한다. 사과를 이용해서 곱셈을 배우는 시간이다. 학생들이 모둠을 만들어서 두 줄로 사과를 다섯 개씩 세워 놓고 또 거꾸로 다섯 줄로 두 개씩 놓아보면서 자율적으로 토론하며 학습한다. 그리고 나중에 손을 들고 모둠별로 학생들이 발표한다. 그러다 보면 어느새 40분이 다 되어 간다. 교사는 "오늘 여기까지 하겠어요."라고 빨리 정리하고 수업은 마무리된다. 이른바 학생 중심 교육과정, 집단토론, 발견학습 교수법에 의한 수업이다. 영어로는 Student-centered, Discovery Learning이라고 부른다. 듀이, 피아제, 브루너 등 많은 학자들이 주창한 방법이다. 아이들은 스스로 경험을 통해서 앎을 구성해 나간다. 교사는 '최소한'으로만 개입해야 한다.

어느 방식의 교수법이 과연 효과적일까? 즉 학생들의 학업증진, 배움에 더 기여할까? 일단 위의 두 사례를 놓고 보면 첫 번째 사례의 경우 21세 이전에 학교를 다닌 성인세대들은 과거의 아픔으로 인해서 별로 좋아하지 않을 것이다. 두 번째의 교수법 사례는 어떨까. 약간 그 나름으로 교육적으로 보인다. 아이들이 스스로 배움을 이루어 나가고 이론 등을 발견해 나간다. 그러나 교사는 단순한 보조자라서 성인세대들이 보기에 뭔가 부족하다고 느낄 수도 있다. 교사가 너무 안 가르치고 있는 것 아닌가 하는 생각도 든다. 이는 발견학습법으로 가급적 교사의 가르치는 행위를 제한하는 교수법이다. 가능하면 아이들이 스스로 발견해 나가야 진정한 학습이 이루어진다고 듀이, 피아제 등이 주장을 했는데, 특히 피아제가 강조한 교수법으로 볼 수 있다.

그리고 예시에서 보면 구체적인 사례를 이용해서 수학 원리를 배워 나가기 때문에 실생활에 근거한 교수법처럼 보인다. 숫자만 늘어놓고 계산법을 가르치는 것보다는 듀이나 피아제의 말대로 Learning by doing이 제대로 이루어지는 것 같다. 그러나 문제는 수업시간이다. 이렇게 요리조리 하다 보면, 일반적인 초등학교 수업시간의 한 차시에 해당하는 40분이 금방 간다. 아이들이 과연 제대로 배우고 수업이 끝나는 것이 맞을까? 그리고 아이들이 잘못된 방식으로 잘못된 방향으로 학습내용을 발견해 나간다면 어떻게 해야 할 것인가? 과연 교사의 역할은 무엇인가? 이에 대해서 살펴보도록 한다.

노벨경제학상을 받은 경제학자 허버트 사이먼, 심리학자 · 컴퓨터과학자가 되다

요즘 같이 융복합이 강조되고 학문의 경계가 점점 불분명해지는 상황에서 ○○학자, △△학자라고 명확히 규정짓기 어려운 경우가 많다. 그러나 일단 박사학위를 기준으로 놓고 보면 확실히 경제학자, 심리학자, 교육학자 등으로 구분할 수는 있다. 노벨경제학은 박사학위를 기준으로 놓고 보면 경제학과에서 박사학위를 받은 학자들이 대부분 받는다. 물론 예외적인 경우도 있다. 대표적으로 예외적인 학자는 대니얼 카너먼(Daniel Kahneman)이다. 심리학으로 박사학위를 받은 카너먼은 트버스키(Amos Tversky)와 함께 인간의 의사결정에서 한계성과 회피적 선택을 하는 상황을 여러 실험적 방법으로 연구하여 이른바 '행동경제학이라는 분야를 개척한 심리학자'로 평가받는다. 그는 이러한 연구업적으로 2002년도에 노벨경제학상을 받았다. 심리학자로서는 사실상 최초의 노벨경제학 수상자다.

그런데 역으로 박사학위를 경제학으로 받은 경제학자인데 심리학 분야에서 수상한 학자는 없을까? 있다. 허버트 사이먼(Herbert Simon)이다. 제한된 합리성(Bounded Rationality), 만족이론 등의 의사결정 모형으로 1978년도에 노벨경제학상을 수여한 경제학자이다. 허버트 사이먼은 행정학계에서도 거장으로 여겨진다. 그 이유는 박사학위 논문 제목이 '행정행위(Administrative Behavior)'로 인간의 의사결정과정 연구를 통해 행정학 이론의 발전에 기여했다. 사이먼은 행정 조직이론에서 크게 기여함과 동시에 제도주의 경제학에도 영향을 미쳤다.[1] 그는 경제학적 틀

---

1 조직학연구에서 유명한 James March와 함께 조직학 관련 책도 편찬하기도 하

로 행정행위, 즉 공무원들의 행정행위를 분석한 결과 합리적으로, 즉 최소 비용으로 최대의 성과가 나오는 이익을 극대화하는 행정행위를 하지 않고 만족스러울 정도로 그리고 제한된 합리성에 근거해서 정책/행정행위함을 실증연구를 통해 밝혀냈다. 이 내용은 교육행정학에서도 인용된다.

허버트 사이먼은 전산학의 노벨상으로 불리는 튜링상도 1975년도에 수상하였다. 미국과학훈장(1986), 존 폰 노이만[2] 이론상(1988), 그리고 미국 심리학회 과학 공헌 종신상을 1993년도에 수상하였다. 심리학회에서 만든 과학 공헌 종신상은 스키너가 1990년도 최초 수상자였다. 그리고 앞에서 언급한 바와 같이 심리학자로서 최초의 노벨경제학상을 수상한 카너먼은 2007년도에 이 심리학회 과학 공헌 종신상을 수상하였다.[3]

🔵 카네기 멜론 인지과학 학파의 형성

허버트 사이먼은 경제학 박사학위를 취득한 이후 1948년도에 현재의 카네기 멜론 대학(당시에는 카네기 공과대학)으로 자리를 옮겨서 경제학/행정학과는 거리가 있어 보이는 인공지능 연구를 포함하여 인지과학분야의 연구에 매진하게 된다. 그러나 완전히 거리가 있는 것은 아니었다. 행정 행위에서 제한된 선택과 관련하여 심리학적 측면을 살펴보

였다.

2 역사상 가장 천재적인 수학자로 일컬어진다. 제2차 세계대전 때 원자폭탄 프로젝트의 매우 중요한 개발자로서의 역할을 했다. 앨런 튜링과 함께 컴퓨터의 초창기 개발자로 볼 수 있다.

3 https://www.apa.org/about/governance/president/outstanding

앉기 때문에 분명히 연관성은 있다고 볼 수 있다.

카네기 멜론 대학에서의 소속을 보면 사이먼은 심리학과와 컴퓨터 사이언스 학과 소속 교수였다. 사이먼은 앨런 뉴얼(Allen Newell)의 박사과정 지도교수였는데, 두 사람은 1956년도에 정보처리 언어와 초기 인공지능 프로그램을 개발한 공헌을 인정받아서 튜링상을 함께 받았으며 인공지능연구에 많은 기여를 한다.

사이먼의 연구가 지속적으로 펼쳐지며 인지과학과 인공지능연구에서 진척이 이루어지는 와중에 카네기멜론 대학의 산업행정학에서 박사학위를 받은 클라(David Klahr)가 시카고 대학에서 수학과와 경영학과 교수로 근무하다가 1969년도에 카네기멜론 대학 심리학과에 합류한다. 그는 인지과정에 대한 연구와 함께 유·초등분야의 과학교육에 대한 교수법 연구를 수행한다.[4]

사이먼이 노벨경제학상을 받은 1978년도에는 예일대학 심리학과에서 재직 중이던 앤더슨(John, R. Anderson)이 카네기멜론 대학 심리학과로 옮기게 된다. 그리고 그의 부인 린 레더(Lynee Reder) 역시 심리학자였는데 함께 카네기 멜론 대학교 심리학과에서 근무한다.[5] 소위 카네기멜론의 인지과학에 근거한 교수법 연구 그룹이 형성되기 시작하였다. 이들은 모두 사이먼이라는 다재다능한 경제학자이자, 인지과학자, 인공지능 연구자와 함께 교육관련 논문을 발표한다.

그리고 또 한 명의 학자가 카네기멜론의 사이먼의 영향을 받았다. 소위 지속적이고 꾸준한 연습과 노력의 중요성을 강조한 '1만 시간의 법칙'으로 유명한 안데르스 에릭슨(Anders Ericsson)이다. 그는 스톡홀름

---

4 https://www.cmu.edu/dietrich/psychology/directory/emeritus/klahr-david.html
5 http://act-r.psy.cmu.edu/peoplepages/ja/ja_bio.html

대학에서 1976년도에 심리학 박사학위를 받은 다음 해에 사이먼의 초빙으로 카네기멜론 대학으로 박사후 연구교수로 오게 된다.[6] 그는 사이먼과 함께 여러 연구를 수행하며 사이먼의 영향을 받는다. 그리고 전문성(Expertise) 연구를 통해서 "전문가에 대한 전문가"가 된다. 그는 1992년도에 플로리다 주립대학으로 옮겨서 전문가에 대한 연구를 지속한다.

앤더슨, 레더, 클라, 에릭슨 이들 네 명의 교수들은 모두 사이먼과 함께 인지과학 연구를 진행하며 해당 연구를 바탕으로 교육에서의 직접적이며 섬세한 교수법을 주창한다. 그리고 소위 학생 스스로 발견하는 교수법 − 교사의 가르침을 최소화하고 구체적인 상황에 근거한 소위 기존에 진보주의 교수법으로 일컬어지는 상황적 학습(situated learning), 발견학습법(discovery learning)의 오류들을 지적하는 논문을 발표하기 시작한다.

🔵 발견학습법의 인지과학적 문제점

"교육의 과정"으로 유명한 브루너는 "교수법의 이론화를 향하여"라는 저서에서 아동의 인지발달이 Enactive−Image−Symbolic(EIS)의 과정으로 단계적으로 이루어진다고 언급한다. 이 내용은 6장에서 스푸트니크 충격 이후 "교육의 과정"을 대표집필하면서 너무나 유명해져서 교육연구자가 될 수밖에 없었다는 내용을 소개하면서 언급한 바가 있다. 또한 브루너는 어떤 지식영역의 구조 역시 이러한 세 방식, E/I/S로 서술될 수 있다고 주장한다. 그리고 피아제의 영향으로 발견학습법에 대한 구성주의 심리학의 흐름의 입장에 있게 된다.

---

6 https://www.nytimes.com/2020/07/01/science/anders−ericsson−dead.html/

그러나 EIS는 명백히 구분되지 않는다는 점도 있다. 그리고 단계론적으로 인지발달이 이루어지지 않는 경우도 존재한다. 추상적 가르침, 이른바 상징적 표상을 구성하고 가르치는 것이 이미지나 구체적인 실행과 동시에 이루어질 수도 있다. 브루너는 이러한 입장변화(E/I/S가 단계론적으로 발전하지 않음)를 1996년도의 그의 저서 "교육의 문화(Culture of Education)"에서 언급한다. 일단 여기에서는 구체적인 사례를 통한 발견학습법으로 브루너가 1966년도에 제시한 수학의 곱셈문제에 대한 예시를 살펴보면서 논의를 하도록 한다. 사실 이 사례는 발견학습법의 사례일 수도 있으며, Enactive와 Image(혹은 iconic)를 통해 수학의 연산법칙을 이해해 나가도록 가르치는 사례이기도 하다.

다음의 사례를 보자. $(x+4)(x+4)$를 푸는 방법을 구체적인 이미지를 통해서 설명하는 내용이다. $(x+4)(x+4)$를 추상적인 사고, 즉 연산법칙을 이용해서 $x^2+8x+16$으로 계산할 수 있다. 혹은 이 계산법을 가르칠 때 구체적인 그림을 통해서 설명하고 가르칠 수도 있다. 어느 방법이 더 효과적일까? 일단 구체적인 이미지를 통해서 가르치는 방법은 다음과 같다. [그림 11−1]을 보자.

이 그림의 정사각형 모양의 네모에서 왼편 위의 상대적으로 넓은 네모의 한 변의 길이가 x라고 하자. 그리고 오른편의 각 막대기의 짧은 길이가 1이라고 하면 위 그림의 전체 사각형 모양의 세로와 가로의 길이는 $x+4$가 된다. 따라서 $(x+4)(x+4)$가 바로 위의 그림 전체의 면적이 된다. 이 그림을 분해해 보면 다음과 같이 한 개의 x^2과 여덟 개의 x 막대기, 그리고 1의 면적을 갖는 조그마한 사각형 16개로 분리된다. 이러한 구체적인 Image를 통한 수학연산을 생각해 볼 수 있다. 자연스럽게 $(x+4)(x+4) = x^2+8x+16$, 이렇게 그림을 통해서 형상화된 이미지를 이용해서 계산을 해 낼 수 있다.

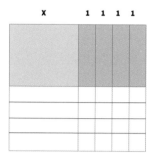

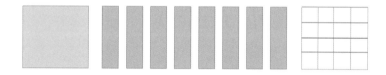

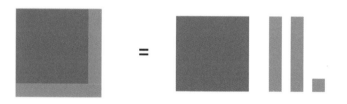

더 간단한 계산인 $(x+1)(x+1)$을 이미지로 계산해보면 다음과 같이 될 것이다. 즉, [그림 13−3]의 오른편을 보면 x^2+2x+1임을 알

---

7 브루너의 원서에서는 그림이 아니라 실제 나무모형을 이용한다. 그래서 Enactive 방법도 포함한다. 편의상 여기에서는 필자가 그림으로 설명하였다.

수 있다.

　그러나 이러한 구체적인 이미지에 집중하는 것이 학생들의 추상적인 수학적 사고의 발전에 도움이 될까? 도움이 어느 정도 될 수도 있을 것이다. 그런데 모른다. 이 네모 칸의 이미지를 통해서 수학교육을 하는 것은 추상적 수학공식을 개발하는 과정을 가르칠 수는 있지만 어쩌면 상징적 사고의 발전에 도움이 안 될지도 모른다. 왜냐하면 이러한 이미지를 통한 수학교수법의 학습효과성, 즉 구체적인 사례와 이미지를 통한 발견학습방법을 이용한 수학공부가 수학역량을 증진시키는 데 얼마나 효과적인가에 대해서 과학적인 실험을 통해서 입증된 적이 없기 때문이다. 추상적 수학공식을 먼저 배운 후에 이러한 이미지나 그림에 대한 적용으로도 사고의 발전이 가능하기도 할 것이며 어쩌면 이러한 직접적인 추상적 연산법칙에 대한 교수법이 더 수학적 사고의 발전에 도움이 될 수도 있다. 그러나 문제는 '정확히 모른다'이다. 면밀하게 실험을 통해서 어느 방식이 더 효과적인지 검증을 못했기 때문이다.

　앤더슨, 레더, 사이먼은 이러한 발견중심 구성주의 교수법(발견학습, 상황학습 교수법)에 대해서 비판적이다. 검증이 안 되었기 때문이기도 하며 인지과학의 기존 연구결과들에서 벗어난 논의로 계속 이어져 왔기 때문이다. 1998년도에는 이러한 문제점을 인식한 미국의 브루킹스 연구소(Brookings Institute)에서 관련 이슈를 담은 "교육정책(Education Policy)" 책을 발간한다. 브루킹스 연구소의 "교육정책"의 핵심 챕터를 앤더슨, 래더, 사이먼이 집필한다. 그 내용을 살펴보면 다음과 같다.

　먼저 앤더슨, 래더, 사이먼에 의하면 인지심리학의 주요 연구들은 구성주의의 주요 전제를 모두 인정한다. 그러나 그 전제가 가르침의 부정으로는 이어지지 않는다.

"인지심리학 내에서 모두 동의하는 내용은 인간은 수동적으로 경험을 기록하지 않고 사전지식과 사전경험의 도움으로 새로운 정보를 해석한다는 것이다. 이러한 의미에서 구성주의라는 단어가 사용된다. 그러나 수동적으로 경험과 정보를 구축하는 것이 옳지 않다는 것이 학생들이 교사들의 명시적인 가르침 없이 반드시 그들 스스로 그들의 지식을 발견해야 한다는 것을 의미하지는 않는다."(p.232)

극단적인 구성주의 학자들은 교사들의 명시적인 가르침이 스스로 지식을 구성해 나가고 발견해 나가는 것을 방해하고 그에 따라 학생들의 학습에 방해가 된다고 인식한다. 그러나 이러한 극단적 구성주의 입장을 뒷받침해 주는 인지과학 연구는 존재하지 않는다. 학생들은 경험과 정보를 사전에 배운 지식과 경험에 근거하여 새롭게 해석하고 구성해 나간다. 그 과정에서 교사들의 명시적인 혹은 직접적인 안내와 가르침은 사전지식의 구축과 경험과 정보의 해석에 도움이 된다.

한편 피아제의 단계적 발달이론은 여러 면에서 최신 실험에 의해서 인지발달은 점진적이고 누적적이지 피아제가 주장한 바처럼 계단처럼 발달하지는 않는다고 본다. 그리고 피아제의 이론을 잘 들여다보면 지식의 동화(assimilation)를 통해 조절(accommodation)의 단계가 이루어진다고 보고 있다. 즉, 동화 없이 조절이 이루어질 수 없다는 가정이 존재한다. 그러나 인간의 심리, 마음의 표상에서 동화와 조절은 모두 함께 존재하는 구성요소이다. 지식이 구성되어야만 한다는 피아제의 주장은 발견학습법이 직접교수법보다 우월하다는 주장과 유사하다. 그러나 발견학습법은 현실 시행과정에서 긍정적이지 않고 오히려 문제가 있다는 연구가 많다.

"발견학습법이 바람직한 구성의 획득을 가능하게 하는 데 성공했다고 할지라도, 많은 소중한 시간을 낭비하게 된다. 만약 가르침을 통해서 배웠다면 남은 소중한 수업시간 동안 많은 연습을 통해서 적극적인 지식을 구축함으로써 아동의 학습과 발달이 더 잘 이루어졌을 것이다."(p.235)

고등학교 단계에서 이 문제는 더욱 심각해진다. 예를 들어 수학 수업시간에 구체적인 상황 설정을 하고 그래프를 그리고 계산 테이블을 적으면서 실제 상황에 적용하는 수학 문제를 구성하고 푸는 과정에서 학생들이 마치 '사무원(clerk)'과 같은 처지에 놓이게 된다. 추상적인 사고와 수학적 공식 마련과 관련된 가르침의 시간은 많이 줄어들게 된다. 학생들의 실질적인 수학 학습 시간은 사라져가게 된다. 피아제의 챕터에서도 언급했지만 형식적 조작기 단계인 고등학교에서는 구체적인 사례를 통한 발견학습법보다는 상징적이며 추상적 사고를 할 수 있도록 교사의 직접적이며 명시적인 가르침이 더 효과적일 수 있다.

🔵 교육은 맥락과 상황에 기반해야 하는가?
상황학습법(situated learning)에 대한 비판

또 하나의 인지과학적 측면에서 쟁점은 상황적 학습, 특히 사회적 학습 상황에의 의존을 통한 교육이 효과적인지 여부이다. 확실히 많은 직업들은 사회적 환경에 자리잡고 있다. 이는 누구도 부정할 수는 없다. 그리고 그에 따라서 역량을 학습시킬 때는 사회적 측면을 고려해서 반드시 상황과 맥락에 연계해야 한다는 교육학계의 주장이 있다. 앤더슨, 레더, 사이먼은 필요한 능력은 맥락에 기반하여 학습이 이루어질 수 있지만 인지과학적으로 볼 때 세부 요인별로 분해해서 맥락과 다소간 독립적으로 능력요소를 구분해서 교육하는 것이 오히려 효과적이라고 본다.

예를 들어 세무사를 교육한다고 했을 때 구체적인 상황을 설정해서 세무사 역할을 수행하게 할 수 있다. 고객과 면담하고 세금에 대한 조언을 해 주는 방식으로도 교육할 수가 있다. 이러한 체험적이며 맥락을 고려한 교수법도 효과성이 있을 것이다. 이 과정에서 어떠한 고객에게는 어떠한 세금 조항이 필요한지를 본인이 깨닫고 관련 세금조항을 공부해 나갈 수가 있다. 즉, 구체적 경험에 근거하여 세금조항 학습의 필요성을 본인이 자각하게 만드는 긍정적인 교수법이기도 하다. 이는 피아제가 주장한 체험중심, 사회생활의 실질적 구현을 통한 학습법이기도 하다. 그러나 이러한 맥락중심의 체험교수법은 시간이 많이 소요되며 또한 가르침을 위한 시간이 낭비되게 만드는 측면이 있다.

오히려 관련 직업에 필요한 능력을 분해(decomposition)해서 독립적으로 가르치는 교수법을 살펴볼 필요가 있다. 세무사의 경우 세금조항에 대한 별도의 학습, 그리고 고객에 대한 응대방법을 분리해서 교육하는 것이다. 즉, 세무사 교육 사례의 경우 세금조항에 대해서 먼저 완전히 숙달하고 배운 후에 고객응대방법을 학습하는 것이 오히려 맥락에 근거한 롤플레잉(role–playing) 방식의 경험을 통해 학습내용의 필요성을 자각하게 해서 교육하는 방법보다 효율적이며 효과적이다.

문제는 기존의 실행을 통한 학습(learning by doing)이나 체험을 통한 맥락에 기반한 학습방법이 능력의 요소를 분해해서 교육시키는 교수법을 무조건 외면하게 만든다는 점이다. 확실히 맥락적 경험을 하는 것, 즉 직업을 체험해 보는 것도 중요하다. 그러나 우리가 직업체험 교육을 하더라도 과연 어떤 능력을 쌓아 나가야 해당 직업을 성공적으로 수행할 수 있는지를 정확히 파악하는 것은 어려울 수 있다. 이때에는 교사의 직접적인 정리와 가르침이 필요하다. 혹은 각 직업을 수행하고 있는 해당 근무자가 학생에게 면밀하게 설명해 줘야 한다.

의사가 되기 위해서 필요한 지식과 역량이 생물학과 화학이라고 가정해 보자. 교사의 경우 학생들에게 이 두 분야의 역량을 쌓아야 한다고 직접적으로 학생들에게 가르쳐 주는 것이 필요하다. 아이들이 의사의 하루 생활을 관찰하거나 체험해 본다고 필요한 역량이 무엇인지 완전히 파악하기가 어려우며, 파악하는 데에 어린 시절의 너무 많은 소중한 시간이 낭비될 수가 있다. 혹시 한국의 초등학교 교육과 중학교 자유학기(년)제는 이러한 문제점을 안고 있는 것은 아닐까? 어쩌면 소중한 학창시절에 배움을 위한 시간이 지나친 자유주의적 교육이념에 근거한(혹은 실용주의 직업교육 시각에 근거한) 자유학기(년)제에 의해서 헛되이 낭비되고 있을 수도 있다.

● 프로젝트 수업으로 인해 강의평가 최하위의 나락으로

필자와 친한 동료 교수 A는 한 교육대학교에서 시간강사로 근무하던 시절에 해당 대학에서 우수강의 상을 받았다고 한다. 강의평가 점수가 10점 만점에 10점 가까이 나왔던 것이다. 학생들에게 다양한 교육행정 이론을 면밀하게 잘 설명해 주고 소개해 준 것이 우수강의상을 받은 비결이었다고 전해 주었다. 학생들에게 프로젝트를 수행하게 하거나 발표를 전혀 시키지 않았다고 한다. 강사 본인이 혼자 열정적으로 개념을 설명하고 가르친 것이 전부였다. 일반적으로 교육학자들이 권하지 않는 교수 중심의 직접적 강의방식으로 우수강의 상을 받은 것이다.

그리고 몇 년 후 그 A 강사는 해당 교육대학교에 교수로 임용되었다. 교수로 임용되고 나서는 그 나름대로 학생중심의 수업을 해 보겠다고 동일한 수업을 프로젝트 위주로 혹은 발표 위주로 수업을 진행해 나갔다. 학생들이 팀을 이루어서 각 팀마다 맡은 수업주제, 즉 과거에 자신이 직접 강의를 해나갔던 내용을 발표하게 했다. 그리고 나서 우수강의상을 받을 것을 기대했지만 강의평가점수는 10점 만점에 7~8점으로 최하위권으로 추락하였다. 학생들이 프로젝트 수업, 발표수업에 부정적이며 적절한 배움이 이루어지지 못했다고 평가한 것으로 볼 수 있다.

우리는 일반적으로 협력수업, 프로젝트 수업과 같은 학생들 간의 토론과 자발적 학습을 통한 배움이 구성주의적 시각에서 긍정적이라고 생각한다. 그러나 언급한 바대로 구성주의는 과거의 경험과 지식에 기반하여 구축해 나간다는 것이지, 교수나 교사가 가르치면 배움과 지식의 구성이 약해진다는 것이 아니다. 특히 앤더슨, 레더, 사이먼은 초·중등교육에서 프로젝트 수업이나 그룹토론 방식의 교수법의 문제를 지적한다.8 학생들이 서로 만나서 토론하고 프로젝트를 진행하는 과정에서 무임승차(free rider) 문제 등의 부정적 상황이 나타난다. 그리고 학생들 간의 토론 수업에서 소위 이상한 결론을 내리고 잘못된 학습을 하는

---

8 그러나 A 교수의 사례처럼 발표수업, 프로젝트 수업은 대학교육에서도 어쩌면 한계가 있을 수도 있다. 필자가 상담해 본 교육대학 학생들은 프로젝트 발표 수업을 엄청 지긋지긋하게 여기며 싫어하는 정도를 떠나서 증오한다. 일부 교대 교수들은 교대 학생들에게 발표시키고 간략한 코멘트만 하는 경우도 있는데(즉, 별로 가르치지 않는 것이다), 프로젝트 발표를 위해서 동료친구들과 미팅을 하다가 책을 제대로 읽지도 못하고 한 학기가 다 가는 경우도 많다고 한다. 다행히(?) 학부생과 최근에 상담해보니 코로나19 시기에는 프로젝트 수업이 대충대충 이루어지고 그룹토론을 적게 해서 시간낭비가 적었다고 한다.

경우 교사가 그것을 바로잡고 제대로 된 가르침을 주자 하는 순간 안타깝게도 수업을 마쳐야 하는 학교 종소리가 울려서 수업을 끝내야 한다. 왜곡된 배움이 발생할 수 있는 가능성도 높은 교수법이다.

그리고 문제는 자신의 발표 외에 다른 학급친구들이 발표할 때 수업에는 집중하지 않는 경우가 존재한다. 즉, 자기 자신이 속한 모둠의 발표내용은 일정 정도 숙지하지만, 다른 모둠의 발표내용은 적당히 수동적으로 듣고 끝난다. 하나의 주제발표에 너무나 노력을 투자한 나머지 다른 수업내용에 집중력을 잃어버리게 되는 것이다. 그 과정에서 한 학기 동안에 배워야 할 학습내용에서 상당한 결손이 발생한다. 학생들이 들이는 노력(비용) 대비 상당히 효과가 떨어지는 교수법인 것이다.

학생들 간의 토론 수업의 효과성에 대한 구체적인 연구 역시 미비하다. 현실적으로 우리는 그룹 토론 학습, 프로젝트 수업이 효과적이라고 생각하지만 이는 마치 우리가 과거에 모기에 물렸을 때 침을 바르면 나을 거라고 생각하는 일종의 과학적으로 입증되지 않은 민간요법과 다를 바가 없는 상황이다. 물론 민간요법도 '간혹, 어쩌다' 맞는 경우도 있을지도 모르겠지만 자칫하다간 건강에 부정적인 경우가 더 많다. 학생들의 인생을 좌지우지하는 교육에 있어서 우리는 '간혹, 어쩌다'에 의지해서는 안 된다.

🌑 하노이의 탑 힌트 주기

앞에서 언급한 사이먼, 앤더슨, 레더보다 인지과학 연구를 교육분야, 세부적으로 보면 과학교수법에 대한 실험연구를 통해서 적극적으로

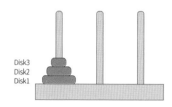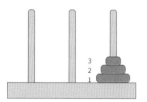

왼편 그림에서 시작해서 오른편 그림으로 완성해야 한다.

한 연구자는 데이비드 클라(David Klahr)이다. 카네기 멜론 대학에서 박사학위를 받은 후 시카고 대학의 수학과와 경영학과에서 근무하다가 돌아온 클라는 아동의 인지발달연구를 많이 수행한다. 한 예로 피아제가 5살 어린이는 풀 수 없을 것이라는 '하노이의 탑'(Tower of Hanoi) 퍼즐에 대해서 인지과학적으로 보았을 때 인간의 단기 기억의 한계 때문이지 않을까 하는 판단을 하였다. 이 하노이의 탑 퍼즐을 설명하면 다음과 같다.

하노이의 탑은 맨 오른편 막대기로 맨 왼편처럼 큰 원판이 맨 아래로 가고, 그 다음에 중간 크기의 원판이, 그리고 가장 작은 원판이 가도록 하나씩 원판을 막대기에 옮기면서 만들어 나가는 퍼즐이다. 즉 [그림 11−4]에서 왼편 그림과 같이 맨 왼쪽 기둥 안에 있는 원판을 오른편 그림처럼 맨 오른쪽 기둥으로 옮기는 것이다. 이 과정에 규칙이 존재한다. 절대로 원판을 다른 곳에 두거나 들고 있거나 하면 안 되고 막대기에 꽂아 놓아야 한다.

그리고 반드시 원판은 한 번에 하나씩 옮겨야 하며, 절대로 작은 원판이 큰 원판 밑으로 위치해서는 안 된다는 규칙이 있다. 가장 최소한의 원판 이동을 통해서 옮겨야 한다. 정답을 보면, 원판을 막대기에 7

번을 옮김으로써 맨 오른편으로 옮길 수가 있다.[9]

피아제는 만 5세 아동에게 실험을 해 본 결과 해당 연령의 아동은 이 문제를 해결할 수 없다는 결론을 내렸다. 그러나 클라가 보기에는 인지과학적으로 단기기억의 문제 때문에 아동들이 해결하지 못한 것으로 보였다. 어른들도 이 문제를 한 번에 쉽게 풀지 못하는 경우가 종종 있다. 물론 시행착오를 하면서 몇 번 연습을 하고 원판 위치의 변화과 정을 머릿속으로 일정정도 형상화해 내면서 과정을 시뮬레이션하면 풀 수 있다. 인간의 단기기억은 용량에 한계가 있는데 앞의 10장 비고츠키 챕터에서 언어로는 2초 이내에 발음하는 내용 정도만을 단시간 내에서

---

9 혹시 못 풀었다면 인터넷에서 하노이의 탑을 검색하면 정답을 보여 주는 블로 그 글들을 찾을 수 있다.

기억할 수 있다고 언급한 바 있다.

그래서 [그림 11-5]와 같이 약간 변형한 문제를 낸다. 일종의 하노이의 탑을 뒤집어 놓은 퍼즐인데, 캔의 크기가 다르기 때문에 작은 캔을 큰 캔 위로 올릴 수 없게 구조적으로 만들어 둔다. 앞의 하노이의 탑에서는 규칙으로서 작은 원판이 큰 원판 밑으로 가면 안 된다고 했지만, 이 퍼즐에서는 캔의 크기가 다르기 때문에 작은 캔을 큰 캔 위에 끼울 수가 없어서 해당 규칙을 매 순간 즉각적으로 시각적으로 인지해 낼 수 있다.

그리고 목표로 삼아야 하는 형상이 바로 눈앞에 있어서 별도의 기억을 요구하지 않는다. 그래서 이 퍼즐은 두 가지 힌트가 주어진다. 눈앞에 목표물의 형상이 제공되고 작은 캔을 큰 캔에 끼울 수 없다는 것을 직접적으로 알게 된다. 이 두 힌트의 도움으로 인해서 4~6세 아이는 이 문제를 어느 정도 해결해 낸다(클라, 2012).

이 실험의 결과는 인지과학연구에 따른 단기기억의 한계 등을 일정 정도 극복하기 위한 방안들, 예를 들어 목표물에 대한 도움을 교사가 제시하면 아동은 문제해결능력을 향상시킬 수 있음을 보여 준다. 하노이의 탑처럼 그냥 스스로 깨우쳐 나가라고 하면 단기기억의 한계 등으로 인해서 아동은 그 문제를 못 풀지만, 목표물을 교사가 상시적으로 제시해 주고, 캔의 크기를 조절해서 캔을 옮길 때의 규칙을 지속적으로 파악할 수 있게 도와주면 아동은 문제를 해결해 낼 수 있다. 인지과학의 측면에서 보면 어떻게 퍼즐과 게임을 디자인하느냐와 주요한 힌트를 제공함에 따라서 인지적 한계를 극복하게 만들고 아동의 학습을 촉진할 수 있다.

🌑 직접 교수법에 대한 과학적 실험 연구의 시도

클라는 이러한 유아단계의 아동인지발달에 대한 연구를 함과 동시에 초등학교 과학수업에서 효과적인 교수방법에 대한 연구를 수행한다. 클라는 초등학교 저학년을 대상으로 물리법칙에서 여러 요인에 대한 인과적 분석에 대한 학생들의 과학적 사고력 향상에 어떠한 교수법이 도움이 되는가를 연구하게 된다. 초등학교 과학시간에 다음 그림과 같이 이동거리에 대한 영향을 주는 물리적 요인에 대해서 가르치는 방법과 관련하여 직접교수법, 소크라테스식 교수법, 발견학습법의 세 교수법의 효과에 대해서 연구한 결과를 사이언스 지에 정리하여 소개한다.

[그림 11-6]과 [그림 11-7]은 다른 변수, 예를 들어 표면 마찰도라든가, 공의 크기는 모두 동일한데, 각각 한 가지 요인(변수)만 다르다. [그림 11-6]은 경사도에만 변화를 주었다. [그림 11-7]은 출발하는 위치(거리)만 차이를 두었다. 즉, 다른 요인들을 모두 동일하게 통제하고 하나의 요인만 차이를 둔 것이다. 이러한 통제된 상황에서 한 가지 요인에 대한 설명력을 살펴보는 것이 인과관계에 대한 분석과 과학적 사고의 발달에 도움이 된다. 일종의 물리적 현상의 원인을 실험적 방법으로 공부하는 것이다. 이때 교사의 개입정도에 따라서 앞에서 언급한

▷▷▷ 그림 11-6 공이 내려가는 각도(경사도)만 변경. 출발 위치(거리)는 동일

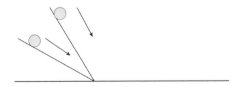

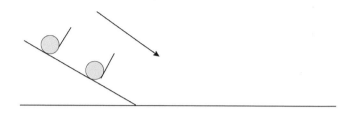

세 가지 교수법을 통해서 수업을 진행한다. 그 세 가지 교수법의 절차 (process)는 〈표 11 – 1〉과 같다.

먼저 위의 그림에서 제시된 실험디자인을 통해서 과학수업을 할 때 첫 번째 교수법으로는 교사가 직접 실험을 시행하고 그 과정에서 탐구 물음을 제시하며, 교사가 물리적 현상의 원인들을 설명하고 수업 내용

▶ 표 11-1 과학탐구 교수법 구분

구분	직접교수법	소크라테스 교수법	발견학습법
소재	램프, 스프링, 막대기 등		
학습 목표	통제한 후 변수 영향력 분석: 공의 위치, 공이 굴러 내려가는 막대기 각도, 공이 굴러가는 바닥의 마찰력 중 어느 변수가 공이 굴러가는 거리에 영향을 주는가?		
아동이 실험도구를 만져보고 관찰하게 허용	○	○	○
각각의 실험 디자인 시행 주체	교사	학생	
질문법 (탐구 물음 제기)	○	○	X
설명	○	X	X
요약	○	X	X
실험 시행	X	○	○
실험 결과 관찰	X	○	○

출처: Klahr et al.(2011).

을 요약 정리하는 직접교수법을 이용한다. 두 번째는 소크라테스 방식의 교수법으로, 직접교수법과는 탐구물음을 제기하는 면에서는 동일하지만, 위의 그림과 같은 설정을 교사가 보여 주지 않는다. 학생이 공이 얼마나 멀리 굴러가게 하는지 위의 막대기 등의 도구를 이용해서 실험 디자인을 스스로 하게 하고 교사가 전혀 설명이나 요약을 하지 않는 교수법이다. 학생들이 공굴리기 실험을 시행하고 결과를 스스로 관찰하여 문제를 해결해 나가도록 한다. 마지막 교수방법은 발견학습법으로 소크라테스 방식과 거의 동일하다. 다만 중간에 교사가 탐구 물음을 제기하지 않는다. 학생들이 스스로 탐구해야 할 문제들도 만들어 나가야 한다.

이 세 가지 교수법에 대해서 브루너의 E/I/S 프레임을 적용해서 분석해 보자면, 직접교수법에는 Enactive는 사실상 없다. 소크라테스 교수법과 발견학습법은 학생들이 직접 실험을 해보기 때문에 Enactive 방법이 포함된다. Image의 경우는 직접교수법과 소크라테스 교수법, 발견학습법 모두가 해당된다고 볼 수 있다. 다만 직접교수법은 실험을 시행하지도 않고 세부적으로 관찰하지도 않기 때문에 Image나 Iconic의 측면은 상대적으로 약하게 제공된다고 볼 수 있다. 반면 소크라테스 방식, 발견학습법은 실험을 통해 공이 구체적으로 굴러가는 모습, 즉 Image가 확실하게 주어진다.

상징적(Symbolic), 논리적 사고 방법은 이 모든 교수법에서 구현되어야 한다. 구체적인 사례를 이용해서 시행해 보고 이미지를 접하면서 학생들은 상징적 혹은 추상적 사고를 발달시켜 내야 한다. 이 과정에서 직접교수법은 교사의 탐구물음 제기와 설명과 요약을 통해서 학생들의 상징적이며 논리적 사고를 유도한다. 그러나 소크라테스 방식, 발견학습법은 교사의 유도가 없다. 학생들이 스스로 상징적이고 추상적 사고를 발견 혹은 발전시켜 내야 한다. 이렇게 과학수업을 진행한 후에 학생들의 해당 과학이론에 대한 학습이 얼마나 이루어졌는지를 점검한 결과는 직접교수법이 가장 효과적으로 나타났다. 즉, 직접교수법이 관련 물리이론 학습에서 가장 도움이 된 것으로 나타났다.

한편 수학이나 언어(영어) 학습에 있어서도 직접교수법이 더 효과가 있다는 연구들, 특히 실험연구와 종단연구에 근거한 그 나름으로 확실한 연구결과물들이 있다(Stein et al., 2006; Carnine, et al., 2017; Becker, 1977).[10] 그러나 이러한 직접교수법의 긍정적 효과에 대한 연구들은 교육현장에서 그다지 주목을 받지 못해 왔다. 수학과 언어 학습에서의 직접교수법 관련 연구에서는 앞에서 제시된 클라의 직접교수법의 요소에 몇 가지 더 중요한 수업 요소를 포함한다. 먼저 측정(measurement)을 강조한다. 학생의 학습역량 수업내용에 대한 이해도를 2주마다 측정하고 실제로 배움이 증진되고 있는지를 이들 직접교수법에서는 강조한다. 간략한 주관식 퀴즈일 수도 있으며 객관식 문제를 통한 점검일 수도 있다. 그러나 학생들의 성적을 매기기 위한 시험은 아니다. 그리고 반복 점검을 강조하며, 수업진도를 촘촘히 구성해서 진행하는 것 등을 제시하고 있다.

이러한 직접교수법의 효과에 대한 여러 연구에도 불구하고 학교 현장에는 현실적으로 소크라테스식이나 발견학습법에 대한 상당한 애착이 존재한다. 이에 대해서는 여러 원인이 있을 수 있다. 먼저 앞의 듀이에 관한 챕터의 맨 앞부분에서 소개된 과거 아인슈타인의 사례처럼 19세기와 20세기 초중반까지의 학교교육에서 볼 수 있었던 폭력적이며

---

10 이 장에서는 카네기 멜론 학파로 언급했는데, Oregon 대학 등에서도 직접교수법과 관련한 연구와 노력을 기울이고 있다. 특히 특수교육 분야나 학업부진학생들을 대상으로 직접교수법에 대한 적용 노력이 많이 이루어지고 있다.

불친절한 교사, 질문을 허용하지 않는 권위적 교사에 대한 부정적인 상이 알게 모르게 전수되고 있기 때문으로 볼 수 있다. 이로 인해서 교사의 직접적이고 적극적인 가르침은 교사의 일방적이며 권위주의적 형태와 동일하다는 인지적 편향(Bias)이 일정 정도 남아 있는 것이다. 교사의 직접적 가르침에 대한 관념은 일종의 트라우마처럼 아픈 기억들과 매개되어 알게 모르게 전승되고 있다고 볼 수 있다. 그 과정에서 듀이, 피아제의 발견학습법, 체험을 통한 학습, 집단 토론 학습만이 교수법에서 절대적 진리로 각인되어 온 것이 아닌가 싶다. 그러한 과정에서 교사의 역할을 지나치게 후퇴시키는 왜곡된 방향으로 구성주의 교육이론의 극단적 적용이 발생한 측면이 존재한다.

또 한편으로는 이러한 학생중심 교수법이 지배적이게 된 데에는 현장에서 많은 과중한 행정업무에 시달리는 교사의 수고를 덜어 준다는 현실적인 이유도 있을 것으로 보인다. 직접교수법은 교사의 많은 노력을 요구한다. 교사는 학생들에게 설명을 명시적으로 세밀히 해 줘야 하며 여러 사례들을 더 제시해 주어야 한다. 이는 교사의 학교현장에서의 정신적 육체적 노동을 가중시킨다. 교사들의 입장에서는 아이들에게 여러 실험도구 등을 제시하고 스스로 파악해 나가라고 하면 수월하게 수업을 진행할 수가 있다. 직접교수법으로 학생들에게 더 잘 설명해 주기 위해서 노력하다가 교사로 근무한 지 약 10년 정도 후에는 성대가 상하게 될 수도 있다.[11] 이러한 교사의 가르치는 일의 고달픔으로 인해

---

[11] 교사의 경우 성대질환에 걸릴 확률이 일반인보다 5배 이상 높다는 조사결과도 있다(https://www.hidoc.co.kr/healthstory/news/C0000005198).
한편 성대결절, 근막통증후군, 하지정맥류 등이 교사들에게 발병하는 주요 직업병이라는 한 병원의 조사결과에 대한 보도도 있다
(https://www.yna.co.kr/view/AKR20150513126800063?input=1179m)

서 교사는 덜 설명하고 덜 가르치고 발견학습법을 더욱 자주 사용하게 될 수 있다. 실험도구를 제공해 주거나 동영상을 보여 주고 학생들이 스스로 추상적 이론을 발견해 나가라고 언급하고 프로젝트 과제를 내주고 학생들이 발표하게 하는 또 다른 방어적 교수법이 학교현장에서 만연하게 되는 것이다.

⚫ 왜 1만 시간의 재발견인가? Drill and Skill, not Kill

스톡홀름에서 박사학위를 취득하고 카네기 멜론 대학에서 사이먼과 함께 '보고로서의 언어(verbal as a report)' 등의 여러 논문을 작성한 에릭손은 전문가(expert)에 대한 연구로 유명하다. 에릭손의 전문가에 대한 연구는 흔히 '1만 시간의 법칙'으로 알려져 있는데, 예전에 한때 유행했기 때문에 많이 들어 보았을 것이다. 에릭손의 연구가 유명해지게 된 계기는 말콤 글래드웰의 "아웃라이어"라는 책이 크게 히트하면서였다.

이 책, "아웃라이어"에서는 '1만 시간의 법칙'을 소개한다. 어려운 내용은 아니고 한국으로 따지면 조용필과 같은 위대한 가수의 탄생에는 1만 시간 이상의 피나는 노력이 있었다는 것이다. "아웃라이어"에서는 모차르트와 비틀즈의 사례를 예시로 든다. 흔히 천재로 알려진 음악가들의 경우 본인의 타고난 능력도 어느 정도 성공에 있어서 밑거름이 되었겠지만, 부모의 지원과 가르침 하에서 그 능력을 만개시키기 위한 많은 시간과 노력, 연습이 필요하다는 연구이다.

그런데 에릭손은 "1만 시간의 재발견(원서 제목은 PEAK)"이라는 저서에서 오히려 1만 시간의 법칙이 틀렸다고 주장한다. 그리고 "아웃라

이어"에서 너무 자신의 이론을 틀린 방향에서 설명했다고 언급한다. 단순히 1만 시간을 무작정 연습하고 노력한다고 전문성이 확보되고 성공하는 것이 아니라는 것이다. 반드시 정교한 교수법(Deliberate Instruction Method)에 의거해서 연습과 훈련을 해야 한다는 것이다.

'지속적인 연습은 학생들의 이해를 몰아낼 것'이라는 주장은 인지과학적으로 보면 터무니없는 주장임에도 불구하고 일부 진보주의 교육학계에서는 당연하게 여겨지고 있는 경향이 존재한다. 최근 한국에서도 수학이 어렵다는 이유로 수학 교과서의 내용을 축소한다거나, 문제풀이를 많이 하는 것이 불필요하다는 주장도 존재한다. 그러나 심리학의 실험결과는 광범위하고 지속적인 훈련과 연습을 통해서 전문적 능력이 획득될 수 있음을 보여 준다. 물론 아무 생각 없는 연습은 확실히 효과가 없다. 그러나 면밀한 지도하에서 학생들이 생각하면서 문제를 풀고 연습해 나가는 것은 전문성 발달과 학생들의 인지적 성장에서 매우 중요한 과정이다.

즉 'Drill and Kill'이 아니라 'Drill and Skill'로 봐야 한다. 훈련과 연습은 사람을 죽이는 일이 아니라, 기술과 역량을 낳는 것이다. 한국이 자랑스럽게 여기는 김연아 선수의 경우 부단한 연습과 훈련을 통해서 동계올림픽에서 금메달을 획득했음을 모두 안다. 그리고 그 과정에서 면밀한 훈련계획을 구성하고 지도한 코치와 안무가가 있었다. 다른 분야도 마찬가지이다.

에릭손은 학생들의 배움을 증진시키기 위해서 교사의 시범적인 가르침을 통한 학습의 중요성을 강조한다. 즉, 교사가 문제를 푸는 과정을 시범적으로 잘 보여 주는 것이 필요하다. 그에 따른 학생의 관찰학습을 통한 배움이 효과적이라고 본다. 에릭손은 유럽의 심리학과에서 박사학위를 받아서 관찰학습의 효과성을 강조하는 유럽의 형태주의 심리학의 영향하에 있는 것으로 볼 수 있다. 그리고 면밀한 준비에 근거한 문제기반 학습방법(Problem-based Learning)도 적절한 교수법으로 주장한다. 이 관찰학습과 문제기반 학습에 근거한 교수법은 고등교육기관인 의과대학의 교수법에서 많이 강조되는데, 실제로 유럽의 심리학계는 20세기 초반에 이 교수법의 효과성 연구에 영향을 많이 받았다. 의과대학의 경우 환자를 수술할 때나 치료법을 배울 때 의학교수가 시범을 보이면 관찰을 통해서 배우고 치료법에서 다양한 방법을 함께 토론해 나가면서 치료방법을 습득해 나간다.

관찰학습기반 교수법은 유·초·중등에서 많이 활용되며 직접교수법과 맥락을 함께 한다. 학생들이 교사의 직접적인 설명과 해결방식을 보고 배움을 이루어 나가는 것이다. 문제기반 학습에 근거한 교수법의 경우, 교육적으로 성공하려면 문제에 대한 해결방법에 대해서 정확히 종합해 내고 그 해결방법, 즉 일종의 해답을 최종적으로 정리하고 제시해야 할 교사의 역할이 강조된다. 그리고 문제기반 학습법은 질문법을 핵심으로 내포한다. 앞의 〈표 11-1〉의 직접교수법의 구성요소를 보면 질문법(탐구 물음 제기)이 있다. 교사가 어떤 이슈 혹은 문제에 대해서 학생들을 다양한 측면에서 가르치려면 탐구해야 할 중요한 물음 혹은 질문이 마련되고 제시되어야 한다. 따라서 문제기반 학습법의 성공 여부는 교사의 준비도에 전적으로 달려 있다. 교사가 이론적인 측면에서 중요하게 학생들이 배워야 할 내용을 질문으로 만들어 오지 않으면 문제기반 학습법은 발견학습법의 오류를 그대로 반복하게 될 수 있다.

그리고 발견학습법은 의과대학, 즉 고등교육 단계에서 주요하게 사용된다고 언급했다. 이는 고등교육 단계에서 사전지식이 어느 정도 갖추어진 학생에게 어떤 문제를 해결하기 위해서 다양한 모색을 하고 복합적 처방을 내리는 방안을 교육하는 데 효과적인 교수법이다. 그러나 상대적으로 학생들의 사전지식이 많지 않은 유·초·중등단계에서는 효과적인 교수법이 되기 어려울 수 있다. 예를 들어 유치원 학생들에게 함께 이리저리 다양한 방법으로 풀어보도록 하기에는 어려울 것이다. 사실 에릭슨이 강조한, 교사에 의해서 잘 계획된 훈련과 연습을 강조하는 1만 시간의 법칙은 예체능계에서의 전문가 양성에 많은 초점이 맞추어져 있다. 예체능분야에서는 세밀한 지도하에서 집중적인 반복훈련을 통해 고난도의 과정으로 서서히 나아가도록 하는 교수법이 매우 중요하다. 수학자나 의학분야의 전문연구자의 경우 가정에서의 조기교육이 중요한데, 부모들이 학교교육과 전반적인 지식공부 자체를 많이 강조하는 분위기에서 성장한 경우가 많다. 아이들에게 다양한 분야에 대한 독서를 많이 시키며, 과학적인 내용이 담긴 놀이활동을 시킨다.[12] 연구자로 성장시키려면 아무래도 조기교육이 중요하며 다양한 독서활동, 결국은 어렸을 때 많은 지식학습이 이루어짐으로써 세상에 배울 것이 많다는 것을 알게 하고 열심히 공부하게 만드는 것이 최선인 것이다.

🔵 공부에는 왕도가 없다. 어쩌면 단순한 방법이 최선

에릭슨은 "1만 시간의 재발견"에서 대부분 예체능관련 전문가 양

---

12 1만 시간의 재발견 286쪽 상단 참조. 가정에서의 조기교육의 중요성은 사회자
본론의 로버트 퍼트남의 우리 아이들(페이퍼로드 출판사)과 마티아스 도프케
외의 기울어진 교육(메디치 출판사)에 잘 정리되어서 제시되어 있다. 상위계층
은 유아시기부터 산수에 대한 개념 교육, 그리고 언어교육을 적극적으로 시킨
다. 더 많은 책을 접하며 더 많은 학습이 이루어진다. 이러한 보육시기부터의
교육격차는 향후 초중등 교육격차로 이어진다.

성방법을 소개하는 데 집중하고 있는데, 일반 교과인 수학에 대한 교수법과 관련해서 성공적인 구체적 사례 하나를 제시한다. 캐나다 수학자 존 마이톤(John Mighton)이 제시한 '점프수학'이라는 교육과정이다. 점프수학은 학습 내용을 분명하게 구별되는 작은 기술들로 잘게 쪼개고(이는 앞에서 앤더슨 등이 언급한 decomposition과 동일하다), 정확한 순서에 따라 각각을 교사가 직접 가르치는 교수법을 포함하며, 피드백을 활용하여 학생의 발전 정도를 자주 확인하는 교수법이다. 즉, 존 마이톤의 점프수학은 직접교수법의 원리에 기반하고 있다.

그런데 존 마이톤은 언어적 소질도 뛰어나서 극작가로서도 성공하기도 했으며[13] 영화 '굿 윌 헌팅'에 수학과 조교수 역의 조연배우로 출연한 적도 있다.[14] 그래서 그 나름대로 유명해서 캐나다 텔레비전에 출연하기도 한 바 있다. 과거 2010년도에 캐나다 온타리오의 교육 프로그램에 출연해서 교육에 대한 특강을 하는데 앤더슨, 레더, 사이먼의 연구를 인용한다. 에릭손은 마이톤의 점프수학을 좋은 교수법 사례로 제시하고, 그 마이톤은 에릭손의 스승인 사이먼의 인지과학연구에 기반한 세밀화된 교수법을 제기한 논문을 자신의 교수법의 근거로 제시하여 결과적으로는 다시 에릭손으로 돌아온다.

유튜브에서 제공되는 점프수학 교실수업 장면을 보면 학생들이 모두 열심히 교사의 설명을 듣고 문제를 푸는 장면이 나온다. 다음 사진에서 점프수학 교재를 잘 보면 한 페이지에 몇 십 개의 많은 연습 문제

---

13 그는 대본도 잘 써서 극작가로서도 성공했는데, 그런 개인의 경험 때문인지는 몰라도 수학을 잘하면 국어도 잘한다고 주장한다. 수학과 국어 공통점이 논리역량이기 때문에 수학을 잘하면 논리적인 글쓰기 능력이 뛰어날 수 있을 것이다. 두 과목 사이에 연관성은 일정 정도 존재하기 때문에 틀린 주장은 아니다.
14 오래간만에 '굿 윌 헌팅' 영화를 다시 봤다. 잘 만든 좋은 영화이고, 강추한다. MIT 수학 조교수 역할의 단역으로 출연한 존 마이튼의 모습을 확인했다.

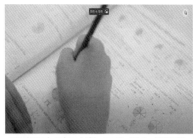

마이톤의 점프수학 교재 연습 장면15

가 제공되고 있음을 알 수 있다. 그리고 동영상을 보면 학생들은 직접 칠판 앞으로 나와서 문제 풀이도 하고 설명도 한다. 그냥 일반적인 교실 모습이다. 다만 선생님이 적극적으로 가르치고 생각해 보라고 질문도 제시하면서 많은 문제를 풀도록 도와준다. 잘 못 푸는 아이에게 개별적으로 설명해 주고 풀어 보게 한다. 스스로 생각해보며 풀어 나가는 시간도 충분히 제공한다. 학생이 성공하기 위해서는, 즉 더 창의적이고 더 우수하게 되려면 단순하게 보이는 방법, 선생님이 적극적으로 가르치고 학생이 스스로 부단히 연습하는 수밖에 없지 않을까? 공부에 왕도는 없다.

---

15 https://www.youtube.com/watch?v=diC−mQArBNA 유튜브의 점프수학 계정. Math knowledge grew 2x with JUMP vs. other methods.

일곱 빛깔 무지개처럼

루소의 "에밀": 행동주의, 사회적 학습이론, 지식의 구조, 애착이론, 발견학습법, 소크라테스식 질문법, 스파르타식 교육법까지

"아이들의 교육은 선생하기 나름이다.
선생이 조금만 재치 있게 대응하면
허영심이나 경쟁심, 질투심에 사로잡히지 않고도
아이의 취향뿐 아니라 열광까지 불러낼 수 있다."

- Jean Jacques Rousseau의 "에밀" 중에서 -

🌑 칸트도 정신없이 읽은 진정한 고전

칸트는 매일 새벽에 정해진 시간에 산책했는데, 주민들은 칸트의 모습을 보고 몇 시인지 시간을 확인할 정도로 규칙적으로 산책을 한 것으로 전해진다. 그런데 칸트가 산책을 하루 안 한 날이 있다고 전해진다. 산책을 안 한 이유는 장 자크 루소(Jean Jacques Rousseau)의 "에밀(Emile ou De L'Education)"을 읽는 데 시간이 가는 줄을 몰랐기 때문이라고 한다.[1]

피아제가 아동발달을 연구한 초창기 연구소의 명칭도 루소의 이름을 딴 '장 자크 루소 연구소'였을 정도로 "에밀"은 교육학에 큰 영향을 주었다. 루소의 저서 "에밀"은 교육학의 고전 중의 고전이라고 볼 수 있으며 지금도 늘 회자되는 중요한 책이다. 물론 최근 뇌과학 연구에서는 루소의 발견주의 학습법 부분에 대해서 비판이 있다(드앤, 2020).

"에밀"을 읽어 보면 다소간 보수적이고(여성에 대한 차별적 시선, 남성중심사상), 너무 자유주의적인 측면도 있다. 여러 시각이 복합되어 녹아 있는데, 18세기 당시 시각으로 보면 혁명적인 교육관의 내용이 담겨 있다. 오래된 고전임에도 불구하고 현대에 사는 우리들에게 여러 아이디어를 제공해 주는 내용이 포함되어 있다. 에밀에서 제시되는 내용들 중에서 필자가 인상적으로 읽은 문구와 그에 대해서 연상되는 이야기를 문구 다음에 적어 보았다. 각자 에밀을 읽어 보면서 떠오르는 생각을 한번 적어 보도록 하자. 괄호안의 숫자는 필자가 갖고 있는 "에밀" 책에서 해당 문장이 나오는 페이지이다.[2]

---

1 Daum 백과사전. 칸트.
2 장 자크 루소(1762). 에밀(Emile ou De L'education). 이환 옮김. 돋을새김.

🌑 사회, 인간, 교육

"모든 사회는 결속력이 강할수록 이기적이다."(p.15)

시민으로서의 느슨한 연대가 필요하지 않을까 싶다. 상대방을 존중하고 이해해야 한다. 농촌지역사회는 결속력이 강해서인지 이기적인 모습을 보여 줄 때도 있다. 귀농을 했다가 알게 모르게 보이지 않는 알력으로 인해 다시 도시로 돌아오는 청년들도 있다고 들었다. 어촌계의 일부 현실 역시 그러한 단면을 보여 주기도 한다.

"사람들은 모여 살면 살수록 더 타락한다… 도시는 인류를 타락하게 하는 깊은 수렁이다."(p.40)

미국의 자연주의 사상을 전하는 책, "월든(Walden)"의 저자인 소로(Henry David Thoreau)가 보면 동의할 이야기이다. 한국의 '나는 자연인이다' 프로그램은 도시생활로 인해 지친 시청자들에게 일종의 대리만족을 안겨 주기 때문인지 인기를 끌고 있다. 신해철의 노래, '도시인'의 전주에서 울려퍼지는 자동차의 경적 소리, 그리고 노래 가사에 등장하는 학생들의 모습.

"아침에 우유 한 잔, 점심에 패스트푸드, 쫓기는 사람처럼 시계바늘 보면서, 거리를 가득 메운 자동차 경적 소리, 어깨를 늘어뜨린 학생들, THIS IS THE CITY LIFE… (중략) … 각자 걸어가고 있는 거야, 아무런 말없이 어디로 가는가."

물론 에밀이 살던 시대의 도시인의 삶이 요즘만큼 바쁜 삶은 아니었을 것이다. 그래도 도시는 도시였을 것이다. 그러나 루소가 말한 도시는 자연에 대비되는 의미로서의 인간사회를 의미하는 측면도 있다.

"무릇 훌륭한 사회적 존재가 되기 위해선 언행이 일치해야만 한다."(p.16)

언행일치의 문화가 조성되어야 사회자본의 일환인 사회적 신뢰 구축이 원활하게 이루어진다. 말과 행동은 교육에 있어서 학생들에게 가르쳐야 할 규범이다. 문제는 언행일치를 하기가 매우 어려운 현실로 인해서 언행일치를 하는 구성원이야말로 훌륭한 사회적 존재로 인정받게 된 상황이다. "에밀"이 쓰인 18세기나 현 21세기나 언행일치를 하는 구성원을 찾기가 쉽지는 않은 것으로 보인다.

"소위 교육기관을 자처하는 세상의 어떤 기관도 신뢰하지 않는다. 그러한 교육은 사회적 인간(양성)을 지향하는 것 같지만 실상 이기적 인간만을 양성하는 데 적합할 뿐이다."(p.17)

이 문구를 읽는 순간 필자가 소속된 교육대학의 현실이 떠올랐다. 핀란드, 싱가포르, 미국 등 모든 대부분의 선진국가들은 종합대학에서 유·초·중등교사를 종합적으로 양성한다. 그러나 한국의 초등교사를 양성하는 교육대학체제는 과거 19세기 사범학교의 모델에 교육기간만 연장시켜 놓은 기형적인 분리형 체제이다. 교육대학교 학생들은 대학생활을 통해서 정말 사회성을 풍부히 길러낼 다양한 인간관계를 만들 수 있을까? 학부 시절부터 분리된 단과대학 체제에서 양성은 한계가 있을 것이다. 목적형이라는 우산 아래 어쩌면 함께 공유하기 싫은, 혼자만 쓰는 자기만의 우산을 갖고 있는 것은 혹시 아닐까?

그러나 교육기관 중에서 유치원과 초등학교의 경우는 루소의 이러한 주장에는 맞지 않는 것 같다. 아직 이 두 교육기관은 순수의 영역이 있다. 물론 교사들과 행정가, 학부모들이 유·초등학교에서 이기적인 모습을 간혹 보이고 갈등하고 있을지도 모르지만, 적어도 아동들은 즐겁게 학교를 다니고 있지 않을까 싶다. 적어도 유치원과 초등학교에서는 이기적 인간을 양성하고 있지 않는 것으로 믿고 싶다.

"(사회경제적) 지위에 맞춘 교육은 그 지위의 환경이 바뀌는 순간 아무 짝에도 쓸모없는 결과를 낳는다."(p.18)

주요 교과목으로 분리된 학교교육과정을 비판하는 경우가 많다. 세상 변화를 따라가지 못하는 교육제도의 문제를 지적하는 주장도 많다. 그러나 읽기, 수학, 사회, 과학 등의 핵심 교과지식은 어느 분야에서든, 환경의 변화에서도 필요한 내용일 수 있다. 따라서 주요 핵심 교과지식에 대한 교육의 필요성은 인정되어야 하지 않을까? 미국의 공통핵심지식 운동(Common Core Knowledge Movement)은 이러한 측면에서 중요하다고 볼 수 있다.3 물론 세상의 급격한 변화는 평생교육 체제가 잘 구축되어 있는 것을 요구하고 있다. 우리 모두 현실에 안주하면 안 되며 핵심 지식을 바탕으로 자신의 지식과 역량을 확장해 나가지 않으면 안 된

---

3 https://www.coreknowledge.org/ 참조. 미국의 문학자 Eric, D. Hirsch가 주도하는 교육운동이다. 미국 초중등 학생의 학력저하가 사전지식의 중요성을 간과한 미국의 편향된 진보주의 교육에 일정정도 기인한다고 보고 공통핵심지식운동을 펼치고 있다.

다. 정년퇴임을 하고도 뇌과학 연구를 지속적으로 하고 있는 박문호 박사와 같은 분처럼 열심히 연구하는 평생학습 자세를 가져야 하겠다는 생각을 해 본다. 유튜브에서 '박문호 뇌과학'을 검색해서 그 분의 강의를 들어보길 추천한다. 추가로 유튜브에서 '5분 뚝딱 철학' 동영상도 시청해보자. 김필영 박사가 재미있는 철학강의를 제공하고 있다.

🌐 스파르타식이지만 당당하고 자유로운 교육

"당신의 학생을 어진 인물로 키우고 싶다면 그 아이를 악동으로 만들어야 할 것이다. 하긴 이것이 스파르타인들의 교육법이었다."(p.115)
나는 에밀을 거칠지만 강하게 키울 것이다. 한겨울에도 집 밖으로 데리고 나가 체력을 단련시킬 것이다."(p.127)

루소는 스파르타식 교육법도 좋아했던 것으로 보인다. 스파르타인들은 악동으로 키워지고 자신의 양식을 마련하기 위해 훔치는 법부터 가르쳤다고 한다. 늘 이기도록 훈련받았고 전쟁에서 실제 승리했으며 타인에게 예의를 잘 지켰다고 한다. 참고로 미국의 미시간 주립대학교(Michigan State Univ)의 학교 상징이 스파르타인이다. 스파르타식으로 공부를 시키는 것을 의미할 수도 있는데 상징물이 그 나름대로 멋있다. 참고로 넷플릭스의 영화 '돈룩업(Don't Look Up)'을 보면 미시간 주립대에서 스파르타가 그려진 대학 티셔츠를 입은 주인공이 체포되는 장면이 나온다. 이 영화는 반드시 보길 권한다. 미시간 주립대는 미국 US News & World Report에서 매년 시행하는 대학평가 결과, 초·중등교사교육 프로그램에서 28년 연속 1위로 평가받았다. 교사교육학으로 강한 대학인데 1위를 한 이유는 미시간 주립대는 총 5년 과정의 교사교육 프로그램(4+1. 4년 학사학위를 마치고 1년은 현장에서 교직인턴십을 수행한다)을 만들어서 스파르타식으로 교사교육을 시키려고 노력하기 때문으로 보인다.

"아이가 죽지 않도록 하기보다는 아이가 당당하게 살아갈 수 있도록 해야 한다."(p.19)

사회안전망 체제가 잘 구축되어 있어야 한다는 전제가 필요할 것 같다. 너무 이른 나이에 정부의 소홀함과 태만으로 죽지 않아도 될 아이들의 어이없는 죽음을 대한민국은 너무나도 많이 보아 왔다. 아이를 당당하게 살아갈 수 있도록 키우기 위해서 많은 부모들이 노력하고 있다. 부모들이 보여주는 열정, 즉 세계에서 가장 뜨거운 교육열 못지 않게 한국의 정부는 기본적인 사회안전망을 갖추기 위해 전 세계에서 가장 뜨거운 열정을 보여 줘야 한다.

"아이는 태어나는 순간부터 자유로워야 하는데, 사람들은 그 아이의 손발을 배내옷으로 감싸 구속한다."(p.20)

스키너가 아동돌봄가구를 만들어서 둘째 딸을 기저귀만 채우고 옷은 전혀 입히지 않은 채 편안하게 지내도록 한 일화가 생각났다. 옷을 입히지 않아도 따뜻하고 습도가 잘 조절되는 정말 최첨단 아기돌봄가구였다. 스키너가 만든 그 아동돌봄가구를 보면 루소는 '엄지 척' 할 것 같다.

● 할로우의 애착 연구

"모유를 먹이는 문제에 있어, 개중에는 생모의 모유이든, 유모의 것이든 별 차이가 없지 않겠냐고 항변하는 사람들도 있다.

그러나 어머니의 사랑과 보살핌이라는 정신적 자양분은 아이에게 있어 모유를 먹이는 일과 함께 그 가치가 결코 작지 않다."(p.21)

이 문구를 읽는 순간 유명한 할로우의 실험, 원숭이 애착 연구가 떠올랐다(Harlow, 1958). 영유아 시절부터 부모의 따뜻한 품이 모든 영장류에게 필요함을 알 수 있다. 부모와의 애착형성을 통한 안정적 정서 발달은 향후 아동의 삶에서 매우 결정적 중요성을 갖는다. 할로우 실험에서 부모로부터 떨어져 양육된 원숭이는 단명하였다. 할로우 실험은 유발 하라리의 저서 "사피엔스"에서 인간의 과학 발전을 위한 동물들에 대한 안타까운 실험연구의 한 사례로 언급된다.

● 듀이의 경험을 통한 학습, 그리고 피아제의 발견학습

"우리는 아무것도 모르는 채 태어난다. 아이의 행동거지 하나하나는 인식의 결과가 아니라 순수하게 기계적인 결과이다. 그것이 의식의 성장을 유도하고 촉진한다. 인간의 교육은 출생과 함께 시작돼 급속도로 지속된다. 경험이 학습을 앞서, 말하거나 듣기 전에 이미 배운다."(p.42)

하버드 대학의 스티븐 핀커의 저서 "빈서판", "언어본능"에 의하면 인간은 아무것도 없는 빈 백지상태 혹은 비어 있는 서판으로 태어나지 않는다.[4] 아이의 행동은 본능과 인식의 결과이다. 아이들은 몇 개월만 지나면 수학적 사고를 하는 능력을 보여 주며 도덕적 정의감도 보여 준다.[5] 인간의 교육이 출생과 함께 시작돼 급속도로 지속된다는 말은 맞다. 정말 급속도로 진행된다.

그런데 출생 이전에도 교육이 시작된다는 연구들이 많다. 소위 태교, 부모가 뱃속의 아기에게 따뜻한 말을 전하는 것이 좋다. 그리고 다 알다시피 산모의 흡연과 음주는 아이에게 생물학적으로 매우 부정적인 영향을 준다. 말하거나 듣기 전에 경험을 통해서도 배우지만 진화론적으로 본능적 역량도 존재한다. 본능과 양육, 혹은 타고난 유전적 자질과 사회적 환경의 영향은 상호작용한다. 사회생물학이라는 분야도 이러한 시각을 따른다.

"말보다는 행동으로 가르쳐라. 아이는 말로 가르친 것은 쉽게 잊지만 체험을 통해 얻은 교훈은 결코 잊지 않기 때문이다."(p.93)

학습에서 언어의 효과적 사용, 그리고 시각적 도구의 사용, 음향 등도 도움이 된다. 교사가 따분하게 평이한 어조로 설명을 하는 것보다는 칠판에 판서를 하면서 내용을 적어서 보여 주는 교수법이 더 효과적이다. 그리고 동영상 등 시각자료를 이용한 교육이 더 효과적이다. 모두 다 아는 내용이다. 학생이 직접 체험하게 하는 것도 당연히 효과적

---

4 Steven Pinker(2003) 빈 서판: 인간의 본성은 타고나는가. 김한영 옮김. 사이언스 북스. Steven Pinker(2007). 언어본능. 김한영 옮김. 동녘사이언스.

5 https://www.youtube.com/watch?v=HBW5vdhr_PA 뉴욕타임즈 유튜브에서 제공하는 예일대학 실험연구 사례를 시청해보면 매우 흥미로운 결과를 알 수 있다. 도덕심리학자인 조너던 하이트(바른 마음의 저자)도 이 동영상에서 제시되는 연구 사례를 인용된다.

이다. 그러나 교사가 학생이 체험해야 할 내용과 그로부터 얻어지는 추상적 이론에 대해서 잘 설명해 주고 질문을 던져서 의미를 파악하도록 가르쳐야 한다.

"여기서 교육 전체를 통틀어 가장 중요하고 유익한 규칙 하나를 얘기하고자 한다. 시간을 낭비하라는 것이다."(p.83)

이 말은 아동의 개성과 발달단계의 편차를 고려하라는 의미이다. 서두르지 말라는 의미이다. 하지만 편향적으로 이 말을 해석하고 계속 평생을 기다릴 수는 없다. 특히 최근의 뇌과학 연구에 의하면 이처럼 시간을 낭비하고 기다리는 것은 아동발달에서 중요한 시기를 놓치게 되는 문제를 야기한다고 본다.[6] 가급적 면밀하게 준비해서 아이들의 호기심과 본능, 적성을 발굴해 내기 위해 교사와 부모의 지속적 노력이 필요하다. 직접교수법의 경우는 시간을 낭비하지 않고 이러한 개성과 발달단계의 편차를 고려해서 수업을 진행한다.

"아이가 직접 경험해 알도록 할 필요가 있다. 그 밖에도 아이가 경험할 수 있는 것은 최대한 경험하게 하라. 그러한 경험을 통해서 나머지 것들은 귀납적으로 발견하도록 하라. 그러나 말로 설명하지는 말라. 그럴 바에야 차라리 모르고 있는 편이 낫다."(p.150)

---

6 스타니슬라스 드앤(Stanislas Dehaene). 우리의 뇌는 어떻게 배우는가. 엄성수 옮김. 로크미디어. 스타니슬라스 드앤은 10장 비고츠키에서 인용된 "숫자 감각 (Number Sense)"의 저자이기도 하다. "글 읽는 뇌", "뇌의식의 탄생" 등 드앤의 뇌과학연구 관련 저서가 여러 권 번역되어 있다.

에밀의 곳곳에는 이러한 발견학습법의 주장이 지속적으로 등장한다. 교사가 설명하는 것보다는 스스로 알 때까지 학생이 모르고 있는 편이 나을까? 사회경제적 배경과 학업성취도 간의 일반적 상관관계를 고려한다면, 취약계층에게는 이러한 발견학습법이 학업성장에서 치명적일 수 있다. 참고로 에밀은 부모가 없는 것으로 설정된 가상의 학생이지만, 일정 정도 괜찮은 가문의 자녀로 언급되고 있다.[7] 중상위계층 자녀에게는 발견학습법이 효과적일지도 모른다.

● 행동주의 심리학의 소거(extinction), 강화(reinforcement)

"대체로 아이들은 가면을 무서워하는 경향이 있다. 이를 극복하는 방법은 간단하다. 나는 에밀에게 재미있는 형상의 가면부터 보여 줄 것이다. 그런 다음 누군가에게 그 가면을 씌워 놓고 웃는다. 나도 웃고 근처에 있던 모든 사람이 다 웃는다. 마침내 에밀도 웃는다. 이것에 성공하면 그 다음은 식은 죽 먹기다. 점차 덜 유쾌한 가면 쪽으로 형상을 바꿔 가기만 하면 된다. 그러면 에밀은 아무리 흉측한 가면을 보더라도 결코 두려움을 느끼지 않을 것이다."(p.44)

루소가 언급한 이 방법은 행동주의 심리학에서 말하는 소거(extinction)를 해 나가는 과정을 보여 준다. 아동 교육에서 중요한 교수

---

7 에밀은 가상의 설정인물인데 고아라고 설정하며 건강하고 튼튼한 신체조건을 가지고 태어났으며 루소는 온대지방, 그리고 부유한 학생을 선택하고자 한다고 적고 있다.(p.31)

법이며 특수교육에서도 행동교정에 많이 활용된다. 이 사례를 보면 행동주의 심리학의 개척자 왓슨의 공포의 아동 조건화 연구에서 막판에 산타클로스 가면을 쓰고 아이를 괴롭히는 장면이 연상된다(본 책의 3장 참조). 왓슨은 에밀에서 언급된 이와 같은 방식으로 리틀 앨버트의 털 있는 동물에 대한 공포심을 소거시키고 싶었으나 부모가 앨버트를 데리고 사라져 버려서 그럴 기회를 갖지 못했다.

"셈법만큼 일상에 유용한 지식도 없다. 만일 계산할 줄 알아야만 버찌를 먹을 수 있다고 선언하면 어린아이는 누구보다 먼저 셈을 할 줄 알게 될 것이다."(p.303)

한편 "에밀"에서는 행동주의 교수법인 긍정적 강화(positive re-inforcement) 방법에 대한 이야기도 나온다. 내용이 길어서 제시하지는 못했는데, 귀족 출신인 아이에게 달리기 운동을 시키기 위한 방법으로 긍정적 강화방법이 소개된다. 맛있는 과자를 획득하기 위한 시합을 구성해서 결국 열심히 달리기를 잘 하는 아이로 만드는 매우 성공적인 방법인데 세부적으로 묘사된다(pp.139~141). 100% 행동주의 교수법이다. 그런데 위의 문장에서 산수공부를 위해 제시한 강화물인 버찌는 벚나무 열매가 아니라 체리일 것이다. 체리는 정말 맛있다.

"아이를 달래 준다고 비위를 맞추거나 어르지 말라. 그런다고 아픈 아이의 몸이 낫는 것이 아니다. 대신 그러한 행동은 아이에게 잘못된 편견을 심어 준다는 것을 명심하라. 어떻게 해야 자신을 달래 주는지를 아이가 알게 되면, 그 아이는 이제 당신의 주인이 된다."(p.49)

아동의 행동을 교정하기 위해서는 늘 신중한 방법의 모색이 필요하다. 특히 교사와 부모의 잘못된 반응은 왜곡된 신호를 주어서 긍정적이지 않은 행동을 강화시킬 수 있다. 위 사례는 많은 부모들이 자녀를 키우면서 어쩌면 모두 잘 파악하고 있는 훈육법일 것이다. 너무 오냐오냐 키우면 버릇없어진다고들 말한다.

🔵 밴두라의 사회적 학습 이론

"인간은 모방하는 존재이며 동물 역시 그렇다. 모방을 좋아하는 마음은 자연스러운 것이다. 그런데 사회 속에서 그것은 악덕으로 변질된다." (p.100)

앨버트 밴두라(Albert Bandura)의 유명한 보보인형 실험은 아동이 성인의 행동을 모방하며 사회적 학습이 이루어짐을 보여 주는 유명한 연구이다.[8] 밴두라는 자아효능감 이론으로도 유명한데, 사회적 학습이론으로 인지주의 심리학의 발걸음을 시작한 연구자이기도 하다. 보보인형 실험연구를 보면, 아동은 사회적으로 나쁜 행동을 성인이 하는 것을 보고 해도 된다고 생각해서 모방한다. 그래서 교사는 모범적 행동을 학교에서 보여 주도록 노력할 수밖에 없다. 바르게 살기 힘든 세상이라는 점을 고려하면 정말 교사는 힘든 직업이다. 이러한 사회적 학습 이론을 맹모삼천지교에서도 발견할 수가 있다. 모두 알다시피 맹모삼천지교 이

---

8 https://www.youtube.com/watch?v=dmBqwWlJg8U 앨버트 밴두라의 인터뷰도 나오는 유튜브 동영상이며, 보보인형실험을 확인할 수 있다. 앨버트 밴두라 저. 사회적 학습이론. 변창진 외 옮김(2003). 한국학술정보(주).

야기를 보면 묘지 근처에서 거주하니 맹자가 장례 치르는 모습을 따라 하며 돌고, 시장 근처에 거주하니 상인들의 장사행위를 흉내냈다고 한다. 맹자라고 특별한 사람은 아니었다. 누구나 사회적 모방학습을 하게 된다.

🌑 에릭손의 1만 시간의 법칙

"연습하지 않으면 어른들도 서툴 수밖에 없고, 연습하면 아이들도 능숙할 수 있다. 우리의 신체 기관은 자주 사용해 봐야만 그 효용성을 알게 된다."(p.148)

주요 교과에 대한 조기교육에 대해서 비판하고, 아이들이 자유롭게 지내고 시간을 낭비하라고 주장하면서 왜 바이올린, 피아노, 테니스 등 체육 예술 활동은 서두르고 많이 연습하라고 하느냐는 비판이 있을 것이라고 루소는 적고 있다. 육체의 진보는 현실적이기 때문에 이러한 이율배반적 주장을 본인이 하게 된다고 적고 있다. 지덕체가 아니라 체덕지의 시각을 보여 준다. 위 내용은 1만 시간의 법칙으로 유명한 에릭손이 반길 것이다.

🌑 부르너의 지식의 구조

"물리학 이론 속으로 깊이 들어가지는 않는다 하더라도, 아이의 어떤 경험이 다른 경험과 손잡게 함으로써 그의 정신 속에 살아 있도록 하라. 필요할 때 그것을 기억해 사용할 수 있도록 질서 있게 배치시켜라. 사실이든 이

론이든, 무질서한 상태로 오래 기억하기란 어렵기 때문이다."(p.181)

브루너의 "교육의 과정"에서 지식의 구조에 대한 내용은 루소가 언급한 위의 내용과 사실상 일치한다고 볼 수 있다. 뇌과학 연구에 의하면 장기기억으로 오랫동안 담고 있으려면 체계적으로 질서 있게, 그리고 연계성을 만들어서 학습 내용을 파악해야 효과적이다. 발견학습법은 뇌과학 연구의 시각에서 보면 비효율적이고 때로는 학습이 발생하지 않게 되는 문제가 존재하나 위의 언급 즉, 경험이 연계성을 갖고 구조적으로 배치되게 하는 기억방법은 일반적으로 효과적인 학습법으로 동의되고 있다.

소크라테스식 질문법

"우리가 학생에게 '유용하다'라는 말의 관념을 가르치는 순간 우리의 교육은 진일보하게 된다… (중략) … '그것은 어디에 유용한가?'
아이가 이 질문과 질문에 대한 대답을 위한 사고의 가치에 눈을 뜨는 순간 아이는 소크라테스처럼 된다."(p.184)

에밀에서 제시된 이 문구의 내용은 소크라테스의 교육법으로 알려진 질문법이다. 그리고 프래그머티즘에 근거한 질문을 사용하라고 조언하고 있다. 칼 마르크스가 이야기한 사용가치와 교환가치의 구분에서 재화의 사용가치의 본질적 측면에 대한 사고를 유도하는 것이기도 하다. 미적분은 어디에 유용한가? 로켓을 우주로 쏘아올리기 위해서도 중요하며, 우리가 인과관계를 분석하기 위한 통계분석방법에서도 사용된다.

다만 이러한 질문은 교육의 첫걸음이지 그 자체로 교육이 완성되지는 않는다. 매번 이 질문만 하고 수업을 끝내면서 학생들을 가르쳐야 하는 소중한 시간을 모두 흘려보내서는 안 된다.

🔵 교사와 학생 사이

"왜 교사들은, 자신의 얘기에 귀 기울이게 하기 위해 듣는 사람의 입장에서 생각해 보지 않는지를 모르겠다. 인간의 마음에 호소하기 위해서는 인간적인 면모를 보여줘야 한다는 사실을 왜 모른단 말인가? 완벽함에서 어떤 감동을 느낄 수 있단 말인가? 당신의 학생에게 당신의 약점을 보여 줘라. 그와 같은 갈등을 당신도 겪고 있음을 알게 해라."(p.286)

이 내용은 "에밀"에서 루소가 청년기 이후의 학생들을 가르치는 교사에게 제시하는 언급이다. 유치원 교사나 초등학교 저학년 교사가 굳이 마음속에 담고 이러한 모습을 보여 줄 필요는 많지 않을 것이다. 초등학교 고학년 이상의 교사에겐 일정 정도 도움이 될 수 있는 내용일 수 있다.

"인간은 누구나 실수를 한다. 그러므로 학생이 실수했더라도 질책하여 그의 자존심에 상처를 주는 행위를 절대 하지 말라… 위로나 격려의 힘은 예상 외로 크다. 비난해야 마땅할 것 같은 잘못에도 관용과 용서로 그를 대한다면 그 교육의 효과는 깊고도 넓다."(p.262)

'나무라지 말라, 차라리 과거에 학생이 행한 실수를 잊어버린 척

하라, 관용적인 태도를 보이고 학생의 곁에 늘 함께 있다는 연대감을 가지도록 만들라'고 루소는 이야기한다. 행동주의 심리학자 스키너, 발달주의 심리학자 피아제 등 어떠한 학파에 속해있든지 간에 모든 교육 연구자들은 이에 대해서 모두 루소와 동일한 입장을 가지고 있다.

"어른들이여, 제발 인간다워라. 그것이 당신들의 첫 번째 의무이다. 신분과 세대를 뛰어넘어 인간답게 행동하라. 아이들을 사랑하라. 자애로운 마음으로 그 아이들의 천성을 독려하라. 당신에게 그 아이들의 행복을 빼앗을 권리가 없다. 아이들로 하여금 살아있는 기쁨을 만끽하게 하라."(p.61)

어른다워지라는 표현 대신 인간다워지라고 루소는 말한다. 당시에는 가정에서 아동학대와 체벌이 흔한 시대였을 것이다. 21세기인 지금도 아주 간혹 아동학대 사건이 발생한다. 범죄학 연구에 의하면 어린 시절의 아동학대경험으로 인해 해당 아동이 미래의 범죄자가 될 가능성이 높아진다. 루소의 이러한 언급은 너무나 당연한 이야기이지만 지속적으로 강조해야 할 것으로 보인다. 아이가 행복함을 느끼도록 모든 어른들은 노력해야 한다.

● 로티의 학교교사: 교직의 어려움

"교사란 참으로 중요한 책무를 지닌 사람이다. 나는 그 점을 너무나 잘 알고 있기 때문에 내게 그만한 자격이 없다는 것 또한 잘 알고 있다." (p.28)

필자는 어렸을 때 교육계에서 일할 생각은 없었다. 너무 힘든 직업이라고 생각했기 때문이다. 대학교수는 연구자라는 편견을 갖고 있는데, 가르치는 일이 어렵다는 생각을 갖고 있기 때문에 스스로 만든 잘못된 편견이다. 가르치는 일은 누구나 (적당히) 할 수 있을지도 모르지만, 훌륭하게 수행하기에는 만만치 않은 직업이다. 로티의 "학교교사"에 의하면 교사는 감정과 지식이 모두 풍부해야 하며 동시에 감정을 잘 통제할 수 있는 역량을 키워야 한다. 루소도 스스로 포기했지만, 페스탈로치도 잘 가르치지 못했던 것으로 전해진다. 존 듀이도 학생중심 교육을 외쳤지만 대학에서 그다지 잘 가르치는 우수강의 교수는 아니었다고 한다. 안타깝게도 여러 교육학과 교수들이 학생들을 잘 가르치지 못하는 경향이 있다. 여러 경제학과 교수들이 주식투자를 실패해서 돈을 날리는 것처럼. 이러한 아이러니한 상황은 주변에 널려있는데 이는 해결해야 할 과제일까? 아니면 포기하면 되는 과제일까?

◈ 에밀: 일곱 빛깔 무지개처럼 다채로운 책

이외에도 인상적인 내용들이 더 많이 있다. 그러나 일단 이 정도로만 적고자 한다. 루소의 "에밀" 후반부에는 자연의 이성에 따라 선택해야 할 종교에 대해서 논의하면서 기독교에 대한 다음과 같은 비판적 언급이 적혀 있다.

"구원받기 위해서 신을 믿어야 한다는 교리는 인간의 이성에 치명타를 가하는 헛된 가르침의 근본이다."(p.271)

에밀을 어떤 종파에도 소속되지 않도록 할 것이며, 자신의 이성에 따라 스스로 종파를 선택하도록 할 것이라는 언급도 나온다. 이러한 내용으로 인해서 루소는 프랑스의 교단으로부터 범죄자로 낙인이 찍히고 수배자 신세가 되어서 스위스 등으로 피신하기도 했다.

루소의 저서 "에밀"은 유아기(출생~5세까지), 아동기(5~12세까지), 소년기(12~15세까지), 청년기(15~20세까지), 성년기(20세~결혼까지) 등 총 5부로 구성되어 있다. 피아제도 당연히 "에밀"을 읽었다. "에밀"에서 구분한 발달단계를 피아제의 발달단계와 비교해보면 에밀의 아동기는 피아제의 구체적 조작기와 거의 겹친다. 에밀의 소년기 이후는 피아제에 의하면 형식적 조작기이다. 에밀의 유아기만 피아제의 경우 감각운동기와 전조작기로 한 단계 더 구분된다.

그러나 루소와 피아제가 주창한 발견학습법의 극단적 형태는 이 책의 11장에서도 언급되었다시피 인지과학의 여러 연구결과, 교육적으로는 많은 한계와 문제를 노출하고 있다. 그런데 참으로 이상한 점은, 필자는 극단적 발견학습법의 한계와 문제점을 잘 알고는 있으며 이에 대해 비판적인데, 신기하게도 발견학습법의 내용이 많이 강조된 "에밀"을 읽는 와중에 이 책의 많은 내용들에 반하게(또는 혹하게) 된다는 것이다.

"에밀"을 읽고 나니 킹크랩, 한우 스테이크, 온갖 딤섬 등 세계의 모든 고급 음식이 제공되는 5성급 호텔의 뷔페 식당에서 식사를 마치고 호텔 밖으로 걸어 나오면서 하늘에 떠 있는 일곱 빛깔 무지개를 본 듯한 느낌이 든다. 책의 곳곳에 숨겨진 스키너의 행동주의, 밴두라의 사회적 학습, 헬로우의 정서 연구, 브루너의 지식의 구조 등의 여러 이론들을 발견해서 그런 것일까? 심지어 스파르타식 교육법까지.

Go Spartan!

에필로그

행동주의 심리학 재고찰: 스티브 잡스의 테디 선생님 이야기[1]

젊은 학생들이 좋아하는 아이폰. 이 아이폰을 개발한 애플의 창업자 스티브 잡스는 초등학교 시절 지독히도 말을 안 듣고 학교에서 말썽만 일으키는 문제아였다. 스티브 잡스의 4학년 담임 선생님 성함은 이모진 힐이었는데, 활기 넘치는 교사였다. 그 선생님은 테디(Teddy)라는 별명을 갖고 있었다. 테디 선생님은 몇 주간 잡스를 지켜보았고, 학교의 최대 문제아였던 잡스를 다루는 가장 좋은 방법을 고민하였다.[2]

"어느 날 수업 후에 테디 선생님께서 불러서 갔더니 수학 문제지를 내게 주고 풀어오라고 하셨어요. 그 이야기를 듣자마자 '이게 뭔 X소리야!'라는 생각이 들었죠. 그런데 곧장 선생님께서는 **지구(earth)만 한** 커다란 사탕을 내게 내밀었습니다. 사탕에 나는 눈이 휘둥그래졌죠. 게다가 문제를 거의 다 풀어서 맞히면 **사탕뿐만 아니라 내게 5달러도** 주시겠다고까지 하셨어요!"

1960년대 중반이니(잡스는 1955년생이다) 5달러는 현재 물가로 따지

---

1 월터 아이작슨, 스티브 잡스. 안진환 옮김. 민음사. 필자가 아이작슨이 쓴 잡스의 자서전의 관련 내용을 약간 각색했다는 점을 밝힌다.

2 테디 베어를 떠올리면 알겠지만 약간 덩치가 크시고 인자하시면서도 무서운, 곰같은 호랑이 선생님의 모습이지 않았을까 싶다.

사탕을 잡스의 바로 눈앞에 들이밀었을 것이다. 지구만큼 크게 보이도록. 그만큼 테디 선생님은 잡스와 가까이에서 상담을 하고 있었다. 늘 학생에게 가까이 다가가는 선생님이 필요하다.

면 10만원 가까이 될 듯싶다. 20세기 초중반까지 열풍처럼 학계와 학교 현장에 영향을 준 스키너의 행동주의에 입각한 동기유발 방법이다(이 경우는 고정비율계획이다). 물론 지구만 한 사탕은 없다(설마, 우주 어딘가에 있을까?). 그러나 지구만큼 크게 보이게 하는 방법은 있다. 원근법을 이용하는 것이다. 테디 선생님은 그 사탕을 잡스의 눈앞에 바짝 갖다 대었을 것이다. 위의 그림처럼. 최소한 테디 선생님의 얼굴 크기만큼 크게 보였을 것이다. 얼굴 만한 사탕이라면 지구만큼 크다고 생각하기 충분하다.

잡스의 자서전에는 계속 이렇게 적혀 있다.

"열심히 이틀 만에 그 수학문제를 풀어서 제출했고, 다 맞혔고, 사탕과 5달러를 받았습니다."

그런데 그 이후에 테디 선생님은 스티브 잡스에게 학습동기강화를 위해서 사탕과 5달러를 지속적으로 주었을까? 주긴 했는데, 다른 걸 주었다.

"다음번엔 공부를 잘 해 오면 **렌즈를 갈거나 카메라를 조립하는 취미용 키트**를 선물해 주셨어요. 나는 **수학이 재미있어졌고, 그 선생님에게서 많은 것을 배웠습니다.** 그분이 아니었다면 나는 틀림없이 소년원이나 들락거리고 말았을 것입니다."

테디 선생님은 스티브 잡스에 의하면 "내 인생의 성자 중 한 분"이었다. 스티브 잡스의 이 사례는 교사의 중요한 역할, 즉 바로 학생의 학업동기 부여 역할을 잘 보여 준다. 테디 선생님이 아니었다면, 어쩌면 우리는 지금의 아이폰을 만나지 못했을 수도 있다. 그냥 일반 핸드폰과 일반 노트북만 이용하고 있을지도 모른다.

교육학 이론은 간단해 보이지만 실제 적용에서는 여러 측면을 고려해야 하고 각 학생 개개인의 성향을 파악해서 적용해야 한다. 어쩌면 여러 이론을 동시에 고려해야 할 수도 있을 것이다. 인간의 본능에 대해서도 고민해 봐야 한다. 인간은 새로운 것을 더 선호하고 매번 반복되는 것에 좀 싫증내거나 지겨워하는 경향도 있다. 우표라든가 카메라 등을 수집하는 수집본능도 있다. 그러한 본능적 경향을 이용한 교수법을 이용해 보면 좋다.

요즘 심리학계에서는 한물갔다고들 하지만 필자는 행동주의 심리학의 정신, 좋은 세상을 만들기 위한 적극적인 노력과 과학적 연구에 대한 강조는 지금도 유효하다고 본다. 행동주의 심리학에서는 다양한 보상을 주는 것이 필요하다고 이야기한다. 그리고 가급적 교육적으로 도움이 되는 선물이면 더 좋다. 그리고 언젠가는 그러한 보상 없이도 학생은 스스로 나아갈 수 있는 단계가 온다. 선생님의 칭찬조차도 필요 없을 수 있다. 그리고 좋은 세상을 만들도록 행동해야 한다. 그래서 행동주의 교수법이 재고찰되었으면 한다.

🔵 교육 연구의 구체적 설정을 잘 파악해야

그런데 단편적으로 행동주의 심리학을 오해해서 행동주의 심리학의 강화이론이 무조건 틀렸다는 주장은 돌이켜보면 좋겠다. 행동주의 심리학에서 강조한 보상을 통한 동기유발방법에 대한 가장 비판적인 이론은 디시와 라이언 등(Deci, 1971; Deci & Ryan, 1985; Deci & Flaste, 1995)의 자기결정이론(self-determination theory)과 레퍼(Lepper et al, 1973)의 과잉정당화이론(overjustification theory)이다. 이 두 이론은 학생들이 흥미로워서 열심히 하고 있는 놀이에 보상을 부여하면 학생들의 놀이에 대한 흥미가 보상에 대한 목표로 전환되고 그에 따라 보상이 사라지면 흥미도 사라짐을 보여 준다. 이 연구들은 열심히 하고 있는 일에 굳이 재정적 보상을 할 필요는 없다는 점을 보여 준다. 이 연구들과 행동주의적 연구의 결과는 서로 모순되지 않는다. 행동주의는 별로 하기 싫어하는 일을 동기화하기 위한 방법을 보여준다. 이미 열심히 재미있게 하고 있는 공부나 여타 업무에 굳이 보상을 부여할 필요는 없다. 그런 학생들은 옆에서 지켜보기만 해도 된다.

재정적 인센티브에 대한 또 다른 유명한 연구는 이스라엘의 어린이집에 아이를 늦게 데리러 오는 부모에 대한 벌금효과 연구이다

(Gneezy & Rustichini, 2000). 이 연구는 마이클 샌델의 저서 "돈으로 살 수 없는 것들", 그리고 스티브 레빗의 저서 "괴짜경제학" 등에도 인용되는 유명한 연구이다. 마이클 샌델은 그의 저서 "돈으로 살 수 없는 것들"에서 이 연구를 인용하면서 인센티브 제도에 대한 비판을 수행한다. 그러나 이 어린이집 연구의 경우 보상이 아니라 벌금에 대한 연구로서 행동주의 연구의 기본적인 방향과 다른 연구이다. 행동주의는 긍정적 행동을 유도하기 위한 고민을 하며 긍정적 보상을 강조하고 부정적인 보상이나 처벌적 제재는 인간의 바람직한 행동을 이끌어내지 못함을 강조한다.

이 연구는 어린이집에 아이를 데리러 오는 부모들이 오후 4시까지 와야 하는데 늦게 데리러 오는 문제를 해결하고자 벌금제도를 시행하고 그 효과를 살펴보았다. 당시 벌금은 10분당 10NIS, 즉 현재 환율로 하면 4천 원 정도였다. 1시간이면 2만 4천 원 정도인데, 연구 당시인 1998년도 경에는 이스라엘에서 불법주차 벌금이 75NIS였다고 한다. 따라서 재정적 여력이 되는 맞벌이 가구의 경우 회사일이 바쁘면 그냥 2만 4천원을 내고 한 시간 후에 데리러 오면 된다. 따라서 그 벌금제도는 효과를 거두지 못했다. 게다가 늦게 데리러 올 때 더 당당해지는, 즉, 예전에는 늦게 데리러 와서 미안함을 가졌던 마음이 벌금을 냄으로써 당당해지는 왜곡된 결과도 낳았다. 벌금액을 더 화끈하게 부과하든가, 아니면 그냥 늦게 오는 걸 용인하는 편이 좋다는 결론을 내릴 수 있다. 그런데 이 연구는 긍정적 보상에 대한 연구가 아니다. 따라서 이 연구를 인용하면서 긍정적 보상과 격려를 강조하는 행동주의 심리학이나 관련 교육법을 비판하는 것은 적절한 인용이라고 볼 수는 없다.

🔵 뇌과학 연구와 교육³: 감독학습, 강화학습

잡스의 인생의 성자이신 테디 선생님처럼 '테디(베어)'라는 별명을 붙여주어도 좋을 뇌과학 연구자인 정재승 교수는 텔레비전에도 많이 출연해서 우리에게 친숙하다. 2009년도에 한국대학신문에 정재승 교수가 한국의 뇌과학 연구원이 더 발전하기를 바라면서 쓴 글에 일본 연구자 이름이 나온다.

"오키나와 과학기술연구원의 연구 책임자를 맡고 있는 겐지 도야 박사가 우리 연구실을 방문했을 때 한국에도 조만간 뇌과학연구원이 세워질 예정이라고 자랑한 적이 있다. 그러자 그는 대뜸 '너희 연구소는 색깔이 뭔데?'라고 묻는 것이 아닌가?"

겐지 도야 박사는 일본에서 뇌과학 연구로 가장 앞서 있는 오키나와 과학기술연구소에서 일을 하는 연구원이다. 그래서 겐지 도야 박사로부터 자문을 얻고자 초빙을 했는데, 갑자기 색깔론을 제시했다고 한다. 뇌과학 연구 분야도 광범위하기 때문에 의미 있는 주제를 잘 찾아야 하고 특화된 연구를 통해서 경쟁력 있는 연구소가 되어야 한다는 조

---

3 최근에 한국에 많은 뇌과학 관련 연구와 책이 소개되고 있다. 건강의 뇌과학(굿윈, 현대지성), 기억의 뇌과학(제노바, 웅진), 꿈꾸는 기계의 진화(이나스, 북센스), 그림으로 읽는 뇌과학의 모든 것(박문호, 휴머니스트), 뇌 과학연구(박문호, 김영사), 뇌기반 학습과학(도일, 학지사), 괴물의 심연(팰런, 더퀘스트), 우리의 뇌는 어떻게 배우는가(드앤, ROK 미디어), 우울할 땐 뇌과학(코브, 심심), 움직임의 뇌과학(윌리엄스, 갤리온), 이토록 뜻밖의 뇌과학(배럿, 더퀘스트) 등 읽어보면 좋은 서적이 많이 발간되고 있다. 카이스트의 김대식, 정재승 교수도 관련 대중서적을 많이 발간하고 있다.

언을 겐지 도야 박사가 정재승 교수에게 한 것이다. 이 기사를 찾고 재밌다는 생각을 하고 "교육학 색깔"을 가진 뇌과학 연구가 많이 이루어졌으면 하는 생각을 했다. 그런데 뇌 연구에서의 색깔론을 주장한 겐지 도야 박사의 이름을 박문호 박사가 쓴 뇌과학 연구 책에서 발견할 수가 있었다.

겐지 도야의 뇌과학 연구의 중요한 내용 중 하나는 학습 유형에 관한 연구인데 그에 의하면 학습은 감독학습(supervised learning), 보상학습(reinforcement learning), 비감독학습(unsupervised learning)으로 구분될 수 있다. 소뇌에 의해서 이루어지는 운동과 주요하게 연관된 학습인 감독학습은 오류를 줄여 가는 과정을 만들어가는 학습을 의미한다. 이를 위해서는 달성해야 하는 목표를 설정하고 오류를 줄여 가는 과정을 통해서 학습이 이루어진다. 이때에는 자신의 자발적인 목표설정도 중요하지만 교사가 적절한 지도로 오류를 줄여가는 데 도움을 줌으로써 학습이 원활이 이루어질 수 있다. 에릭손의 1만 시간의 법칙은 이러한 감독학습의 메커니즘을 보여 준다.

그리고 reinforcement learning의 경우 박문호 박사는 '보상학습' 혹은 '강화학습' 두 용어로 번역하고 있는데 강화학습이 더 정확한 번역이다. 스키너로 대표되는 행동주의 심리학에서 많이 사용되는 강화라는 표현은 일반적인 보상과 연계되는 현상을 의미하기 때문에 보상학습이라고 번역해도 크게 틀리지는 않지만 정확한 번역은 강화학습이다. 켄지 도야에 의하면 강화학습은 대뇌기저핵과 연관되는데, 보상을 얻기 위해서 학습이 지속되는 패턴이다. 흑색질의 도파민이 보상자극을 제공한다. 음식이나 돈과 같은 보상이 제공되면 학습동기가 활성화되는 것도 이러한 대뇌기저핵을 중심으로 한 강화학습으로 볼 수 있다. 행동주의 심리학의 강화가 뇌과학으로 그 메커니즘이 분석된 것으로 볼 수 있다.

무감독학습은 배우는 순간 그냥 대충 알았다는 생각만 하고 그 순간이 지나가면 배움이 사라지는 학습을 의미한다. 정확한 목표가 있어서 그 목표와 자신의 배움 간의 차이를 점검하는 감독과정도 없으며, 그렇다고 배움을 통해서 받는 자극(언어적 칭찬과 격려, 재정적 보상, 자신의 수행성공에 대한 기쁨 등)이 주어지는 것도 아니다. 그래서 학습에서 무감독학습을 통해서는 배움이 제대로 일어나지 않는다. 교사의 지도가 부재하고, 학생이 스스로 목표설정을 하지도 않으며, 적절한 수행에 대한 여러 강화방안도 부재한 비체계적인 학습이다.

감독학습에서는 교사의 체계적인 목표설정에 대한 오류 점검의 중요성, 특히 테스트의 중요성이 확인된다. 1만 시간의 법칙 외에도 직접교수법은 이러한 감독학습의 패턴을 따르고 있다. 직접교수법에서는 2주마다 테스트를 통해서 학생들의 성적 향상을 측정하고 학생이 모르는 부분을 다시 반복하고 가르쳐 줌으로써 오류를 줄여 나가는 교수법을 이용하는데, 겐지 도야 박사의 뇌과학 연구에 따른 효과적 학습과 일치하는 방법이다.

행동주의 심리학에서 주장한 바대로 학생에게 재정적 지원을 함으로써 학습을 유도하는 정책도 강화학습 패턴에 의하면 긍정적 측면이 있다. 예를 들어 익명의 기부자가 취약계층의 학생이 대학을 진학하면 장학금을 제공하는 경우도 있는데, 이러한 재정적 지원은 학생들의 학업에 동력이 될 수 있다. 학생의 수행향상에 대한 교사의 구체적이고 진심어린 격려와 칭찬은 학생들이 학업에 대한 기쁨과 자긍심을 느끼게 만들어 준다는 건 누구나 다 아는 사실이다. 예술가들의 업적과 성취에 상응하는 보상, 예를 들어 연주 후에 관객들이 모두 기립해서 치는 박수소리는 연주자들의 뇌에 도파민이 분비되게 할 것이며 향후 부단한 연주연습을 하게 만드는 큰 동력이 될 것이다.

🔴 거울뉴런과 모방학습

본문에서 별도의 챕터로 소개하지는 못했지만 관찰을 통한 학습, 모방을 통한 학습도 주요한 교수방법이다. 이러한 관찰학습은 앞에서 간략히 언급했다시피 의학계에서 전문선배 의사가 수술하는 모습을 보면서 의술을 배우는 방식의 교수법이다. 그리고 학교에서 교사들이 시범을 보여 주고 이를 학생들이 보면서 배우는 일반적인 교수법으로, 어떻게 보면 현재 가장 많이 사용되는 일상적인 교수법이기도 하다. 뇌과학에서는 이러한 관찰을 통한 모방, 혹은 따라하기를 통한 학습은 전두엽과 두정피질의 영역에 있는 뉴런들 사이에 형성된 회로를 바탕으로 이루어진다는 거울뉴런이라는 뇌 현상과 연관됨을 발견하였다(팰런, 2013).

사회적 학습이론과 관찰학습은 이러한 뇌과학의 연구로 뒷받침되고 있다. 아이들은 서로 함께 놀면서 상대방의 행동을 배워 모방할 때 더 친숙해지게 된다. 흥미로운 점은 이러한 모방을 통한 거울뉴런의 생성은 공감의 영역도 발전시킨다는 연구(Iacoboni, 2009)가 있다는 것이다. 공감과 동정은 다른 내용으로, 공감은 하지 못해도 동정, 소위 측은지심은 가질 수 있다. 그러나 공감을 한다는 것은 상대방의 행동을 재현할 수 있고 배울 수 있다는 의미와 함께 그 사람의 시각을 어느 정도 가질 수 있음을 내포한다.

사람들은 서로 친숙해지면 상대방의 행동을 따라하기도 하면서 친해지게 된다. 그런데 타인과의 차이와 다름을 강조하게 되면 모방하기 어려워진다. 다문화교육의 경우 지나치게 상대방과의 다름을 강조하고 그러한 다름에 대한 인정을 강조한다. 물론 이러한 상대방과의 다름에 대한 인정도 중요하지만 서로 상대방을 보고 배우고 어쩌면 동질적이고 공통적인 면을 만들어 나가는 것이 차별을 없앨 수 있는 지름길이 될 수 있다. 왜냐하면 상호모방은 공감의 영역을 발달시키기 때문이다. 공감하게 되면 차별적 행동이 약화된다. 과거 다문화교육에서 용광로적 시각에 대한 비판으로 모자이크 이론이 제기된 바가 있다(Banks, 2013). 하나의 주류흐름으로 녹아서 합체되면서 소수의 다양한 문화의 소멸로 귀결되어지는 교육방식은 다양성을 소멸시키기 때문에 한계가 있다. 그러나 여러 흐름이 합쳐서 새로운 정체성을 만들어 나가는 교육은 긍정적일 수 있을 것이다.

이는 용광로가 아니라 일종의 짬뽕문화라고 표현해도 좋을지 모르겠지만, 서로가 서로를 따라 배우면서 섞이는 혼합문화가 새로운 다양성을 만들어 내는 것이 아닐까 싶다. 그 과정에서 차별적 문화현상도 사라지게 된다. 이러한 측면에서 보자면 모자이크 이론은 한계가 있을 것이다. 물론 모자이크 자체가 독특한 하나의 새로운 혼합문화가 될 수도 있겠지만, 이는 약간만 압력을 가하면 부서지기 쉬운 형태일 수 있다. 짬뽕처럼 뒤섞인 새로운 문화를 만들기 위해서 서로 따라 배우기를 통한 공감의 확장이 필요할 듯싶다. 다문화 교육 연구도 뇌과학, 신경과학 연구를 근거로 업그레이드 될 필요가 있다.

🌐 시험, 테스트의 필요성

공부를 하면서 배운 내용을 문제로 만들어서 풀어 보면 학습이 더 잘 된다. 우리가 시험을 제공하는 이유는 성적을 매기기 위해서이기도 하지만 배움이 이루어졌는지 점검하기 위해서이다. 하버드 대학 심리학과 교수들이 저술한 심리학 개론 교재의 최근 개정판(3판)에는 각 챕터의 마지막에 4지선다형 객관식 문제와 주관식 문제를 제공한다.[4] 아마 대학 기말고사 평가에서 활용할 수도 있겠지만 학생이 스스로 각 챕터의 내용을 잘 숙지했는지를 점검하게 도와주는 문제일 것이다.

시험을 보는 것은 자신의 배움이 정확한지를 확인시켜 줌으로써 실수를 교정해 주는 역할을 한다. 감독학습(supervised learning)에서 중요한 기제로서 역할을 한다. 최근의 뇌과학 연구는 배움에서 이러한 시험(test)의 중요함을 강조한다. 시험을 통해서 스스로 점검해 보는 셀프 테스트를 하는 것이 학습의 효과를 증진시킨다. 물론 한방으로 인생이 결정되는 고부담시험은 학생들의 정서에 부정적인 영향을 미치는데, 이러한 시험제도의 쟁점들은 사회학적으로 접근해야 할 문제이다. 객관적이며 공정한 시험이 없다면 사회적으로 상류계층이 인턴십의 기회를 독차지하고 인맥 등 소위 연고주의로 인해서 능력에 따른 사회적 기회의 형평성이 손상될 위험이 있다(필자가 쓴 "교육사회학" 책(박영스토리)의 13장 내용을 참고). 일단 이러한 시험의 사회적 기능에 대한 문제를 떠나서 인지과학, 뇌과학의 연구에서는 시험을 통한 학업내용의 점검은 교육적으로 매우 효과적인 방법으로 알려져 있다(Dehaene, 2020). 뇌과학

---

4 Schacter et al.(2014). Psychology. 민경환 외 옮김(2016). 심리학개론. 3판. 시그마프레스.

연구결과들에 의하면 자유학기(년)제, 수능시험 철폐와 같은 극단적 정책이나 주장은 제고되어야 한다. 시험이 인생의 전부가 아니라는 사실만 상기하면 될 것 같다.

🔵 교육의 적(Enemy)은 과연 누구인가?

교육학에 대한 정체성에 대한 논란이 있다. 데이비드 라바리(David Labaree)는 심리학과 사회학이 교육학의 두 기둥이라고 언급한 바가 있다. 실제로 교육학은 심리학과 사회학의 영향 하에 있다. 필자는 여기에 신경과학 연구(뇌과학 연구)를 포함시키고 싶다. 그런데 필자의 부족함으로 본 책에서는 신경과학 연구를 소개하지 못했다. 이는 추후의 과제이다.

일단 교육학은 '어떻게 가르칠 것인가'라는 화두로 그에 필요한 지식 영역을 구축하는 것이라고 필자는 생각한다. 잘 가르치기 위해서는 학생의 발달심리학과 동기이론 등 제반 심리학의 연구성과를 공부해야 한다. 그리고 학생의 학습이 이루어지는 과정에 대한 뇌과학 연구, 신경과학 연구도 학습해야 한다. 또 학생들을 잘 가르치기 위한 제도적 여건을 분석해야 한다. 이러한 제도적 여건에 대한 연구는 사회학의 영역이다.

어떻게 가르칠 것인가? 무엇을 가르쳐야 할 것인가? 잘 가르치기 위한 제도적 여건은 무엇인가? 이 과정에서 발견학습법과 직접교수법 등 다양한 교수법에 대한 논쟁이 존재한다. 무엇을 가르칠 것인가와 관련해서 아동의 커리큘럼에 대해서 논쟁이 존재한다. 잘 가르치기 위한 제도적 여건과 관련해서 지방교육자치와 학교교육제도, 교사의 행정업무 경감을 어떻게 해야 할 것인가 등에 대한 많은 연구가 존재한다. 이 모든 것이 교육학의 정체성을 형성할 것이다. 그러나 문제는 교육학 연구의 퀄리티이다. 많은 교육연구자들이 심리학과 사회학, 그리고 신경과학 등의 이공계열의 연구와 함께 발맞추고 교류하면서 교육학 발전을 위해서 노력할 필요가 있다. 예를 들어 한국교육개발원과 같은 교육연구소 역시 카이스트나 여타 이공계열 연구소와 협력할 필요가 있을 것이다.

이 책은 아주 가볍게, 아주 약간의 문제의식, 피그말리온 효과에 대한 연구 논문을 읽으면서 필자의 게으름과 무지가 너무 심각하다는 생각에 부족함을 메꾸기 위해서 쓴 책이다. 하지만 여전히 부족하다. 제도적 문제가 많은데, 이 책에서는 심리학 연구가 주로 소개되었다(로티의 학교교사, 제임스 콜먼의 학교효과, 학급규모 논쟁 등 세 챕터는 사회학적 내용이다). 제도적 문제, 이른바 사회학적 문제에 대한 연구를 이 책에서 많이 소개하지 못한 점이 아쉽다. 일단 이 아쉬움을 심리학을 개척한 윌리엄 제임스가 1899년도에 교사들을 위한 심리학 강의에서 언급한 다음의 문구를 통해서 달래고자 한다.[5]

"선생님들은 그렇지 않아도 이미 과중한 업무로 시달리고 있다.
선생님들의 업무에 불필요한 일을 더하는 사람은 교육의 적이다."

관료주의가 팽배한 학교교육 제도가 교사들이 더 훌륭한 가르침을

---

5 James, W.(1899), Talks to Teachers on Psychology. 선생님이 꼭 알아야 할 심리학 지식. 구글북스. 심리학자 역시 사회학적 문제를 심각하게 여기고 있음을 알 수 있다.

하는 것을 저해하고 있음은 확실하다. 19세기 말에서 21세기 현재까지, 120년이 넘도록 여전히. 필자 스스로 교육연구자로서 그동안 교육의 적이었거나, 어쩌면 그 적의 선봉대 역할을 하지는 않았을까 하는 반성을 하며 약간 장황하게 작성한 에필로그를 마치고자 한다.

참고자료

Chapter 01

Lortie, D.(1975). Schoolteacher. 진동섭, 정수현, 박상완, 김병찬 옮김. 교직
과 교사의 삶(제3판): 미국과 한국의 교직사회. 양서원.

Bandura, A.(1977). Social Learning Theory. 사회적 학습이론. 변창진 김경
린 공역(2003). 한국학술정보.

필자의 초등학교와 중학교 시절의 선생님에 대한 어설픈 기억: 기억과 관련된
연구들(샤터, 기억의 일곱가지 죄악. 제노바 기억의 뇌과학)을 보면 과거의
기억이란 대부분 자기가 스스로 재해석하거나 심지어 자신의 뇌가 이리저
리 짜깁기를 해서 완전히 소설을 쓰는 경우도 있다. 피아제도 방일 강연에
서 자신의 아동시기의 기억의 일부 내용은 완전히 허구였던 경험을 이야기
하며 아동기 시절의 기억이 사실과 완전히 다르게 재구성될 수 있음을 언
급한다.

Chapter 02

김종서, 이영덕, 정원식(2001). 최신 교육학개론. 교육과학사.

이윤기의 그리스 로마 신화3. 웅진지식하우스.

Alberto and Broutman(2012). Applied Behavior Analysis for Teacher.
Pearson.

Brophy, J. and Good, T.(1986). Teacher Behavior and Student
Achievement. in Wittrock, M.C. Handbook of Research on Teaching.
Macmillan.

Eggen, P. et al.(2009). Educational Psychology: Windows on Classroom. 신종호 외 옮김. 교육심리학: 교육실제를 보는 창. 학지사.

Gagne, R.M. et al, (2005). Cognitive Psychology of School Learning. 이용남 등 옮김. 교육과학사.

Fielder, W.R., Cohen, R.D., & Feeney, S.(1971). An attempt to replicate the teacher expectancy effect. Psychological Reports, 29, 1223－1228.

Rosenshine B. & Stevens, R.(1986). Teaching Functions. in Wittrock, M.C. Handbook of Research on Teaching. Macmillan.

Rosenthal, R. & Jacobson, L.(1966). Teachers' Expectancies: Determinants Of Pupils' IQ Gains. Psychological Reports, 19, 115－118

Rosenthal, R. & Jacobson, L.(1992). Pygmalion in the Classroom. Irving Pub. 심재관 옮김. 피그말리온 효과. 이끌리오.

Rosenthal, R.(1995). Critiquing "Pygmalion": A 25－year perspective. Current Direction in Psychological Science, 4(6), 171－172.

Schacter, D. et al.(2014). Psychology. 민경환 외 옮김. 심리학개론. 시그마프레스.

Slavin, R.(2006). Educational Psychology: Theory and Practice. 강갑원 등 옮김. 교육심리학: 이론과 실제. 시그마프레스.

Snow, R. E.(1969) Unfinished Pygmalion. Contemporary Psychology, 14, 197－200.

Snow, R. E.(1995). Pygmalion and intelligence? Current Directions in Psychological Science, 4(6), 169－171.

Sternberg, R. et al.,2010). Educational Psychology. 김정섭 등 옮김. 스턴버그의 교육심리학. 시그마프레스.

Thorndike, R. L.(1968). Review of Pygmalion in the Classroom. American Educational Research Journal, 5(4), 708－711.

Vargas, J.(2020). Behavior Analysis for Effective Teaching. Routledge.

Woolfolk, A.(2013). Educational Psychology. 김아영 외 옮김. 교육심리학. 박학사.

Chapter 03

이광현·권용재(2022). 코로나19가 학생에 미치는 영향 분석: 신체운동, 정신 건강, 학업성취도를 중심으로. 2022년 부산교육종단연구 학술대회 자료집.

이규재(2020). 콜먼 보고서로부터 형성된 학교효과 개념의 재 고찰. 교육사회 학연구, 32(20), 163－186.

Entwisle et al.(1992). Summer setback: Race, poverty, school compsotion and mathematics achievement in the first two years of school. American Sociological Review, 57, 72－84.

Hanushek, E. & Woessmann, L.(2020). The Economic Impacts of Learning Losses. Paris: Organisation for Economic Co－operation and Development.

Hays, D.P. & Grether, J.(1969). The School Year and Vacations: When Do Students Learn? Later Published in Cornell Journal of Social Relations, 17(1983), 56－71.

Coleman, J. et al.(1966). Equality of Educational Opportunity. ERIC ED012275. 콜먼 보고서(1966). 3장에서 주요하게 소개하는 보고서이다.

Klibanoff et al,(1981). Report #8: Summer Growth and the Effectiveness of Summer School. US department of Education.

Kuhfeld, et al.(2020) Projecting the potential impacts of COVID－19 school closures on academic achievement. Educational Researcher, 49(8).

Mosteller, F. & Moynihan, D. P.(Eds). On equality of educational oppor－ tunity : papers deriving from the Harvard University faculty seminar on the Coleman report. 1972. Random House New York.

OECD/하버드 대학교(2020). Global Education Innovation Initiative at Harvard and OECD Rapid Assessment of COVID－19 Education Response.

Chapter 04

룰루 밀러 저(2022). 물고기는 존재하지 않는다. 정지인 옮김. 곰출판.

Beck, H. P., Levinson, S., & Irons, G.(2009). Finding Little Albert: A journey to John B. Watson's infant laboratory. American Psychologist, 64, 605-614.

Beck, H. P., Levinson, S., & Irons, G.(2010). The evidence supports Douglas Merritte as Little Albert. American Psychologist, 65, 300－301.

Beck, H. P., & Irons, G.(2011, May). Finding Little Albert. The Psychologist, 24, 392－395.

Charles Sanders Peirce의 해임관련 이야기는 Randomistas: How Radical Researchers Are Changing Our World에서 참조.

Digdona, N. et al.(2014). Watson's alleged little Albert scandal: historical breakthrough or new Watson myth? Rvista de Historia de la Psiconogia, 35(1), 47－60.

Griggs, R. A.(2015). Psychology's Lost Boy: Will the Real Little Albert Please Stand Up? Teaching for Psychology, 42(1), 14－18.

Pavlov, I. P.(1926). Conditioned Reflex: An Investigation of the Physiological Activity of the Cerebral Cortex. 이관용 옮김(1999). 조건반사: 대뇌피질의 생리적 활동에 관한 연구. 교육과학사.

Powell, R. A., et al.,(2014). Correcting the record on Watson, Rayner, and Litter Albert: Albert Barger as "Psychology's lost boy". American Psychologist, 69(6). 600－611.

Powell, R. A.(2011). Little Albert, lost or found: Further difficulties with the Douglas Merritte hypothesis. History of Psychology, 14, 106-107.

Schacter, D., et al.(2014). Psychology. 민경환 외 옮김. 심리학개론. 시그마프레스

Watson, J. B., & Rayner, R.(1920). Conditioned emotional reactions. *Journal of Experimental Psychology, 3,* 1－14.

Watson, J. B.(1925). Behaviorism. New York, NY: Norton

https://web.archive.org/web/20090520144944/http://www.stoughtonwi.com
/coffee.shtml

https://isenbergmarketing.wordpress.com/2016/01/28/creating−the−coffee
−break−marketing−and−the−manipulation−of−demand/

Finding Little Albert − The Brain: A Secret History − BBC Four. 2010.
12..25. https://www.youtube.com/watch?v=KJnJ1Q8PAJk

Chapter 05

Haggbloom, S. J. et al.(2002). The 100 most eminent psychologists of the
20th century. Review of General Psychology. 6(2), 139−152.

Ferster, C. B. & Skinner, B. F.(1957). Schedules Of Reinforcement.
Prentice−Hall.

Skinner, B. F.(1960). Pigeons in a pelican. American Psychologist, 15,
28−37.

Skinner, B. F.(1971). Beyond Freedom and Dignity. New York: Knopf. 자
유와 존엄을 넘어서. 차재호 옮김. 탐구당.

Skinner, B. F. Ladies Home Journal. 1945. Oct. Baby in a Box.

Skinner, B. F.(1948). Walden two. New York: Macmillan. 월든 투. 이장호
옮김. 현대문화.

Skinner, B. F.(1954). The science of learning and the art of teaching.
Harvard Educational Review, 24, 86−97.

Skinner, B. F.(1958). Teaching machines. Science, 128, 969−77.

Skinner, B. F.(1968). The Technology of Teaching. Appleton.

Dr. Julie Vargas의 강연 "B.F. 스키너: 나의 아버지" 2021. 4. 22. Centre for
Behaviour Analysis, Queens University Belfast. World Behavior Analysis
Day 2021 (WBAD)

스키너재단 유튜브 채널. https://www.youtube.com/watch?v=vGazyH6fQQ4

Chapter 06

Bruner, J.(1960), The Process of Education. Harvard University Press. 이홍우 옮김. 교육의 과정. 배영사.

Bruner, J.(1966). Toward a Theory of Instruction. Harvard University Press.

Bruner, J.(1971). "The Process of Education" Revisited. The Phi Delta Kappan, 53(1), 18-21.

Bruner, J.(1996). The Culture of Education. 강현석 외 옮김. 브루너 교육의 문화. 교육과학사.

Dewey, J.(1915). The School and Society. 송도선 옮김. 학교와 사회. 교육과학사.

Porter, D., & Neuringer, A.(1984). Musical discriminations by pigeons. Journal of Experimental Psychology: Animal Behavior Processes, 10, 138-148.

Rawls, J.(1971). Justice. 황경식 옮김(1990). 사회정의론. 서광사

Shubert, W.H., Schubert, A.L.L., Thomas, T.P., & Carroll, W.M.(2002). Curriculum Books: The First Hundred Years, 2nd ed. Peter Lang Publishing inc. New York. 강익수, 민부자, 김상돈, 이승미, 서하나, 김대영 공역(2009). 교육과정 100년. 학지사.

Wall, F.(2018). Are We Smart Enough to Know How Smart Animals Are? 동물의 생각에 관한 생각. 이충호 옮김. 세종서적.

Watanabe, S., Sakamoto, J., & Wakita, M.(1995). Pigeon's discrimination of paintings by Monet and Picasso. Journal of the Experimental Analysis of Behavior, 63(2), 165-174.

위키백과. https://en.wikipedia.org/wiki/John_Bissell_Carroll

뉴욕타임즈 2009년도 John Fischer 관련 기사:

https://www.nytimes.com/2009/12/26/education/26fischer.html?searchResult
  Position=7

뉴욕타임즈 2002년 12월 4일자 Henry Chauncey 관련 기사:

https://www.nytimes.com/2002/12/04/nyregion/henry−chauncey−dies−at
  −97−shaped−admission−testing−for−the−nation−s−colleges.html

뉴욕타임즈, 2010년 10월 6일. Obama Calls for New 'Sputnik Moment'

https://archive.nytimes.com/thecaucus.blogs.nytimes.com/2010/12/06/obama
  −calls−for−new−sputnik−moment/?searchResultPosition=5

뉴욕타임즈, 1982년 10월 5일. Education; Sputnik Recalled: Science and
  Math in Trouble Again.

https://www.nytimes.com/1982/10/05/science/education−sputnik−recalled
  −science−and−math−in−trouble−again.html?searchResultPosition=9

Chapter 07

한국교육개발원(2009). 교원양성 교육과정 실태 분석: 경험한 교육과정을 중
  심으로. RR2009−07.

문화일보. 2022년 2월 4일. 전원균 대한적십자사동우회장(시인). 그립습니다:
  서영훈(1923~2017). 생명 존중 실천 인도주의 큰 별…수많은 업적 남기고
  청빈의 삶.

한국일보. 2022년 10월 4일. 관산의 조선소년군 창설 100주년. 한국스카우트
  부흥을 위하여.

Crain, W. C.(1980). Theories of Development: Concepts and Applications.
  Prentice Hall.

Gopnik, A.(2012). Scientific thinking in young children: Theoretical ad−
  vances, empirical research, and policy implications. Science, 337(6102),
  1623−1627.

Gopnik, A.(2009). The Philosophical Baby. 김아영 옮김. 우리 아이의 머릿속. 랜덤하우스.

한국 EBS 아기성장보고서 제2편 동영상은 다음 유튜브에서 다시 볼 수 있다. 화질은 좋지 않다. https://www.youtube.com/watch?v3oW8UNKzsgM

Hamlin, J.K., Wynn K., & Bloom, P.(2007). Social evaluation by preverbal infants. Nature, 450, 557−560

Kamii, C. & DeVries, R.(1979). 삐아제 이론과 유아교육. 박재규 옮김. 창지사.

Lourenco, O., & Machado, A.(1996). In defense of Piaget's theory" A re−ply to 10 common criticisms. Psychological Review, 103(1), 143−164.

Piaget, J.(1953). How children form mathematical concepts. Scientific American, 189(5), 74−79.

Piaget, J.(1957). The child and modern physics. Scientific American, 196(3), 46−51.

Piaget, J.(1998). De La Pedagogie. 이병애 옮김. 장 피아제의 교육론. 동문선.

Piaget, J. & Inhelder, B.(1969). The Psychology of the Child. Basic Books, Ins: N.Y.

Piaget, J. & Inhelder, B.(1971). 창조적 지능의 개발: Piaget, Inhelder 방일 강연집. 김명자 옮김. 양서원.

Pulaski, M.A. S.(1980). 어린이를 위한 피아제 이해. 이기숙, 주영희 옮김. 창지사.

Richmond, P.G.(1994). An introduction to Piaget. 강인언 옮김. 피아제 이론 입문. 학지사.

Skinner, B.F.(1979). Non−Punitive Society. Commemorative lecture after receiving an honorary doctorate at Keio University, Japan. 스키너 일본 방문 강연록.

Chapter 08

교육부, 한국교육개발원 발간 각 해당 연도 OECD 교육지표 자료집.

남준우·이한식(2004). 계량경제학: 이론과 응용. 홍문사.

이광현(2005). 학급당 학생 수 예측에 따른 교육재정 효율화 방향 연구. 한국 교육, 32(2), 81－105.

이광현(2021). 교육복지우선지원사업의 제도와 이념분석에 따른 발전방향: Two I's 프레임에 근거하여. 교육연구논총, 42(3), 57－83.

이병우 역(2002). (Hill, Griffiths, and Judge 저). 계량경제학. 시그마프레스.

연합뉴스. 2022년 6월 30일. 교원단체 학급당 학생 수 줄이려면 교원 정원 늘려야.

Betts, J. R. & Shkolnik, J. L.(1999). The behavioral effects of variations in class size: The case of math teachers. Educational Evaluation and Policy Analysis, 21(2). pp. 193－213.

Ferguson, R. and Ladd, H.(1996). How and why money matters: Analysis of Alabama schools. In H. Ladd, (Ed.), Holding Schools Accountable. Washington, DC: The Brookings Institution. Ch. 8, pp. 265－298.

Hanushek, E.(1986).The economics of schooling: Production and efficiency in public schools. Journal of Economic Literature, 24, 1141－1177.

Hanushek, E.(1997). Assessing the effects of school resources on student performance: An update. Educational Evaluation and Policy Analysis, 19(2), 141－164.

Hedges, L. V., Laine, R.D., & Greenwald, R.(1994). Does money matter? A meta－analysis of studies of the effects of differential school inputs on student outcomes. Educational Researcher, 23(3), 5－14.

Jackson, P. W.(1990). Life in Classrooms. Teachers College Press.

Krueger, A.(2002). Economic considerations and class size. Economic Journal, 2003, vol. 113 (February).

Lazear, E. P.(2001). Educational production. The Quarterly Journal of Economics. August 2001. Issue 3.

Levin, H. M.(1988). Cost−effectiveness and educational policy. Educational Evaluation and Policy Analysis, 10(1). 51−69.

Mosteller, F.(1995). The Tennessee study of class size in the early school grades. Future of Children, 5(2). 113−127.

Murnane, R. J. and Levy, F.(1996). Evidence from fifteen schools in Austin, Texas. In Gary Burtless.(Ed.) Does Money Matter?: The Effect of School Resources on Student Achievement and Adult Success. Brookings.

Wooldridge, J.(1999). Introductory Econometrics: A Modern Approach. South−Western.

Chapter 09

프라우제(1996). 천재는 꼴찌였다. 이은숙 옮김. 한빛.

존 듀이. 학교와 사회(1899), 아동과 교육과정(1902)의 1990년도에 재발간된 영문판의 필립 잭슨의 서문.

Dewey, J.(1990) The School and Society & The Child and the Curriculum: An Expanded Edition with a New Introduction by Philip W. Jackson. The University of Chicago Press, LTD: London.

Dewey, J.(1938). Experience and Education. 엄태동 옮김. 존 듀이의 경험과 교육. 박영스토리.

Dewey, J.(1899). The School and Society. My Pedagogic Creed. 송도선 옮김. 학교와 사회. 교육과학사.

Hays, W.(2006). The Progressive Education Movement. 심성보 외 옮김. 진보주의 교육운동사: 학교 개혁에 여전히 유효한가? 살림터.

시카고 대학 실험학교 홈페이지.

https://www.ucls.uchicago.edu/admissions/tuition−and−financial−aid

Chapter 10

강범모(2005). 언어: 풀어쓴 언어학 개론. 한국문화사.

강윤지(2022). 이중 수사 체계 지도에 대한 논의. 초등수학교육, 25(2), 161−178.

김광해(1998). 국어 수사의 발달. 심재기(편집), 국어 어휘의 기반과 역사, (pp.9−32). 서울: 태학사.

송명자(1997). 인간발달연구: 인지발달과 도덕성발달 중심으로. 학지사.

Genova, R.(2021). Remember. 윤승희 옮김(2022). 기억의 뇌과학. 웅진지식하우스.

Dehaene, S.(1997). The Number Sense: How the Mind Creates Mathematics. Oxford University Press.

Miller, K. F., Smith, C.M., Zhu, J., & Zhang, H.(1995). Preschool origins of crossnational differences in mathematical competence: The role of number−naming systems. Psychological Science, 6(1), 56−60.

Miller, K.F., & Stigler, J.(1987). Counting in chinese: Cultural variation in a baSIC cognitive skill. Cognitive Development, 2, 279−305.

Song, M. J. & Ginsburg, H. P.(1988) The Effect of the Korean Number System On Young Children's Counting: A Natural Experiment in Numerical Bilingualism, International Journal of Psychology, 23:1−6, 319−332

Vigotsky, L.(1986). Thought and Language. Newly revised and edited by Alex Kozulin. MIT. 러시아에서 1934년 발간.

Vigotsky, L.(1978). Mind in Society: The Development of Higher Psychological Processes. Harvard University Press. 러시아에서 1938년도에 발간.

Chapter 11

Anderson, J. R., Reder, L. M. & Simon, H. A.(1998). Radical Constructivism and Cognitive Psychology. Brookings Papers on Education Policy. Brookings Institute.

Becker, W. C.(1977). Teaching reading and language to the dis—advantaged: What we have learned from research. Havard Educational Review, 47(4). 518−543.

Carnine, et al.(2017). Direct Instruction Reading. 정광조, 신재현, 이대식 옮김. 직접교수 읽기. 학지사.

Ericsson, A. & Pool, R. (2016). PEAK: Secrets from the New Science of Expertise. 강혜정 옮김. 1만 시간의 재발견. 비즈니스 북스.

Gladwell, M(2008). Outliers: The Story of Success. 노정태 옮김. 아웃라이어. 김영사.

Klahr, D. & Nigam, M.(2004). The equivalence of learning paths in early science instruction: Effects of direct instruction and discovery learning. Psychological Science, 15(10), 661−667.

Klahr, D., & Simon, H. A.(1999). Studies of scientific discovery: Complementary approaches and convergent findings. Psychological Bulletin, 125, 524−543.

Klahr, D., & Simon, H. A.(2001). What have psychologists (and others) discovered about the process of scientific discovery? Current Directions in Psychological Science, 10(3), 75−79.

Klahr, D., Zimmerman, C., & Jirout, J.(2011). Educational interventions to advance children's scientific thinking. Science, 333, 971−974.

Klahr, D.(2012). Beyong Piaget: A Perspective from Studies of Children's Problem Solving Abilities. in Slater, A. & Quinn, P. (coed.). Refreshing Developmental Psychology: Revisiting the Classic Studies. SAGE.

Putnum, R.(2016). Out Kids. 정태식 옮김. 우리아이들: 빈부 격차는 어떻게 미래 세대를 파괴하는가. 페이퍼로드.

Stein, M., et al.(2006). Designing Effective Mathematics Instruction: A Direct Instruction Approach. 이대식, 강옥려 옮김. 직접교수법에 따른 효과적인 수학 수업. 학지사.

Doepke, M. & Zillibotti, F.(2019). Love, Mony, and Parenting: How Economics Explains the Way We Raise Our Kids. 김승진 옮김. 기울어진 교육: 부모의 합리적 선택은 어떻게 불평등을 심화시키는가. 메디치미디어.

https://www.youtube.com/watch?v=diC-mQArBNA 유튜브의 점프수학 계정

https://www.apa.org/about/governance/president/outstanding

https://www.cmu.edu/dietrich/psychology/directory/emeritus/klahr-david.html

http://act-r.psy.cmu.edu/peoplepages/ja/ja_bio.html

https://www.nytimes.com/2020/07/01/science/anders-ericsson-dead.html/

Chapter 12

Bandura, A.(1977). Social Learning Theory. 사회적 학습이론. 변창진 김경린 공역(2003). 한국학술정보.

핵심지식운동 홈페이지: https://www.coreknowledge.org/

Daum 백과사전. 칸트.

Jean Jacque Rousseau(1762). 에밀(Emile ou De L'education). 이환 옮김. 돋을새김.

Harlow, H.(1958). The nature of love. American Psychologist, 13, 573-658.

Pinker, S.(2003). 빈 서판: 인간의 본성은 타고나는가. 김한영 옮김. 사이언스북스.

Pinker, S.(2007). 언어본능. 김한영 옮김. 동녘사이언스.

Dehaene, S.(2020). 우리의 뇌는 어떻게 배우는가. 엄성수 옮김. 로크미디어

박문호(2013). 그림으로 읽는 뇌과학의 모든 것. 휴머니스트.

정재승(2009). [기고]뇌과학연구원, '가지 않은 길'을 가라. 한국대학신문.
https://news.unn.net/news/articleView.html?idxno=55542

Banks, J.(2013). An Introduction to Multicultural Education. 다문화교육입
문. 모경환 외 옮김(2016). 아카데미프레스.

Deci, E.(1971). Effects of externally mediated rewards on intrinsic
motivation. Journal of Personality and Social Psychology, 18(1),
105−115.

Deci, E. & Ryan, R. M(1985). Intrinsic Motivation and Self−determination
in Human Behavior. KA/PP: N.Y.

Deci, E. & Flaste, R.(1995). Why We Do What We Do. 마음의 작동법. 이
상원 옮김(2011). 에코의 서재.

Fallon, J.(2013). The Psychopath Inside. 괴물의 심연: 뇌과학자, 자신의 머
릿속 사이코패스를 발견하다. 김미선 옮김(2015). 더퀘스트.

Gneezy, U., & Rustichini, A.(2000). A Fine is price. Journal of Legal
Studies, 29(1), 1−17.

Iacoboni, M.(2009). Imitation, empathy, and mirror neurons. Annual
Review of Psychology, 60, 653−670.

Isaacson, W.(2011). Steve Jobs. Simon & Schuster. 스티브 잡스. 안진환 옮
김(2011). IPS.

James, W.(1899), Talks to Teachers on Psychology. 선생님이 꼭 알아야 할
심리학 지식. 정명진 옮김(2016). 부글북스.

Lepper, M. R., Greene, D. & Nisbett, R. E.(1973). Undermining children's
intrinsic interest with extrinsic reward: A test of the "overjustification"
hypothesis. Personality and Social Psychology, 28(1), 129−137.

Levitt, S. D. & Dubner, S. J.(2007). Freakonomics(Revised and Expanded
Edition). 안진환 옮김. 괴짜경제학. 웅진지식하우스.

Sandel, M.(2012). What Money Can't Buy. 안기순 옮김. 돈으로 살 수 없는 것들. 와이즈베리.

도와주신 분

／

책을 쓰면서 필자가 속한 부산교대의 많은 교수님들로부터 도움을 받았다. 고맙다는 말씀을 드리고 싶다. 특히, 수학교육과 김판수 교수님, 이동환 교수님, 홍갑주 교수님과는 한국의 수학교육의 현실에 대해서 이야기를 많이 나누었고 카톡으로 자주 괴롭혀서 죄송하고 정말 고맙다. 박상완 교수님은 로티의 교직과 교사의 삶 최신 제3판 번역본을 주셨다. 이동혁 교수님은 언어학에 대한 이야기와 더불어 언어학개론 책을 주셨다. 박종훈 교수님은 Whole language 교수법 등에 대해서 설명해주셨다. 김준형 교수님은 룰루 밀러 책을 추천해주셨는데 정말 좋은 책이었다. 과학교육과 유병길 교수님은 순수한 구성주의 관련 논문 자료를 많이 보내주셨다. 김용권 교수님과 소금현 교수님은 초등과학교과서 교사용 지도서 등 참고 자료를 알려주셨다. 유아교육과 김소향 교수님은 피아제 책을 많이 빌려주시고 뇌과학연구 책도 알려주셨다. 홍갑주 교수님과 김소향 교수님이 박문호 박사님의 책을 강력히 추천해주셨다. 미술교육과 김창희 교수님에 의하면 로봇으로 도자기를 만들 수 있는 시대가 왔다고 한다. 예술가는 이제 몸을 쓰지 않아도 되고 아이디어와 창의력에 집중하면 되는 시대가 오고 있는 것이다. 컴퓨터교육과 송의성 교수님은 머신러닝 등 어려운 AI 교육에 대해서 30분 정도 교정에 서서 필자와 이경애 교수님에게 특강을 해주셨다. 책을 마무리하고 있는데, 챗GPT 관련 기사도 나오는 등 AI와 로봇 등 4차 산업혁명이 급진전하고 있어서 전 세계가 전환기에 놓여 있다는 생각이 더욱 확실하게 들었다. 교육학 연구도 이젠 시대의 흐름을 잘 파악하고 많은 고민을 해야 할 듯싶다. 내용의 오류 검토 및 수정에 도움을 주신 박종훈 교수님에게 큰 빚을 지게 되었다. 정말 감사드린다. 삽화는 이현주 양이 도와주었다. 홍지영 박사님도 책 내용수정에 많은 조언을 주셨다.

이광현

서울대학교 인문대학 졸업
미국 듀크대학교(Duke University) 정책학 석사
미국 미시간 주립대학교(Michigan State University)
　　교육학박사(교육정책전공)
현) 부산교육대학교 교육학과 교수
　　한국교육사회학회 이사, 한국교육정치학회 이사 등
전) 한국교육개발원 연구위원
　　한국교육개발원 교육통계센터 교육통계분석팀장
　　2021년 대통령 직속 국가교육회의 중장기교육정책 전문위원
　　2020년 대통령 직속 국가교육회의 위원
　　2016년, 2018년, 2020년 교육부 교원양성기관 역량진단 위원
　　2016~2019년 교육부 중앙투자심사위원
　　2016~2018년 교육부 특별교부금 국가시책사업 평가위원
　　2014년 교육부 지방교육재정개혁 자문위원

사라져 가는 피그말리온 효과: 다시 읽는 교육학개론

초판발행　　　2023년 4월 20일

지은이　　　　이광현
펴낸이　　　　노　현

편　집　　　　전채린
기획/마케팅　　정성혁
표지디자인　　Ben Story
제　작　　　　고철민·조영환

펴낸곳　　　　㈜ 피와이메이트
　　　　　　　서울특별시 금천구 가산디지털2로 53, 210호(가산동, 한라시그마밸리)
　　　　　　　등록　2014. 2. 12. 제2018-000080호
전　화　　　　02)733-6771
f a x　　　　02)736-4818
e-mail　　　　pys@pybook.co.kr
homepage　　www.pybook.co.kr
ISBN　　　　　979-11-6519-411-6　93370

정　가　　　　23,000원

박영스토리는 박영사와 함께하는 브랜드입니다.